本书受上海市哲学社会科学规划青年项目（项目编号：2019EJB006）资助

国际发展合作研究丛书

贸易自由化对中国碳排放的影响效应研究：评估与预测

余丽丽 ◎ 著

The Impact of Trade Liberalization on China's Carbon Emissions:
Evaluation and Forecast

人民出版社

策划编辑:郑海燕
责任编辑:张　燕　李甜甜
封面设计:王欢欢
责任校对:史伟伟

图书在版编目(CIP)数据

贸易自由化对中国碳排放的影响效应研究:评估与预测/余丽丽 著. —
　北京:人民出版社,2020.11
(国际发展合作研究丛书/黄梅波主编)
ISBN 978－7－01－022474－9

Ⅰ.①贸…　Ⅱ.①余…　Ⅲ.①自由贸易(中国)-影响-二氧化碳-排气-
研究-中国　Ⅳ.①F72②X511

中国版本图书馆 CIP 数据核字(2020)第 170131 号

贸易自由化对中国碳排放的影响效应研究:评估与预测
MAOYI ZIYOUHUA DUI ZHONGGUO TANPAIFANG DE
YINGXIANG XIAOYING YANJIU:PINGGU YU YUCE

余丽丽　著

人 民 出 版 社 出版发行
(100706　北京市东城区隆福寺街 99 号)

中煤(北京)印务有限公司印刷　新华书店经销

2020 年 11 月第 1 版　2020 年 11 月北京第 1 次印刷
开本:710 毫米×1000 毫米 1/16　印张:17.25
字数:248 千字

ISBN 978－7－01－022474－9　定价:75.00 元

邮购地址 100706　北京市东城区隆福寺街 99 号
人民东方图书销售中心　电话 (010)65250042　65289539

丛 书 序

　　"发展"作为全球性的信仰，极大地改变了人类历史进程与整个世界的面貌。自第二次世界大战后国际发展时代开启以来，经济合作与发展组织成员开展了大量的国际发展实践，其理论政策的研究也渐趋成熟。2015年9月，联合国发展峰会正式通过了《2030年可持续发展议程》，开启了人类国际发展历史的新纪元。改革开放四十多年来，中国通过艰辛的探索实现了经济的快速发展，同时也衍生出有别于发达国家的国际发展合作理念与实践。中国国际发展合作具有鲜明的南南合作特色，一方面坚持平等互利、不干涉他国内政等基本原则；另一方面在实践中更偏重基础设施与经济领域，更重视援助与贸易投资的结合，更关注援助对受援国的经济增长和减贫的影响。2013年，习近平主席提出的"一带一路"倡议是新时期中国版的国际发展合作倡议，随着"一带一路"建设的推进，中国国际发展合作的理念和经验的价值进一步凸显。2015年9月，习近平主席在联合国发展峰会上宣布了中国一系列的国际发展合作举措，向世界宣示中国将会在全球发展领域发挥更大的作用。2018年4月，中华人民共和国国家国际发展合作署成立，以推动中国的国际发展合作更有效地服务中国大国外交战略、"一带一路"倡议及联合国可持续发展目标。在此国际国内背景下，中国的国际发展合作研究进入重大战略机遇期，特别需要相关智库和学者深入研究国际发展的理论与政策，推动国际发展知识的交流与互鉴，培养中国本土的优秀国际发展人才，增强中国全球发展治理话语权；同时，需要认真总结中国发展合作经验，弘扬中华民族智慧，推动南南发展合作，对接联合国可持续发展议程，为全人类共同发展作出重大贡献。

2018年5月,上海对外经贸大学校领导适时把握机遇,在上海市人文社科重点研究基地国际经贸研究所基础上组建了国际发展合作研究院,使上海对外经贸大学成为中国国际发展研究的又一重镇,国际发展合作研究也成为上海对外经贸大学智库建设、学术研究、人才培养的新的增长点。研究院成立以来,首先进行国际发展合作研究团队建设。通过招聘专职研究人员及充分发挥国际经贸研究所原有研究力量,组成了国际发展、国际贸易、开发性金融国际投资及国际经济法等研究团队,努力构建既掌握国际发展理论与趋势又谙熟中国国际发展合作政策与经验的国际发展研究人才队伍。其次致力于国际发展合作理论与政策研究,在国际发展合作领域推出一系列具有国际视野和水准、融汇国际发展理论与中国国际发展合作理念和实践的高质量研究成果。最后定期举办国际国内高端国际发展合作及相关主题的研讨会,力求建设中国一流的国际发展合作交流网络。研究院每年举办的中国世界经济学会国际发展论坛、中非经贸论坛已成为中国国际发展学界以及中非经贸合作领域的重要论坛和会议品牌。除此之外,研究院还根据年度研究重点,组织小型专题研讨会,对国际发展合作领域专题进行针对性的深入探讨。经过一年的建设,2019年4月在第二届"一带一路"国际合作高峰论坛上,研究院已经入选"一带一路"国际智库合作委员会成员单位,也是国内智库中唯一专门从事国际发展合作理论与政策研究的实体性研究机构。

　　我们认为,国际发展作为极具魅力的理论与实践领域,不仅有实际的价值,更有终极的意义。从小处看,具体的发展援助项目可以改善落后地区部分人群的生存状况;从大处看,有效的国际发展合作理论与政策能够切实提高发展中国家和地区人民的发展水平。回顾历史,把握国际发展演进的脉络有利于我们深刻了解人类社会变迁的规律;翘首远望,国际发展哲学及理论的研究促使我们深入思考人类的前途与命运。人生的价值,只有融入一项伟大的事业,才能更好地实现。国际发展合作就是一项伟大的事业,而专注国际发展合作理论与政策研究正是我们推进这项事业向前发展的方式。

　　"中国国际发展合作研究"丛书是以上海对外经贸大学国际发展合

作研究院为主体整合国内相关研究力量在国际发展合作研究领域推出的系列研究成果,该系列成果的推出,一方面汇集了上海对外经贸大学国际发展合作研究的阶段性成果;另一方面也希望由此推动中国国际发展学科的建设以及中国国际发展合作理论与政策研究的进一步深入,为中国的国际发展合作事业的发展作出贡献。

特别希望国际国内发展及相关领域的专家学者、政府相关部门及国际发展合作实践者能对我们的成果提出宝贵意见。希望我们共同努力,推进中国国际发展相关理论与政策的研究工作,同时也通过我们的研究服务国家战略、推动国际发展合作、创新智库服务。

黄梅波

于上海

目　　录

前　言

　　当今世界,全球化包括两个层面,即经济全球化和环境全球化(O'Brien 和 Leichenko,2000)[①]。具体来说,贸易自由化已经成为经济全球化的重要内容及目标,与此同时,以二氧化碳为主的温室气体浓度增加所引致的气候变化也成为国际社会面临的重要挑战。作为全球化的两个进程,贸易自由化和气候变化之间相互联系、相互作用。一方面,已有研究表明,贸易自由化政策将通过影响经济系统的经济规模、经济结构、生产技术,进而影响生产过程中的能源消耗、能源结构、能源利用效率等,从而导致温室气体(本书特指“二氧化碳”)排放变化和气候变化;另一方面,以应对气候变化为目标的减排政策,尤其是附件Ⅰ国家与非附件Ⅰ国家之间不对称的减排政策,将通过影响经济体的能源相对价格、碳密集型产品相对价格,改变经济体产出规模、产出结构。在短期必然给附件Ⅰ国家带来经济下行压力,并造成其国际竞争力损失,同时将导致非附件Ⅰ国家的“碳泄漏”,影响全球减排效果。为了缓解不对称减排造成的竞争力损失和“碳泄漏”问题,附件Ⅰ国家倾向于以碳关税形式对来自非附件Ⅰ国家的进口品征税,这种“绿色贸易壁垒”将制约贸易自由化进程和国际贸易发展。中国作为贸易大国,同时是能耗和碳排放大国,面临着贸易自由化的机遇和挑战,以及国内低碳转型和国际减排的双重压力。因此,以中国为研究对象考察贸易自由化的碳排放影响,可以为中国经济和贸易的低碳发展、全球气候治理提供经验证据和政策启示,具有重要的现实意

[①]　O'Brien, K. L. , Leichenko, R. M. , “ Double Exposure: Assessing the Impacfs of Climate Change Woithin the Context of Economic Globalization ”, *Global Environmentall Change*, Vol. 10, No. 3 ,2000 ,pp. 221–232.

义和丰富的政策含义。

本书在全球贸易分析模型（Global Trade Analysis Project,GTAP）数据库基础上,考察贸易自由化对中国经济和环境的潜在影响,主要从以下两个角度出发:一方面,构建全球贸易分析—多区域投入产出模型（Multi-Regional Input-Output Model based on Global Trade Analysis Project Database,简称 GTAP-MRIO 模型）,从"历史评估"角度对中国贸易自由化进程中伴随的贸易转移排放进行评估,分析对外贸易历史进程中中国贸易转移排放的国别（区域）流向、部门特点及其原因;另一方面,在利用全球贸易分析模型数据库分析全球贸易自由化趋势的基础上,构建能源—环境拓展的全球贸易分析模型（An Energy-Environmental Version of the GTAP Model,简称 GTAP-E 模型）,从"预测模拟"角度考察不同贸易自由化政策对中国及世界主要经济体的经济、环境影响。在此基础上,将贸易自由化政策和减排政策相结合,考察应对气候变化背景下贸易政策和减排政策的相互协调,及其产生的经济、环境影响。

首先,不同于已有研究从贸易流向角度测算贸易内涵碳排放,本书第三章利用全球贸易分析数据库构建多区域投入产出模型（Multi-Regional Input-Output Model,简称 MRIO 模型）,将贸易内涵碳排放根据最终需求所在地进行再分配,考察全球生产网络中附件 I 国家与非附件 I 国家的贸易转移排放,并重点研究中国对外贸易中转移排放的变化趋势、国别（区域）流向、部门特点等。评估结果发现,2004—2011 年附件 I 国家对非附件 I 国家的"净转出排放"规模较高,其中中国约承担附件 I 国家对非附件 I 国家转出排放的 49.4%—54.7%,凸显"发达国家消费与发展中国家（中国）污染"的典型事实。此外,进一步考察中国对外贸易中的转移排放发现,2004—2011 年间中国转入排放中约 1/4 甚至 1/3 为满足外国最终需求所致。

其次,在评估中国对外贸易的碳排放影响基础上,选择包含贸易政策和减排政策的能源环境拓展的全球贸易分析模型作为"预测模拟"的分析工具。对贸易自由化政策的模拟结果发现,实施贸易自由化政策都将导致世界碳排放量增加,其中"多边自由化"政策 P2 的增幅最小,"多边贸易自由化+中日韩 FTA"政策 P4 的增幅最大①。对于中国而言,参与"多边自由化"更有利于中国实现其经济增长和碳排放量增加的"脱钩",这对于权衡中国参与全球贸易自由化进程的经济收益和环境成本具有重要的参考价值。

　　再次,在第四章、第五章基础上,第六章将碳减排限制纳入能源环境拓展的全球贸易分析模型,预测模拟贸易政策和减排政策的相互协调,及其产生的经济和环境影响。比较全球消费者福利与全球碳排放量变化可以发现,"附件Ⅰ国家减排"政策 S1-2 和"全球合作减排"政策 S1-4 的总量减排必然是以牺牲经济增长和消费者福利为代价的。较之量化减排政策,碳交易政策能够促进消费者福利改善和世界减排。此外,"附件Ⅰ国家碳交易"政策 S1-3 将加剧中国碳排放净转入问题;"全球合作减排"政策 S1-4 更有利于缓解附件Ⅰ国家与非附件Ⅰ国家之间的"强碳泄漏";"全球碳交易"政策 S1-5 的全球减排效果更好,但会将附件Ⅰ国家减排责任很大程度向中国等非附件Ⅰ国家转移②。研究贸易自由化政策和不同减排政策的配套组合,并对其产生的经济、碳排放影响进行分析,对于全球化背景下中国采取配套政策实现特定的经济和环境目标具有一定的政策启示。

　　最后,结合本书主要研究结果,第七章从中国国内的低碳转型和全球气候治理两个角度出发,针对贸易自由化进程、减排政策制定、产业结构调整、生产技术改进等方面讨论相关结论的政策意义,为全球化背景下的中国实现可持续发展以及参与全球气候治理提出政策建议。

---

　　①　为具体考察不同贸易政策的实施效果,本书结合贸易自由化的历史进程以及可能的贸易自由化政策趋势,设计了不同的贸易自由化政策方案,详见第五章第一节。
　　②　为综合考察贸易政策和减排政策配套的实施效果,本书进一步以贸易自由化为背景分析了不同国家或地区间合作减排,定量减排与碳交易配套等不同情形,具体政策方案参见第六章第一节。

导　论

一、研究背景和意义

当今世界,全球化包括两个层面,如奥布莱恩和列琴科(O'Brien 和 Leichenko,2000)所述,即经济全球化和环境全球化。经济全球化是指贸易、投资、金融、生产等活动的全球化,换句话说,经济全球化主要指生产要素在全球范围内的最佳配置,环境全球化指经济发展带来的环境问题的扩大和转移。贸易自由化是经济全球化的重要内容,以碳排放为主的温室气体排放带来的气候变化是环境全球化的重要方面,贸易自由化和气候变化之间相互影响、相互作用。在此背景下,本书试图通过考察贸易自由化进程伴随的碳排放区域转移效应、贸易自由化政策对能源消耗和碳排放的潜在影响,以及应对气候变化背景下贸易政策和减排政策对经济、贸易和碳排放的综合影响,研究经济全球化与环境全球化的相互影响、相互协调,为气候变化的全球治理、中国经济贸易的低碳转型提供经验证据和政策启示。

贸易自由化主要指一国采取逐步放宽或取消限制进口以促进自由贸易发展的措施和过程。随着模块化生产技术的发展,国家之间根据要素禀赋、生产技术、政策差异等因素,通过国际贸易将生产进行国际分割。经济全球化对贸易自由化提出了要求,贸易自由化也进一步促进经济全球化,同时贸易自由化是关贸总协定、世界贸易组织的重要目标。本书在全球贸易分析数据库基础上,主要从以下两个角度考察贸易自由化的经济和环境影响:一方面,利用基于全球贸易分析数据库构建的多区域投入产出模型,从"历史评估"角度对中国贸易自由化进程中伴随的贸易转移排放效应进行评估,分析对外贸易历史进程中中国碳排放的区域转移效应、部门特点及其原因；另一方面，在分析全球贸易自由化趋势的基础上，利用能源环境拓展的全球贸易分析模型，从"预测模拟"角度考察不同贸易自由化政策对中国及世界主要经济体的经济、环境影响，同时评估贸易自由化政策对中国贸易转移排放的潜在影响。

研究贸易自由化进程及贸易政策的碳排放影响，最重要的是探究如何在保证经济和贸易发展的同时控制碳排放，这一做法乃是从经济和贸易发展过程中去寻找减排环节。更为直接的做法是在贸易自由化背景下，将减排政策目标作为环境政策引入，考察在贸易政策和减排政策共同作用下全球经济系统将如何相互影响、相互作用，探寻能够实现经济和贸易、能源消耗、碳排放的协调发展之路。本书将碳排放及其转移作为研究对象主要基于两方面的考量：一方面，气候变化（Climate Change）是当前人类社会面临的重要挑战，而人类的生产和消费活动是导致气候变化的主要原因。根据《联合国气候变化框架公约》（United Nations Framework Convention on Climate Change，UNFCCC）可知，温室气体排放导致的全球气候变暖是人类最为迫切的环境问题，其中碳排放占温室气体排放的80%左右。因此，碳排放无论是在国际层面还是在国家层面都是值得关注的环境问题。另一方面，碳排放具有全球外部性，同时在当前技术条件下，碳减排的经济成本远远高于水污染等局部性环境问题的治理成本，因此气候治理需要全球共同努力。研究贸易自由化背景下全球碳排放影响，以及贸易自由化过程中的碳排放区域转移，对于各地区制定经济和环境政策、国际气候谈判中的碳排放责任分担具有重要参考价值。

改革开放四十多年来尤其是加入世界贸易组织（World Trade Organization，WTO）后，中国的对外贸易快速发展并成为推动中国经济高速增长的重要"引擎"。与此同时，中国的能源消耗和碳排放量也急速增长。根据中国统计年鉴可知，1995—2019年中国进出口规模呈现上升趋势（2009年除外），这一发展趋势在"加入世界贸易组织后金融危机前"更为明显。对外贸易在促进中国经济发展的同时伴随着较大规模的物质及能源投入，导致中国能耗量和碳排放量快速增加。由国际能源署（International Energy Agency，IEA）数据可知，中国的能耗、碳排放量分别于2009年、2006年超过美国,成为世界第一大能耗国和碳排放国。巨大的能源消耗和碳排放使中国在国际和国内都承受巨大的环境压力。那么,中国快速发展的对外贸易对碳排放区域转移影响有多大?碳排放区域转移的区域流向和部门结构如何?中国净转入排放的主要影响因素是什么?贸易自由化政策将会对中国及世界主要经济体的经济、环境有何影响,是否会对中国贸易碳排放区域转移产生积极影响?贸易自由化背景下引入减排政策,将如何影响中国及世界主要经济体的经济、贸易和碳排放格局?总之,无论从贸易自由化历史进程还是发展趋势来看,中国都是研究国际贸易对碳排放影响的经典案例,研究结果能够为中国参与全球气候治理提供参考,并为中国贸易、产业和减排政策的制定提供启示。

二、基本概念说明

(一)贸易自由化

贸易自由化(Trade Liberalization)指一国对外国商品和服务进口所采取的限制逐步减少,为进口商品和服务提供贸易优惠待遇的过程或结果。贸易自由化是一个渐进的过程,由此本书在"历史评估"部分分析贸易自由化进程中的碳排放转移效应,在"预测模拟"部分考察贸易自由化政策的经济—能耗—环境影响。

(二)碳排放相关概念

首先,本书提到的"碳排放(Carbon Emissions)"均特指二氧化碳排放。

其次,根据不同的碳排放核算标准,经济系统中一国(地区)的碳排放总量可以区分为生产侧排放(Production-based Emissions)和消费侧排放(Consumption-based Emissions)。具体地,生产侧排放指一个地区生产活动在本地区造成的碳排放,或者说该地区商品和服务生产部门引致的碳排放。该定义与《京都议定书》中"生产者责任原则"核算碳排放量的标准一致,即基于领地原则核算碳排放量。而消费侧排放指一个地区最终需求引致各地区生产活动从而在全球范围内造成的碳排放。在封闭经济系统下,生产侧排放等于消费侧排放;在开放经济系统下,生产侧排放与消费侧排放的差额等于净转入排放。

值得说明的是，本书经验研究的数据基础为全球贸易分析数据库，其碳排放账户数据包括私人消费（家庭）和公共消费（政府）能源消耗引致的碳排放，以及生产活动中能源投入引致的碳排放。前者是能源作为最终品消耗的碳排放，后者是能源作为中间品消耗的碳排放。本书在"历史评估"部分主要分析了贸易自由化进程中的生产侧排放和消费侧排放，并基于此研究了贸易的碳排放转移效应；而"预测模拟"部分不仅考察了贸易政策调整对经济系统总排放的潜在影响，还区分了贸易过程中生产侧排放和消费侧排放的影响，并以此分析贸易政策对于碳排放责任分担的影响。

最后，从贸易流向和最终需求两个视角出发，贸易引致的碳排放区域转移效应可以分别从贸易内涵排放（Emissions Embodied in Trade）和贸易转移排放（Transferred Emissions via Trade）两个维度进行追溯。贸易内涵排放指国际贸易中商品和服务生产造成的碳排放，包括贸易品生产所需的所有原材料和零部件生产、运输等环节造成的碳排放。根据贸易流向可以将贸易内涵排放分为出口内涵排放（Emissions Embodied in Export）和进口内涵排放（Emissions Embodied in Import），出口内涵排放和进口内涵排放是相对概念，一个地区的出口内涵排放是其他地区的进口内涵排放，一个地区的进口内涵排放则是其他地区的出口内涵排放。因此，全球出口内涵排放总量等于全球进口内涵排放总量，但一国的进出口内涵碳排放并不一定相等。而贸易转移排放以消费侧责任原则为基准，根据最终需求所在地为分配基准对贸易内涵排放进行重新分配（彭水军等，2015）[1]，这不同于张和彭（Zhang 和 Peng，2016）[2]以双边贸易流向为基础测算的贸易内涵排放。类似于进口内涵碳排放和出口内涵碳排放的划分，贸易转移排放也包括转出排放（Outward-Transferred Emissions）和转入

---

① 彭水军、张文城、孙传旺：《中国生产侧和消费侧碳排放量测算及影响因素研究》，《经济研究》2015 年第 1 期。

② Zhang, W. C., Peng, S. J., " Analysis on CO₂ Emissions Transferred from Developed Economies to China through Trade", *China & World Economy*, Vol.24, No.2, 2016, pp.68−89.

排放(Inward-Transferred Emissions)两方面,其中转出排放指一个国家或地区的最终需求在外国引致的碳排放,转入排放指外国最终需求在该国引致的碳排放。

本书采用贸易转移排放为指标,考察中国对外贸易的碳排放区域转移效应,该指标与消费侧责任理念更相符,且对研究全球生产网络中中国等发展中国家的碳排放责任分担更具现实意义。

(三)碳泄漏相关概念

本书中碳泄漏的概念包括贸易引致的"弱碳泄漏(Weak Carbon Leakage)"以及不对称减排政策引致的"强碳泄漏(Strong Carbon Leakage)"。其中,"弱碳泄漏"由挪威学者彼得斯和赫特威奇(Peters 和 Hertwich,2008)[1]提出,他们认为影响产业国际转移的因素很多,气候政策只是其中一种,而其他因素如要素禀赋差异等也是造成附件 I 国家[2]与非附件 I 国家之间碳排放转移的重要因素。由此,该学者将国际贸易过程中"附件 I 国家通过进口满足国内消费,从而减少附件 I 国家国内排放的同时将导致非附件 I 国家碳排放增加"的现象定义为"弱碳泄漏"。目前"弱碳泄漏"问题已经成为国际气候制度谈判中发达国家和发展中国家争论的焦点之一。"强碳泄漏"源自《京都议定书》框架下国家之间实施不对称的减排政策,联合国政府间气候变化专门委员会(Intergovernmental Panel on Climate Change,IPCC)将这种"附件 I 国家减排行动导致非附件 I 国家碳排放量增加"的现象定义为"强碳泄漏"[3]。此后这一定义被广泛运用于可计算一般均衡(Computable General Equilibrium,CGE)模型的经验研究。

---

① Peters,G.P.,Hertwich,E.G.,"CO$_2$ Embodied in International Trade with Implications for Global Climate Policy",*Environmental Science & Technology*,Vol.42,No.5,2008,pp.1401-1407.

② 根据《京都议定书》规定,"附件 I 所列缔约方"指《公约》附件一所列缔约方,包括可能作出的修正,或指根据《公约》第 4 条第 2 款(g)项作出通知的缔约方。其中,附件 I 国家主要包括澳大利亚、日本、法国等发达经济体,而根据"共同但有区别的责任"原则,本书在设定减排目标时规定附件 I 国家优先减排。另外,本书将俄罗斯归为非附件 I 国家,列属"新兴经济体"。

③ IPCC,*Climate Change 2007:Synthesis Report*,Geneva,Switzerland,2007,p.104.

（四）碳减排相关概念

碳减排（Carbon Constraint），简单地说就是减少碳排放量。由于碳排放涉及全球性气候变化，《联合国气候变化框架公约》《京都议定书》《哥本哈根协议》等均对不同经济发展水平的地区的碳减排目标进行了规定。本书结合《京都议定书》的国家分类和《哥本哈根协议》的减排目标，在经验研究中对碳减排政策进行情景设计和政策模拟。

"碳排放交易"是指在世界范围内界定了虚拟的碳市场，并将碳排放许可权作为商品允许国家间进行交易。在市场机制作用下发达国家可以购买发展中国家的碳排放许可权，由此发达国家能够更灵活地履行减排义务，而发展中国家也能够获得相关的技术和资金支持。

三、研究内容及本书特色

目前国际贸易对碳排放影响效应的研究角度主要有两个：第一，在多区域投入产出模型框架下测算和评估贸易引致的碳排放区域转移效应；第二，利用可计算一般均衡模型模拟分析贸易政策调整对经济—能耗—碳排放的潜在影响。前者属于对贸易自由化进程的碳排放效应的历史评估，后者为贸易政策变动的模拟预测。本书认为国际贸易及其自由化是一个动态过程，基于此，我们将"历史评估"与"预测模拟"相结合，综合而全面地研究贸易自由化对中国碳排放的影响效应。具体的研究内容可以概括为以下三个方面。

第一，梳理贸易自由化和气候变化的进展。具体表现为对中国的贸易政策和减排政策进行梳理，并分析贸易自由化进程和贸易发展、减排现状及减排成本等问题，为下文的政策模拟提供情景依据和分析标准。

第二，基于全球贸易分析数据库构建的多区域投入产出模型从最终需求角度测算和分析全球生产网络下附件Ⅰ国家和非附件Ⅰ国家之间的碳排放区域转移效应，并重点考察中国的贸易转移排放及其影响因素。

第三，构建包含贸易政策和减排政策扩展的全球贸易分析模型，并对政策冲击下该模型的传导机制和敏感性进行分析。在此基础上，本书的预测模拟重点分析贸易自由化政策对中国经济—能耗—碳排放影响,以及应对气候变化背景下贸易政策与减排政策的综合影响效应。值得说明的是,本书的预测模拟部分不仅考察了政策变化对于经济系统碳排放总量的潜在影响,同时还分析了政策调整下可能导致的"碳泄漏"问题。

四、研究方法和数据

(一)研究方法

针对上述研究内容,本书采用了多种定性分析方法和定量分析方法相结合,其中主要的定量分析方法如下。

一是国际竞争力指标分析。国际竞争力是一个综合概念,包括一个国家(地区)在国际市场的占有率、盈利能力,换句话说,国际竞争力提高意味着国民财富和实际国民收入提高。目前衡量国际竞争力的指标主要有三个:国际出口市场占有率、净出口比率指数和显示性比较优势指数。本书主要利用显示性比较优势指数比较分析了世界主要经济体各部门的国际市场竞争力,并为后续的实证分析奠定了基础。

二是多区域投入产出分析。多区域投入产出模型是本书的重要研究方法,该模型通过数学表达的方式体现了国民经济各部门生产与消耗的平衡关系,且在单区域投入产出(Single Region Input-Output, SRIO)模型基础上区分了中间投入和最终需求的来源地。因此,多区域投入产出模型能够更加全面地刻画各地区的生产技术和国际贸易格局,以便更好地评估和分析各地区的生产侧排放、消费侧排放、转移排放和"弱碳泄漏"问题。

三是能源环境拓展的全球贸易分析模型。能源环境拓展的全球贸易分析模型在全球贸易分析模型基础上改进了能源环境模块,主要运用于研究经济政策、环境政策对全球各地区的经济、环境影响,是本书最重要的分析方法。

四是系统敏感性检验(Systematic Sensitivity Analysis, SSA)。系统敏感性检验利用统计学理论,通过考察外生变量变动得到内生变量的均值和方差,根据切比雪夫不等式判断内生变量模拟结果对外生变量值的敏感程度,进而分析政策模拟的可靠性。

(二)数据来源及基本处理

本书主要采用多区域投入产出模型和能源环境拓展的全球贸易分析模型进行实证研究,且两个模型的数据基础都是全球贸易分析数据库。全球贸易分析数据库编制始于 1992 年,并已从 1993 年发表的第 1 版本发展至 2015 年的第 9 版本,包括双边贸易、国际运输、贸易保护、投入产出数据等,且数据库仍在持续发展更新。全球贸易分析数据库的构建及维护需要遵循公共可获得性、定期更新、广泛参与、比较优势等六个基本原则,其数据主要来自普渡大学以及各地区相关机构提交的投入产出表。其中,澳大利亚工业委员会的东亚区域贸易自由化的部门分析项目(Sectoral Analysis of Liberalising Trade in the East Asian Region Project, SALTER)为早期全球贸易分析数据库提供了主要数据来源,如第 1 版数据库中有 13 个国家的投入产出表、双边贸易流量和贸易保护数据来自该项目。阿吉亚尔等(Aguiar 等,2016)指出,第 2 版和第 3 版数据库的国家范围有所扩大,并逐渐使用其他数据来源,之后版本的全球贸易分析数据库则不断地增加新的国家,并完全脱离了东亚区域贸易自由化的部门分析项目提供的初始数据。[①] 为了清楚地说明全球贸易分析数据库的发展,表 0-1 从基准年份和出版年份的选取、涉及的地区和部门、可获得性三个角度,对各版本全球贸易分析数据库进行了总结。

表 0-1 不同版本的全球贸易分析数据库介绍

数据库版本	基准年份	出版年份	地区数	部门数	可获得性
第 1 版	—	1993	—	—	—
第 2 版	—	1994	—	—	部分可得
第 3 版	1992	1996	30	37	可得

---

① Aguiar, A., Narayanan, B., Mcdougall, R., "An Overview of the GTAP 9 Data Base", *Journal of Global Economic Analysis*, Vol.1, 2016, pp.181-208.

续表

数据库版本	基准年份	出版年份	地区数	部门数	可获得性
第 4 版	1995	1998	45	50	可得
第 5 版	1997	2001	66	57	可得
第 5.4 版	1997	2003	78	57	可得
第 6 版	2001	2005	87	57	可得
第 7 版	2004	2008	113	57	可得
第 8 版	2004、2007	2012	129	57	可得
第 9 版	2004、2007、2011	2015	140	57	可得

资料来源:根据全球贸易分析数据库自行整理。

　　利用多区域投入产出模型研究国际贸易的碳排放区域转移效应,其数据库基础是世界投入产出表(World Input-Output Tables,WIOTs)。近年来,随着多区域投入产出模型在贸易与环境互动影响研究中的广泛应用,相关的国际组织和研究结构也在积极地开发和构建多区域投入产出数据库。从已有研究可知,应用于分析经济和环境领域的多区域投入产出数据库主要有:世界投入产出数据库(World Input-Output Database,WIOD)、亚洲多区域投入产出数据库、基于全球贸易分析数据库构建的多区域投入产出数据库(见表 0-2)、全球资源核算模型(Global Resource Accounting Model,GRAM)构建的多区域投入产出表等。由于本书经验研究的主体部分是基于能源环境拓展的全球贸易分析模型对贸易政策、环境政策可能产生的经济和碳排放影响进行预测模拟,而能源环境拓展的全球贸易分析模型的数据基础为全球贸易分析数据库。因此,无论是出于数据来源的一致性还是出于研究内容的连续性,本书将以全球贸易分析数据库作为经验研究的数据基础,表0-2 以两个国家为例,描绘了基于全球贸易分析数据库构建的世界投入产出表的基本结构。

表 0-2　基于全球贸易分析数据库构建的世界投入产出表的基本结构（以两国为例）

			中间需求					最终需求ª		产出
			A 国			B 国			A 国	B 国	
			S_1	……	S_n	S_1	……	S_n			
中间投入	A 国	S_1					中间品贸易				最终品贸易
		……									
		S_n									
	B 国	S_1		中间品贸易						最终品贸易	
		……									
		S_n									
增加值											
总投入											

注：表中"S_1……S_n"表示第 1……n 部门；图中"中间品贸易"和"最终品贸易"部分，需要根据全球贸易分析数据库中的双边贸易数据进行测算和平衡校准。此外，基于全球贸易分析数据库构建的世界投入产出表在投资、家庭消费、政府消费基础上，增加了外生的国际运输需求项。具体的处理过程参见本书第三章第一节的"模型方法与数据来源"。

由表 0-1 可知，全球贸易分析数据库覆盖的国家（地区）范围较广，特别适合研究全球范围内的经济和环境影响。本书在经验研究中主要利用第 9 版①数据库，并根据研究需要对全球贸易分析数据库的区域、部门进行合并（见表 0-3 和表 0-4）。第 9 版数据库包括 140 个区域、57 个部门，为了研究和分析方便，需根据研究目标和研究内容对区域和部门进行合并。本书主要研究贸易自由化政策的经济—能耗—碳排放影响，以及贸易政策和减排政策的综合影响，因此在区域和部门合并时将重点体现其经济、能耗、碳排放的重要性。

美国、欧盟、日本作为三大发达经济体，其经济和环境政策将会对中国乃至世界的经济和环境造成重大影响；中国、印度和俄罗斯作为三大新兴经济体，经济规模及经济潜力不容小觑、碳排放量也逐渐攀升，同时俄

---

① 第三章分析贸易保护数据时还涉及不同版本的全球贸易分析数据库之间的比较。

罗斯还是世界重要的能源大国。另外,根据《联合国气候变化框架公约》的国家分类以及全球贸易分析第 9 版数据库(2011 年)的能源数据,区分出除上述六个区域之外的其他附件 I 国家(RoA I)、能源净出口国(EEx);剩余的国家划分为东欧(EEFSU)以及世界其他地区(RoW)。因此,本书将全球贸易分析数据库合并为 10 个地区,依次为美国、欧盟、东欧、日本、其他附件 I 国家、能源净出口国、中国、印度、俄罗斯以及世界其他地区(见表 0-3)。

表 0-3　全球贸易分析数据库(第 9 版)的区域合并

编号	区域	第 9 版数据库对应的地区
1	美国	美国
2	欧盟	奥地利、比利时、塞浦路斯、捷克、丹麦、爱沙尼亚、芬兰、法国、德国、希腊、匈牙利、爱尔兰、意大利、拉脱维亚、立陶宛、卢森堡、马耳他、荷兰、波兰、葡萄牙、斯洛伐克、斯洛文尼亚、西班牙、瑞典、英国、保加利亚、罗马里亚
3	东欧(EEFSU)	阿尔巴尼亚、东欧其他国家、哈萨克斯坦、吉尔吉斯斯坦、亚美尼亚、阿塞拜疆
4	日本	日本
5	其他附件 I 国家(RoA I)	澳大利亚、新西兰、加拿大、挪威、乌克兰、白俄罗斯、土耳其
6	能源净出口国(EEx)	印度尼西亚、马来西亚、越南、墨西哥、阿根廷、玻利维亚、哥伦比亚、厄瓜多尔、委内瑞拉、伊朗、科曼、科威特、沙特阿拉伯、埃及、尼日利亚
7	中国	中国
8	印度	印度
9	俄罗斯	俄罗斯
10	世界其他地区(RoW)	数据库中其他国家(地区)

注:全书所指的东欧,是指除欧盟成员外的东欧国家。

对全球贸易分析数据库的部门合并,不仅需要关注三次产业结构,还需要重点考察与能源、碳排放密切相关的部门。因此,结合全球贸易分析数据库 2011 年数据将部门合并为 15 个,包括农业部门、5 个能源生产部门(煤炭、原油、天然气、成品油、电力)、5 个能源密集型部门(金属矿物、化学制品、非金属矿物、有色金属、金属制品）、其他制造业、运输业、建筑业以及其他服务业（见表0-4）。

表0-4 全球贸易分析数据库（第9版）的部门合并

编号	部门	第9版数据库对应的部门
1	农业	水稻、小麦、谷类、蔬菜水果坚果、油籽、甘蔗甜菜、植物、农作物、牛羊马、动物产品、生牛奶、羊毛、林业、渔业
2	煤炭	煤炭
3	原油	原油
4	天然气	天然气生产及其供应
5	成品油	成品油
6	电力	电力
7	金属矿物	金属矿物
8	化学制品	化学制品
9	非金属矿物	非金属矿物
10	有色金属	有色金属
11	金属制品	金属制品
12	其他制造业	牛肉制品、肉制品、植物油脂、乳制品、精米、糖、食品、饮料和烟草、纺织品、服装、皮革、木制品、纸制品、机动车及其零件、运输设备、电子设备、机械设备、其他制造业
13	运输业	公路运输、水运、航空运输
14	建筑业	建筑业
15	其他服务业	水的生产和供应、贸易、通信、金融、保险、商业、娱乐、公共事务、居住服务

除了经济流量数据外，全球贸易分析数据库还包括系列经济参数、贸易保护相关数据，以及与环境相关的能源、碳排放数据。经济参数主要指经济主体的行为参数，如反映消费者偏好、生产者决策以及技术变化等参数。由于外生参数能够一定程度上影响经济主体的行为，因此对外生参数的敏感性分析也是可计算一般均衡模型应用的重要部分。贸易保护数据，既可以直接从进口关税率等指标体现，也可以通过数据库中其他经济数据计算得到，如进口关税率＝VIMS/VIWS－1，其中VIMS、VIWS分别表示按市场价格、世界价格计算的双边进口价值。第二章将直接利用全球

贸易分析数据库的贸易保护数据分析贸易自由化进程。此外,各地区能源、碳排放相关数据都细化到来源国及用途(中间投入或最终消费),为研究贸易自由化的经济—能耗—碳排放影响奠定了数据基础。

五、本书结构

为了便于读者查阅,现对本书结构及各章的大致内容进行说明。

本书导论部分主要介绍了本书的研究背景及意义,并阐释了本书涉及的基本概念、研究内容、研究方法和数据。

第一章是国内外相关研究。主要包括三个部分的内容:第一,对国际贸易对气候变化影响的理论机制研究进行简要梳理;第二,对国际贸易内涵碳排放及其转移影响的经验研究进行比较系统的梳理,这部分研究主要基于投入产出分析方法;第三,分别对贸易政策、减排政策以及两种政策结合对经济、碳排放影响的经验研究进行梳理。

第二章到第六章是基于全球贸易分析数据库进行的系列经验研究。

第二章首先介绍和分析了全球贸易自由化进程及世界主要经济体国际贸易发展现状,其次对气候全球化背景下世界主要经济体的减排政策(目标)进行总结,分析了各地区的碳排放现状和减排成本,并进行国际比较。贸易自由化背景下世界主要经济体的贸易发展、贸易自由化进程,应对气候全球化背景下世界主要经济体的减排承诺以及减排成本是本章关注的重点,并为本书进一步研究奠定了基础。

第三章首先利用基于全球贸易分析数据库构建的多区域投入产出模型测算和分析全球生产网络下附件Ⅰ国家与非附件Ⅰ国家的贸易转移排放,并重点考察中国贸易转移排放的(国别)区域流向、部门结构。其次对中国净转入排放的影响因素进行分解,并将其与中国碳排放影响的贸易模式相结合。最后对世界各地区贸易转移排放进行国际比较,突出中国对外贸易碳排放转移问题的严峻性。

第四章对能源环境拓展的全球贸易分析模型构建与数据处理进行说明,并对能源环境拓展的全球贸易分析模型应用于本书的有效性和敏感性进行检验,以保证模拟结果的准确性。在此基础上,分析能源环境拓展的全球贸易分析模型框架下贸易和减排政策对经济—能耗—碳排放影响的传导机制。

第五章结合第二章关于世界主要经济体贸易自由化的趋势分析,设计合理的贸易自由化政策方案,利用能源环境拓展的全球贸易分析模型对贸易自由化政策的经济和环境影响进行实证分析。这部分的实证分析包括三个重要方面:第一,利用政策模拟结果分析贸易自由化政策对中国及世界主要经济体经济的潜在影响;第二,利用政策模拟结果分析贸易自由化政策对中国及世界主要经济体的能耗—碳排放影响;第三,将能源环境拓展的全球贸易分析模型的模拟结果作为多区域投入产出模型的数据基础,考察贸易自由化政策对中国贸易转移排放的潜在影响以及造成的"弱碳泄漏"问题。

第六章的研究思路与第五章大致相同,只是进一步考察了地区间的不对称减排政策,及其引致的"强碳泄漏"问题。

第七章总结贸易与气候变化的交叉融合效应,并从贸易自由化进程、减排政策制定、产业结构、低碳发展等角度讨论了相关结论的政策意义,为全球气候治理、中国的节能减排和对外贸易环境改善提出政策建议。

第一章　国内外相关研究

20世纪70年代以来，以贸易和投资自由化为主要内容的经济全球化迅速发展，与此同时，温室气体排放（主要是碳排放）导致的全球气候变化成为国际社会面临的重大挑战。贸易自由化是否是造成气候变化的重要原因，迅速发展的国际贸易是否会带来地区间的碳排放转移（即所谓的"弱碳泄漏"问题）？学术界关于国际贸易对气候变化影响的研究由此产生。早期研究主要关注国际贸易对气候变化的单向影响，如新古典框架下的"三效应理论"、国际贸易带来的"弱碳泄漏"问题等。随着1992年联合国通过《联合国气候变化框架公约》，气候政策对经济、贸易的反馈影响逐渐进入研究范畴，国际贸易与气候变化的互动影响引起学术界的关注。沃利（Whalley，2011）[1]曾经提出，在全球气候变化问题日益严峻的背景下，气候政策将与贸易、金融政策一并成为全球政策协调体系的三大核心。在经济全球化和气候全球化并存的背景下，研究贸易政策对气候变化的影响，以及贸易政策和气候政策的协同影响，对实现全球经济可持续发展具有重要的现实和政策意义。

本书主要探讨贸易自由化对中国碳排放影响，因此在回顾国内外研究时主要围绕贸易对环境（重点是碳排放）影响的传导机制和实证分析展开。具体地，本章的主要内容可以概括为三个部分：第一，从理论研究出发，梳理国际贸易对气候变化的传导机制，包括新古典框架下考察总体影响的"三效应理论"、污染排放的区域间转移，以及企业层面产业内贸

---

[1]　Whalley，J.，"What Role for Tade in a Post-2012 Global Climate Policy Regime"，*World Economy*，Vol.34，No.11，2011，pp.1844-1862.

易对污染排放的影响机制。第二，从实证研究出发，梳理贸易自由化过程中伴随的碳排放转移，以及贸易政策和减排政策产生的经济和环境影响。前者是基于投入产出模型进行的"历史评估"，后者是基于可计算一般均衡模型进行的"预测模拟"，也是与本书最密切相关的文献。第三，对国内外相关研究进行评述。

第一节　国际贸易对碳排放影响的理论研究

一、国际贸易对碳排放的整体影响

为了分析北美自由贸易协定（North American Free Trade Agreement，NAFTA）的环境影响，格罗斯曼和克鲁格（Grossman 和 Krueger，1994）[1]首次将国际贸易对环境影响的效应分解为规模效应、结构效应和技术效应，而贸易对环境影响总效应取决于这三种效应的合力，并影响环境库兹涅茨（EKC）曲线的斜率和形状。具体来说，规模效应指国际贸易发展导致经济规模扩张，从而带来环境影响的正效应；结构效应指国际贸易发展导致经济结构变化，从而带来环境影响；技术效应指国际贸易发展会通过技术转移等手段，导致一国生产技术水平变化并带来相应的环境影响。简言之，国际贸易对环境影响的"三效应理论"分解，实质是"国际贸易—经济影响—环境影响"的传递过程，该理论为国际贸易的环境效应分析奠定了基本框架。

科普兰和泰勒（Copeland 和 Taylor，1994）[2]在连续商品的李嘉图模型框架下，假设南北国家在污染密集型产品的比较优势不同，考察国际贸易对不同收入水平国家的环境影响，并首次利用一般均衡模型推导出贸易

---

[1]　Grossman，G.M.，Krueger，A.B.，*The U.S. Mexico Free Trade Agreement*，MIT Press，1994，p.34.

[2]　Copeland，B.R.，Taylor，M.S.，"North-South Trade and Environment"，*The Quarterly Journal of Economics*，Vol.109，No.3，1994，pp.755-787.

开放对环境影响的"三效应理论"。在此基础上,安特韦勒等(Antweiler
等,2001)①基于赫克歇尔—俄林—萨缪尔森(HOS)框架引入资本要素,
并假设国家之间存在要素禀赋差异,从而导致各个国家在国际贸易中具
有不同的比较优势。比较优势差异将在一定程度上影响国际贸易模式,
从而改变各个国家的贸易结构并带来不同的环境影响。此外,安特韦勒
等在理论模型推导的基础上,通过构建计量模型对自由贸易的环境影响
进行经验分析。

"三效应理论"分解已经成为贸易与环境问题的基本分析框架,该分
解方法不仅有助于识别贸易开放如何通过经济变化影响环境,而且有助
于政策制定者根据"三效应理论"强弱制定相应的政策以实现经济、环境
协调发展。然而,"三效应理论"分解更适用于贸易对环境后果的分解分
析,既可以是局部环境污染也可以是整体环境后果。如今,由于要素禀
赋、环境规制以及减排压力不同,不同收入水平国家对国际贸易的环境影
响效应存在截然不同的观点。因此,分析国际贸易的环境影响,需要考虑
环境的全球外部性以及环境影响的"跨境转移"。

随着国际贸易模式不断发展变化,国际贸易理论也在不断推陈出新,
以微观企业为对象的新新贸易理论日渐成熟并被逐渐应用于贸易与环境
关系的研究领域。如前所述,20世纪90年代科普兰和泰勒等学者开始在
新古典贸易模型框架下构建一般均衡模型,研究贸易与环境之间的关系。
此后随着梅利兹(Melitz,2003)②提出的企业异质性贸易模型的不断发展和
验证,近年来有一些学者,如克里克梅耶和里希特(Kreickemeier 和 Richter,
2012)③、巴里斯特里和拉瑟福德(Balistreri 和 Rutherford,2012)④,均试图

① Antweiler, W., Copeland, B.R., Taylor, M.S., "Is Free Trade Good for the Environment?", *American Economic Review*, Vol.91, No.4, 2001, pp.877-908.

② Melitz, M.J., "The Impact of Trade on Intra-Industry Reallocations and Aggregate Industry Productivity", *Econometrica*, Vol.71, No.6, 2003, pp.1695-1725.

③ Kreickemeier, U., Richter, P.M., "Trade and the Environment: The Role of Firm Heterogeneity", *Review of International Economics*, Vol.22, No.2, 2012, pp.209-225.

④ Balistreri, E.J., Rutherford, T.F., "Subglobal Carbon Policy and the Competitive Selection of Heterogeneous Firms", *Energy Economics*, Vol.34, 2012, pp.190-197.

在该贸易模型框架下分析产业内贸易和环境之间的关系。克里克梅耶和里希特(Kreickemeier 和 Richter,2012)主要关注贸易自由化对国家污染排放总量的影响。

该研究在梅利兹(Melitz,2003)提出的异质性企业贸易理论基础上,构建了两个国家、一种生产要素、多种商品的垄断竞争型开放经济系统。假设污染产生于生产过程且对福利有负面效应,同时遵循梅利兹的假设,即企业排放强度与企业生产率呈现负相关关系。在此基础上,克里克梅耶和里希特(Kreickemeier 和 Richter,2012)构建了简单的一般均衡框架,同时将封闭情形以及开放情形下企业的污染排放与企业生产率紧密联系。研究发现,贸易开放政策(单边关税削减)对本国污染排放影响依赖于规模效应和重新配置效应的相对力量,其中重新配置效应体现了"三效应理论"的结构效应和技术效应,如当本国企业生产率超过临界值时,本国贸易自由化将通过资源配置效应将生产向更具效率的企业转移,从而大幅度降低排放强度并减少本国总排放。克里克梅耶和里希特(Kreickemeier 和 Richter,2012)的研究说明,在存在异质性企业的情况下,排放总量会受到资源重新配置的影响,它来源于生产率更高企业的相对规模增长。重新配置效应和规模效应的相对重要性,受企业排放强度影响。当且仅当特定企业的排放强度随着企业生产率提升而显著减少时,单边关税削减才会促使本国排放减少。但由于该模型假设单部门、单要素情形,比较优势对环境的影响难以体现,只是作为异质性企业模型框架下对贸易与环境关系研究的初步探索。

二、国际贸易的碳排放区域转移效应

科普兰和泰勒(Copeland 和 Taylor,1995)[①]研究表明,在国际贸易中不同收入水平国家的贸易模式不同,从而通过国际贸易导致国家之间的

---

① Copeland,B.R.,Taylor,M.S.,"Trade and Transboundary Pollution",*American Economic Review*,Vol.85,No.4,1995,pp.716–737.

污染转移。贸易模式往往由各个国家的比较优势决定,在贸易与环境关系研究中比较优势不仅取决于国家间的要素禀赋差异,而且与国家间不同的环境标准密切相关。其中,关于南北国家贸易过程中的污染转移,存在两个结论截然相反的理论假说:"要素禀赋假说"和"污染避难所假说"。前者认为,在只有两种要素劳动、资本的情形下,北方国家资本更加充裕、南方国家劳动力较为丰富,比较优势决定北方国家大量生产和出口资本密集型产品,南方国家集中于劳动密集型产品的生产和出口,国际贸易将导致环境污染由南方国家向北方国家转移。后者认为,在自由贸易条件下,北方国家的环境管制高于南方国家,南北国家的环境标准差异导致企业生产成本不同,在利润的驱动下北方国家会选择迁址到南方国家,或者通过扩大对南方国家污染产品的进口实现对本国污染产品的替代。以上两种假说尚属基于比较优势理论的理性推测,通过"要素禀赋效应"和"污染避难所效应"解释贸易模式会随着时间改变,如何在标准贸易理论框架下分析南北污染转移显得更有意义。

基于连续商品的李嘉图模型,科普兰和泰勒(Copeland 和 Taylor,1994)指出,在不考虑南北国家要素禀赋差异的情形下,由于环境管制水平差异,自由贸易将导致污染产业从北方国家向南方国家转移,从而"污染避难所效应"将通过国际贸易"结构效应"导致南方国家污染加剧。科普兰和泰勒(Copeland 和 Taylor,1995)将环境问题从局部污染改为全球污染,并在本国效用函数中增加外国污染排放以考察南北国家的跨境污染,结果表明自由贸易将导致北方国家污染水平下降、南方国家污染水平上升,全球污染水平的变化与要素价格是否均等化相关。此外,科普兰和泰勒(Copeland 和 Taylor,1995)还考虑了政府策略性行为、排放许可、区域改革等因素,但仍局限于李嘉图模型,忽视了要素禀赋结构对贸易与环境关系的影响。

安特韦勒等在赫克歇尔—俄林—萨缪尔森模型基础上,同时考虑南北国家之间的环境管制和要素禀赋差异,这两者共同影响南北国家的比较优势进而决定国际贸易模式。国际贸易模式直接影响贸易对环境影响的"结构效应",研究结果表明:给定其他条件不变,对于污染产品出口国,贸易开放度提高会增加该国污染排放;对于污染产品进口国,贸易开放度提高会减少该国污染排放。不同于以往研究,该研究认为贸易自由化与污染排放量之间并不是单一的线性关系,贸易开放对环境影响的总效应不仅取决于国家类型,而且依赖一国的比较优势。研究发现,在一个小型开放经济中,贸易自由化将降低出口清洁产品经济体的污染水平,而出口污染产品经济体的污染水平与该国的污染边际损害相关。进一步地,科普兰和泰勒(Copeland 和 Taylor,2003)[1]将模型拓展为多国的一般均衡框架,增加外生的减排政策,分析自由贸易对各个国家和全球气候变化的影响,以及可能带来的"碳泄漏"[2]问题。该研究将国际贸易对各个国家温室气体排放影响,分解为搭便车效应、替代效应及收入效应。搭便车效应指非减排国从其他国家的减排政策中获得正的外部性,并将该收益用于产品消费,从而产生更多的碳排放。非减排国的替代效应和收入效应,取决于其在国际贸易过程中的贸易条件变动。最终,单边减排将引起非减排国排放上升,甚至导致全球总排放增加。

第二节　贸易内涵碳排放的实证评估:
基于投入产出模型

由贸易与环境的理论研究可知,开放经济系统下研究国际贸易的环境影响,通常是在已有国际贸易模型基础上,增加环境管制、污染排放等因素,从而在一定的假设前提下分析国际贸易对环境影响的效应及其驱动因素。随着国际贸易进一步发展、环境问题日益严重以及相关数据库逐渐完善,学者们开始从实证角度去考察贸易与环境之间的关系。用于分析贸易与环境之间关系的实证分析方法主要有计量模型、投入产出模型以及可计算一般均衡模型。其中,计量回归分析主要用于验证已有理

---

① Copeland,B.R.,Taylor,M.S.,"Trade and Environment:Theory and Evidence",*Canadian Public Policy*,Vol.6,No.3,2003,pp.339-365.

② 结合本书的研究划分,此处指"强碳泄漏"问题。

论研究,如科尔(Cole,2003)[1]分析了国际贸易对环境影响的"三效应理论",科尔(Cole,2004)[2]研究了经济增长与环境关系是否可以用"库兹涅茨曲线"解释。计量模型主要回答贸易开放对环境影响的程度,而投入产出模型可以通过分析国家内部或者国家之间的贸易和产业关联,具体测算国际贸易内涵能耗和碳排放。值得注意的是,投入产出模型属于线性生产关系的一种,不涉及包括要素供给者等其他经济主体,可以更加直接地分析产业内部、产业之间的投入产出关系及其带来的资源环境问题。可计算一般均衡模型在投入产出模型基础上,增加消费者、政府、投资者等经济主体,并通过生产者利润最大化、消费者效用最大化、市场均衡等经济机制,刻画及模拟现实经济系统,更适用于政策影响的预测模拟。围绕本书研究的两个主要问题:(1)在参与国际贸易过程中,中国贸易转移排放究竟多大? 是否存在碳排放净转入? (2)在全球化背景下,贸易自由化政策是否与碳减排目标、可持续发展相违背? 因此,在梳理贸易与环境关系的实证研究中,主要参考基于投入产出模型的贸易内涵能耗(碳排放)研究(第一章第二节),以及利用可计算一般均衡模型对相关政策的环境影响研究(第一章第三节)。

一、国际贸易中环境投入产出模型的发展

投入产出分析方法,是由美国经济学家里昂惕夫(Leontief,1936[3]、1952[4])创立,主要通过线性生产关系刻画产业之间的相互联系,20世纪70年代里昂惕夫(Leontief,1970)[5]将该技术运用于对能源环境相关课题

---

① Cole,M.A.,"Development,Trade,and the Environment:How Robust is the Environmental Kuznets Curve?",*Environment and Development Economics*,Vol.8,No.4,2003,pp.557-580.

② Cole,M.A.,"The Pollution Haven Hypothesis and the Environmental Kuznets Curve:Examining the Linkages",*Ecological Economics*,Vol.48,No.1,2004,pp.71-81.

③ Leontief,W.W.,"Quantitative Input and Output Relations in the Economic Systems of the United States",*The Review of Economics and Statistics*,Vol.18,No.3,1936,pp.105-125.

④ Leontief,W.W.,"The Structure of the American Economy,1919-1939:An Empirical Application of Equilibrium Analysis",*The Journal of Economic History*,Vol.12,No.1,1952,p.69.

⑤ Leontief,W.W.,"Environmental Repercussions and the Economics Structure:An Input-Output Approach",*The Review of Economics and Statistics*,Vol.52,No.3,1970,pp.262-171.

的核算,紧接着沃尔特(Walter,1973)[1]将其用于考察贸易带来的环境责任转移。随着研究问题的细化深入以及数据资料的日渐翔实,分析贸易与环境关系的投入产出模型也在进一步拓展。目前国际贸易中环境投入产出模型的发展,可以概括为研究技术和研究视角两个方面。以碳排放为例,环境投入产出分析的研究视角变化,主要与碳排放责任归属密切相关,尚不属于本书重要研究内容,将会在需要的地方进行解释,故不对这方面内容详细梳理。

从技术发展角度来说,投入产出方法分析贸易与环境关系,大致包括单区域投入产出模型、双边投入产出模型(Bilateral Trade Input-Output,BTIO)、多区域投入产出模型三种。早期研究大多数利用单区域投入产出模型,测算单个国家贸易内涵能耗、碳排放。如沃尔特(Walter,1973)最早使用单区域投入产出模型测算美国对外贸易内涵污染,并对各个行业的直接和间接污染排放进行了区分;威科夫和鲁普(Wyckoff和Roop,1994)[2]测算了经济合作与发展组织(Organization for Economic Cooperation and Development,OECD)中经济规模最大的六个国家的制造业进口隐含碳排放,并提出只考虑国内排放将影响温室气体减排政策实施。同样地,伦岑(Lenzen,1998)[3]、雅各布森(Jacobsen,2000)[4]、霍利兹和杜阿尔特(Chóliz和Duarte,2006)[5]、彼得斯和赫特威奇(Peters和Hertwich,2006)[6],也采用单区域

① Walter, H., *Vegetation of the Earth in Relation to Climate and the Eco-physiological Conditions*, London:English Universities Press,1973,p.237.

② Wyckoff, A. W., Roop, J. M., "The Embodiment of Carbon in Imports of Manufactured Products:Implications for International Agreements on Greenhouse Gas Emissions", *Energy Policy*, Vol.22,No.3,1994,pp.187-194.

③ Lenzen, M., "Primary Energy and Greenhouse Gases Embodied in Australian Final Consumption:An Input-Output Analysis", *Energy Policy*, Vol.26,No.6,1998,pp.495-506.

④ Jacobsen, H. K., "Technology Diffusion in Energy-Economy Models:The Case of Danish Vintage Models", *The Energy Journal*, Vol.21,No.1,2000,pp.43-71.

⑤ Chóliz, J. S., Duarte, R., "The Effect of Structural Change on the Self-Reliance and Interdependence of Aggregate Sectors:The Case of Spain, 1980 - 1994", *Structural Change and Economic Dynamics*,Vol.17,No.1,2006,pp.27-45.

⑥ Peters, G. P., Hertwich, E. G., "Structural Analysis of International Trade:Environmental Impacts of Norway", *Economic Systems Research*, Vol.18,No.2,2006,pp.155-181.

投入产出模型分析了澳大利亚、丹麦、西班牙和挪威的贸易内涵能耗和碳排放。随着中国对外贸易的快速发展以及碳排放量的急剧增加,国内外学者也利用单区域投入产出模型测算中国贸易内涵碳排放,其中林和孙(Lin 和 Sun,2010)[①]、李小平(2010)[②]等,从不同角度分析了贸易对中国碳排放的影响。韦伯等(Weber 等,2008)[③]较早地通过能源消耗估算出 1987—2005 年中国进出口内涵碳排放。

单区域投入产出模型能够从整体上评估一国贸易内涵能耗、碳排放,但由于该模型在估算进口内涵能耗、碳排放时采用"国内技术假设(Domestic Technology Assumption,DTA)",即假定国内外生产技术相同,这意味着国家间各行业的能耗和碳排放强度相同。事实上,安德鲁等(Andrew 等,2009)的研究表明,不同收入水平的国家在生产技术、能耗强度、碳排放强度等有所差异,因此国内技术假设会造成低收入水平国家进口内涵碳排放的高估,以及高收入水平国家进口内涵碳排放的低估。[④] 为了克服单区域投入产出模型国内技术假设带来的偏差,学者们通过对贸易伙伴进行分解,试图利用多个国家的投入产出数据及资源环境数据,对双边贸易进口内涵碳排放测算进行修正。例如,李和庄(Rhee 和 Chung,2006)[⑤]基于多区域投入产出表,研究了日韩双边贸易内涵碳排放,并提出了发达国家与发展中国家确实存在碳排放转移;韦伯和马修斯(Weber 和 Matthews,2007)[⑥]利用多边

① Lin,B.,Sun,C.,"Evaluating Carbon Dioxide Emissions in International Trade of China", *Energy Policy*,Vol.38,No.1,2010,pp.613–621.

② 李小平:《国际贸易中隐含的 CO_2 测算——基于垂直专业化分工的环境投入产出模型分析》,《财贸经济》2010 年第 5 期。

③ Weber,C.L.,Peters,G.P.,Guan,D.,Hubacek,K.,"The Contribution of Chinese Exports to Climate Change",*Energy Policy*,Vol.36,No.9,2008,pp.3572–3577.

④ Andrew,R.,Peters,G.P.,Lennox,J.,"Approximation and Regional Aggregation in Multi-Regional Input-Output Analysis for National Carbon Footprint Accounting",*Economic Systems Research*,Vol.21,No.3,2009,pp.311–335.

⑤ Rhee,H.C.,Chung,H.S.,"Change in CO_2 Emission and its Transmissions between Korea and Japan Using International Input-Output Analysis",*Ecological Economics*,Vol.58,No.4,2006,pp.788–800.

⑥ Weber,C.L.,Matthews,H.S.,"Embodied Environmental Emissions in U.S. International Trade,1997–2004",*Environmental Science & Technology*,Vol.41,No.14,2007,pp.4875–4881.

投入产出数据,分析美国与其七大贸易伙伴之间的贸易内涵温室气体(Greenhouse Gas,GHG)排放,以及1997—2004年美国贸易结构变化带来的环境影响。研究双边贸易内涵碳排放,借助双边贸易数据或多边投入产出数据,能够克服国内技术假设带来的计算偏差,但是基本框架仍属于单区域投入产出模型。为了与多区域投入产出模型相区别,该模型被称为双边贸易投入产出模型。

双边贸易投入产出模型分析贸易内涵碳排放影响时,国际贸易以贸易总量衡量,并不针对进出口流向以及最终用途进行区分,因此该模型不能完全刻画全球生产网络下国际贸易带来的资源环境影响。然而,多区域投入产出模型借助于多区域投入产出表及资源环境账户,将各个国家的生产技术、中间产品贸易、最终产品贸易模型化,能够全面地刻画各个国家的国内及国际产业关联,有助于全方位、多角度考察国际贸易过程中一国的贸易内涵能耗和碳排放影响。随着多区域投入产出数据库不断开发和完善,多区域投入产出模型在贸易与碳排放关系的应用领域也逐渐成熟。针对不同的研究目标及研究对象,学者们会选择不同的数据库进行分析,其中多区域投入产出模型研究贸易环境问题使用最为广泛的是全球资源核算数据库、全球贸易分析数据库和世界投入产出数据库。例如,维贝等(Wiebe等,2012)[1]利用全球资源核算数据库,分析了53个国家、48个部门1995—2005年贸易内涵碳排放,并对碳排放的来源和流向进行区分;彼得斯等(Peters等,2011)[2]、阿托等(Arto等,2014)[3]分别基于全球贸易分析数据库和世界投入产出数据库,对国际贸易的碳排放、温室气体排放进行了测算。

---

[1]　Wiebe,K.S.,Bruckner,M.,Giljum,S.,Lutz,C.,"Calculating Energy-Related CO_2 Emissions in International Trade Using a Global Input-Output Model",*Economic Systems Research*,Vol.24,No.2,2012,pp.113-139.

[2]　Peters,G.P.,Andrew,R.,Lennox,J.,"Constructing an Environmentally-Extended Multi-Regional Input-Output Table Using the GTAP Database",*Economic Systems Research*,Vol.23,No.2,2011,pp.131-152.

[3]　Arto,I.,Rueda-Cantuche,J.M.,Peters,G.P.,"Comparing the GTAP-MRIO and WIOD Database for Carbon Footprint Analysis",*Economic Systems Research*,Vol.26,No.3,2014,pp.327-353.

二、中国贸易内涵碳排放的实证评估

中国不仅是贸易大国,而且是能耗和碳排放大国。研究贸易开放条件下,中国对外贸易的内涵能耗和碳排放,有助于中国乃至全球减排目标的实现。迄今为止,投入产出模型已经成为评估和测算贸易内涵能耗和碳排放的重要模型。

早期学者们研究中国贸易内涵能耗和碳排放问题,通常采用单区域投入产出模型。如前所述,投入产出模型对贸易与环境问题的分析准确性,与其所采用的数据库、进口产品的生产技术假定密切相关。利用单区域投入产出模型分析中国贸易内涵能耗、碳排放,可以基于两种不同的投入产出表,且学者们通过不同方式对国内技术假设进行修正。具体来说,单区域投入产出模型研究中国贸易内涵能耗、碳排放,存在两种不同的投入产出表:一种是进口竞争型投入产出表(Input-Output Table with Competitive Imports),暗含假设"进口品与国产品无差异"。该类型投入产出表在中间产品和最终使用矩阵中不区分进口品与国产品,因此容易造成贸易内涵能耗、碳排放高估。例如,李小平(2010)通过测算七大工业国(Group of Seven,G7)和经济合作与发展组织等发达国家的贸易内涵碳排放,考察国际贸易是否会导致中国成为发达国家的"污染天堂"。颜和杨(Yan 和 Yang,2010)[1]、杜等(Du 等,2011)[2]也进行了类似研究。另一种是进口非竞争型投入产出表(Input-Output Table with Non-Competitive Imports),这种投入产出表区分了进口品与国产品。例如,张友国(2010)[3]基于进口非竞争型投入产出表,分析了中国 1987—2007 年贸易内涵碳排放及其

① Yan,Y.F.,Yang,L.K.,"China's Foreign Trade and Climate Change:A Case Study of CO_2 Emissions",*Energy Policy*,Vol.38,No.1,2010,pp.350−356.

② Du,H.,Guo,J.,Mao,G.,Smith,A.M.,Wang,X.,Wang,Y.,"CO_2 Emissions Embodied in China-US Trade:Input-Output Analysis Based on the Energy/Dollar Ratio",*Energy Policy*,Vol.39,No.10,2011,pp.5980−5987.

③ 张友国:《中国贸易含碳量及其影响因素——基于(进口)非竞争型投入产出表的分析》,《经济学(季刊)》2010 年第 4 期。

部门特点、国别流向。徐等（Xu 等，2011）[1]、刘等（Liu 等，2013）[2]对中国出口内涵碳排放及其国别流向进行分析，并分别讨论了出口内涵碳排放的影响因素、国别流向。

利用单区域投入产出模型研究中国贸易内涵能耗、碳排放，另一个需要克服的问题是国内技术假设对进口内涵能耗、碳排放的偏差。一些学者利用额外数据调整进口产品的排放强度，如齐晔等（2008）[3]利用日本的能耗系数代表所有进口产品的能耗系数，计算中国进出口贸易内涵能耗。刘等（Liu 等，2013）采用中国 20 个主要贸易伙伴的平均排放强度，作为进口产品排放强度测算进口内涵碳排放。另一种关于国内技术假设的处理方式，是基于单区域投入产出模型拓展的双边贸易投入产出模型。利用双边贸易投入产出模型估算进口内涵碳排放，可以完全克服国内技术假设带来的偏差。例如，董等（Dong 等，2010）[4]、赵忠秀和王苒（2012）[5]利用双边贸易投入产出模型，考察中日双边贸易碳排放转移。近年来，多区域投入产出模型被逐步运用于中国贸易内涵能耗、碳排放研究。例如，戴维斯和卡尔德里亚（Davis 和 Caldeira，2010）[6]、齐等（Qi 等，2014）[7]分别基于全球贸易分析第 7 版、第 8 版数据库，对中国贸易内涵碳排放进行测算；徐和迪特森巴赫（Xu 和 Dietzenbacher，2014）[8]采用世界

---

[1] Xu, M., Li, R., Crittenden, J.C., Chen, Y., "CO$_2$ Emissions Embodied in China's Exports from 2002–2008: A Structural Decomposition Analysis", *Energy Policy*, Vol.39, No.11, 2011, pp.7381–7388.

[2] Liu, Y., Jayanthakumaran, K., Neri, F., "Who is Responsible for the CO$_2$ Emissions that China Produces?", *Energy Policy*, Vol.62, 2013, pp.1412–1419.

[3] 齐晔、李惠民、徐明：《中国进出口贸易中的隐含能估算》，《中国人口·资源与环境》2008 年第 3 期。

[4] Dong, Y., Ishikawa, M., Liu, X., Wang, C., "An Analysis of the Driving Forces of CO$_2$ Emissions Embodied in Japan-China Trade", *Energy Policy*, Vol.38, No.11, 2010, pp.6784–6792.

[5] 赵忠秀、王苒：《中日货物贸易中的碳排放问题研究》，《国际贸易问题》2012 年第 5 期。

[6] Davis, S.J., Caldeira, K., "Consumption-based Accounting of CO$_2$ Emissions", *Proceedings of the National Academy of Sciences*, Vol.107, No.12, 2010, pp.5687–5692.

[7] Qi, T., Winchester, N., Karplus, V.J., Zhang, X., "Will Economic Restructing in China Reduce Trade-Embodied CO$_2$ Emissions", *Energy Economics*, Vol.42, 2014, pp.204–212.

[8] Xu, Y., Dietzenbacher, E., "A Structural Decomposition Analysis of the Emissions Embodied in Trade", *Ecological Economics*, Vol.101, 2014, pp.10–20.

投入产出数据库,分析了中国贸易内涵碳排放及其影响因素。此外,国内学者如傅京燕和张珊珊(2011)[1]、闫云凤等(2013)[2]、张文城和彭水军(2014)[3]、彭水军等(2015)、余丽丽和彭水军(2018)[4],利用多区域投入产出模型对中国贸易与碳排放关系进行了研究。其中,傅京燕和张珊珊(2011)、闫云凤等(2013)基于经济合作与发展组织开发的投入产出数据,测算了中国进出口内涵碳排放,并分别讨论了碳排放约束下中国外贸发展方式的转变以及碳排放责任的分配。张文城和彭水军(2014)、彭水军等(2015)利用世界投入产出数据库,通过测算 1995—2009 年 41 个国家(地区)生产侧和消费侧碳排放,分别研究中国对外贸易的碳排放转移和资源环境负荷转移。

第三节　贸易政策的环境影响预测：
基于环境 CGE 模型

维德曼等(Wiedmann 等,2007)[5]指出,"不存在'最佳'模型,只有最适合特定研究目的的模型",维德曼等认为:多区域投入产出模型能够详细地描绘各国之间以及各国内部的产业关联,更适合对国际贸易内涵能耗和碳排放进行"事后核算(Ex-post Accounting)"。但是投入产出模型只考察生产者的线性生产行为,并没有对其他经济主体"理性人"行为(如消费者福利最大化等)进行描述,因此不能从预测角度或"事前分析(Ex-ante Analysis)"对贸易开放政策的能耗和碳排放影响进行政策模

---

① 傅京燕、张珊珊:《碳排放约束下我国外贸发展方式转变之研究——基于进出口隐含 CO_2 排放的视角》,《国际贸易问题》2011 年第 8 期。

② 闫云凤、赵忠秀、王苒:《基于 MRIO 模型的中国对外贸易隐含碳及排放责任研究》,《世界经济研究》2013 年第 6 期。

③ 张文城、彭水军:《南北国家的消费侧与生产侧资源环境负荷比较分析》,《世界经济》2014 年第 8 期。

④ 余丽丽、彭水军:《中国区域嵌入全球价值链的碳排放转移效应研究》,《统计研究》2018 年第 4 期。

⑤ Wiedmann, T., Lenzen, M., Turner, K., Barrett, J., "Examining the Global Environmental Impact of Regional Consumption Activities—Part 2: Review of Input-Output Models for the Assessment of Environmental Impacts Embodied in Trade", *Ecological Economics*, Vol.61, No.1, 2007, pp.15-26.

拟。可计算一般均衡模型基于瓦尔拉斯一般均衡理论,将经济体各部门之间建立了数量联系,弥补了投入产出模型的不足,有助于我们考察政策扰动对经济系统的影响。结合可计算一般均衡模型"牵一发而动全身"的特性,该模型通常被用来分析政策变动,如税收政策、贸易政策、产业政策、环境政策等,对各地区的经济、贸易、要素市场等影响。本书主要研究全球化背景下贸易自由化政策的能耗、碳排放影响,因此在梳理文献时将主要集中于可计算一般均衡模型在国际贸易与环境领域的拓展及应用。

一、开放条件下环境可计算一般均衡模型的技术拓展

可计算一般均衡模型有两个层面含义:第一层为可计算一般均衡模型的理论基础。该模型以瓦尔拉斯一般均衡理论为基础,认为当经济体系处于均衡状态时,将会存在稳态的产品和要素价格。倘若政策制度等导致经济系统处于非均衡状态,市场机制将会自动调整经济系统,从而达到新的均衡状态。第二层为"可计算"的含义,即通过联立方程组的形式刻画经济主体活动以及市场机制中的均衡力量,使"一般均衡"的概念从理论向应用转化。世界上第一个可计算一般均衡模型是挪威经济学家约翰森于 1960 年提出,经过几十年的发展,可计算一般均衡模型已经成为应用经济学的重要分支。环境可计算一般均衡模型通过模拟经济系统中环境与经济的互动关系,例如分析经济政策(如产业结构调整、贸易政策变化、政府开支变动等)对环境的影响,以及环境政策(如征收碳税、减排目标等)对经济的影响,构成了可计算一般均衡模型的重要分支。

20 世纪 80 年代,全球气候变化、温室气体排放、资源能源消耗等环境问题日益突出,人类活动对大气组成成分和土地利用的改变被认为是造成环境问题的主要原因。由此,学者们试图从经济活动角度出发,追踪人类活动与环境之间的互动关系,环境可计算一般均衡模型应运而生。博尔赫斯和古尔德(Borges 和 Goulder,1984)[①]、乔根森和威尔科森

---

① Borges, A.M., Goulder, H., *Decomposing the Impact of Higher Energy Prices on Long-Term Growth*, Chapter 8 in Scarf, H.E., Shoven, J.B., (eds.), Applied General Equilibrium Analysis, 2008, Cambridge University Press, 1984.

（Jorgenson 和 Wilcoxen,1990）①等对环境可计算一般均衡模型进行了开拓性研究。此后,随着学者们对生产模块的进一步细分,以及数据可获得性的提高,环境可计算一般均衡模型得到了快速发展,例如伯尼奥等（Burniaux 等,1992）②、澳大利亚农业经济局（ABARE,1997）③、拉瑟福德等（Rutherford 等,1997）④、巴比克尔等（Babiker 等,1997）⑤、谢和萨尔茨曼（Xie 和 Saltzman,2000）⑥、伯尼奥和特龙（Burniaux 和 Truong,2002）⑦、麦克杜格尔和古卢布（McDougall 和 Golub,2007）⑧都对环境可计算一般均衡模型的发展作出了重要贡献。

　　开放条件下环境可计算一般均衡模型最重要的两方面技术拓展:一方面是如何将污染活动纳入环境可计算一般均衡模型;另一方面是如何在环境可计算一般均衡模型中纳入能源模块,并将原有的经济系统与能源供给系统相衔接。黄英娜和王学军（2002）⑨根据污染后果嵌入模型的方式不同,将环境可计算一般均衡模型分成四种类型,即应用扩展型、环

①　Jorgenson, D. W., Wilcoxen, P. J., "Intertemporal General Equilibrium Modeling of US Environmental Regulation", *Journal of Policy Modeling*, Vol.12, No.4, 1990, pp.715-744.

②　Burniaux, J.M., Nicoletti, G., Oliveira-Martins, J., "GREEN: A Global Model for Quantifying the Costs of Policies to Curb CO_2 Emissions", *OECD Economics Studies*, No.19, Winter 1992, pp.49-92.

③　ABARE (Australian Bureau of Agricultural and Resource Economics), "Energy-Australian Energy Consumption and Production", *Research Report*, No.2, 1997.

④　Rutherford, T. F., Montgomery, W. D., Bernstein, P. M., "CETM: A Dynamic General Equbilibrium Model of Global Energy Markets, Carbon Dioxide Emissions and International Trade", University of Colorado, Boulder, *Working Paper*, No.3, 1997.

⑤　Babiker, M. H., Maskus, K. E., Rutherford, T. F., "Carbon Taxes and the Global Trading System", University of Colorado, Boulder, *Working Paper*, No.7, 1997.

⑥　Xie, J., Saltzman, S., "Environmental Policy Analysis: An Environmental Computable General-Equilibrium Approach for Developing Countries", *Journal of Policy Modeling*, Vol.22, No.4, 2000, pp.453-489.

⑦　Burniaux, J.M., Truong, T.P., "GTAP-E: An Energy-Environmental Version of the GTAP Model", *GTAP Technical Papers*, No.18, 2002.

⑧　McDougall, R., Golub, A., *GTAP-E: A Revised Energy-Environmental Version of the GTAP Model*, GTAP Research Memorandum 15, Center for Global Trade Analysis, Prudue University, West Lafayette, IN, 2007.

⑨　黄英娜、王学军:《环境 CGE 模型的发展及特征分析》,《中国人口·资源与环境》2002年第 2 期。

境反馈型、函数扩张型、结构衍生型。应用扩展型，实际上是在不改变原有可计算一般均衡模型的基础上，增设外生的环境模块，预测模拟经济政策或环境政策实施所产生的影响。例如，利用供给、需求部门的产出及对应的污染量，估算出每单位产出、中间投入、最终需求的污染排放系数，并将此作为外生参数，在标准可计算一般均衡模型结构不变情形下，评估经济政策变动产生的经济、环境影响。另一种设置外生环境模块的方法，在模型结构不变的情形下，将环境管制相关的价格、税收作为外生参数，以此考察环境政策变动产生的经济、环境影响。环境反馈型，如乔根森和威尔科森（Jorgenson 和 Wilcoxen，1990），将污染排放看作"公共品"，并在标准可计算一般均衡模型的生产模块和消费模块中增加"污染产品"，实现在经济系统中引入环境反馈。乔根森和威尔科森（Jorgenson 和 Wilcoxen，1990）是探讨环境政策对经济活动产生的影响。函数扩张型，不仅对原有的生产和消费函数进行了修正，而且在生产模块还增设了降低污染的生产函数。如内斯特和帕苏尔卡（Nestor 和 Pasurka，1995）[①]假设污染控制技术与产品生产技术不同，并借助污染减排的投入产出矩阵设定污染减排的生产函数，从而考察环境政策、贸易政策、生产补贴等对德国的经济影响。进一步地，谢和萨尔茨曼（Xie 和 Saltzman，2000）不仅将污染活动纳入生产和消费模块，而且对经济系统的结构进行了新的划分，即在生产部门和消费部门的基础上，增设污染减排部门，因此这类环境可计算一般均衡模型可称为"结构衍生型"。同前两种环境可计算一般均衡模型相同，生产部门和消费部门在纳入环境污染之后，将根据调整后的生产成本、产品价格等因素，重新作出产出决策和消费选择。新增的减排部门将污染看作特殊商品，由污染制造者为实现减排目标进行购买，并同样根据市场机制实现均衡。

如前所述，环境可计算一般均衡模型的第一个重要拓展是"经济—环境"二元结合的可计算一般均衡模型。然而，能源是人类生存和经济

---

① Nestor, D. V., Pasurka, C. A., "Environment-Economic Accounting and Indicators of the Economic Importance of Environmental Protection Activities", *Review of Income and Wealth*, Vol.41, No.3, 1995, pp.265-287.

发展的基础,也是全球气候变暖、酸雨等环境问题的重要原因,因此"能源—经济—环境"三者之间是密不可分的。为了更清楚地研究政策变动对经济、环境的影响,学者们进一步在"经济—环境"二元系统的可计算一般均衡模型中纳入能源模块,形成"能源—经济—环境"三元系统的可计算一般均衡模型,如博尔赫斯和古尔德(Borges 和 Goulder,1984)、伯尼奥等(Burniaux 等,1992)、澳大利亚农业经济局(ABARE,1997)、拉瑟福德等(Rutherford 等,1997)、巴比克尔等(Babiker 等,1997)、伯尼奥和特龙(Burniaux 和 Truong,2002)、麦克杜格尔和古卢布(McDougall 和 Golub,2007),此即为环境可计算一般均衡模型第二个重要技术拓展。"能源—经济—环境"三元系统的可计算一般均衡模型关键在于两方面:资本与能源的关系(替代关系或互补关系)、能源系统与经济系统的衔接方式(自上而下或自下而上)。维纳尔斯(Vinals,1984)[①]认为,当能源价格变化时,资本与能源之间的替代性或互补性是决定总产出变动方向的关键因素。维纳尔斯(Vinals,1984)利用简单的单一部门模型推出:当资本存量固定、工资水平灵活变动时,能源与资本的替代关系是产出与能源价格反方向变动的充分条件;而能源与资本的互补关系,是产出与能源价格同方向变动的必要条件。此外,生产模块中将能源投入与其他中间产品投入区分,如何将能源的供需系统与原有的宏观经济系统相衔接,是环境可计算一般均衡模型技术拓展的另一个重要方面。迄今为止,学者们主要通过"自上而下""自下而上"或将两种分析方法"桥接(Bridge)"的混合互补方式,实现"能源—经济—环境"三者的统一协调。"自上而下"属于经济学领域应用较为广泛的方法,运用于环境可计算一般均衡模型则指从宏观经济特征出发,推出宏观经济和部门产出等变化,及其引起的能源供需系统变化。相反地,"自下而上"属于工程学概念,该分析方法的逻辑顺序正好与"自上而下"方法相反。应用于环境可计算一般均衡模型,"自下而上"的衔接方法指从能源生产过程出发,详细刻画能源使用技术

---

① Vinals,J.M.,"Energy-Capital Substitution,Wage Flexibility and Aggregate Output Supply",*European Economic Review*,Vol. 26,No.1-2,1984,pp.229-245.

及成本信息,通过能源生产技术和成本结构变化,选择最具效率和成本优势的能源产品以满足经济产出需求。

博尔赫斯和古尔德(Borges 和 Goulder,1984)较早地在环境可计算一般均衡模型中,将能源产品与其他中间投入品相区分,并采用相对简单的生产结构以描述能源之间、能源—要素之间的替代可能性。该研究假设劳动与资本相分离,资本—能源共同构成"资本能源束",因此非能源中间投入、劳动、资本能源束,共同构成生产模块的第一层级。在生产模块的第二层级,能源束、资本以里昂惕夫生产函数形式存在,意味着"资本—能源"之间的替代弹性为 0,即博尔赫斯和古尔德(Borges 和 Goulder,1984)构建的环境可计算一般均衡模型中资本与能源是互补关系。此外,该研究采用传统的"自上而下"方法,将能源供需与经济系统连接。巴比克尔等(Babiker 等,1997)同样假设资本与能源之间为互补关系,并采用"自上而下"方法构建模型。但是阐释资本与能源之间关系的方式与博尔赫斯和古尔德(Borges 和 Goulder,1984)的研究有所差异。巴比克尔等(Babiker 等,1997)构建的模型中,能源与初级要素(土地、资本、劳动)之间以不变替代弹性(Constant Elasticity of Substitution,CES)生产函数连接且替代弹性为 0.5。伯尼奥等(Burniaux 等,1992)构建了包含 12 个地区、8 个能源生产部门、4 个其他产品部门的环境可计算一般均衡模型(GREEN),该模型继承了博尔赫斯和古尔德(Borges 和 Goulder,1984)将"资本—能源"结合的思想,但打破了两者互补关系的设定。伯尼奥等(Burniaux 等,1992)认为能源与要素之间存在一定的替代性,并假设在生产过程中随着生产技术等因素变化,能源与要素之间的替代弹性也会发生变化。为了将能源与要素的替代特性引入模型,伯尼奥等(Burniaux 等,1992)采用了"资本更新(Vintage Capital)"结构:在短期"旧资本"与能源之间的替代性较低,而在长期"新资本"与能源之间的替代性较高。最终模型假设在短期能源与要素之间的替代弹性为 0.25,而在中长期能源与要素的替代弹性分别为 0.5—1.0、2.0。此外,该模型在能源供需系统中使用"自下而上"的方法,在经济系统中仍采用"自上而下"的构建方式,但该模型并没有详细说明两个系统如何衔接。澳大利亚农业经济局(ABARE,1997)在全球贸易分析框架下构建了澳大利亚能源分析的可计算一般均衡模型(MEGABARE),并通过"技术束(Technology Bundle)"方式将生产中能源与要素投入相结合。该模型在处理能源—资本的关系、能源系统与经济系统连接方式时,与伯尼奥等(Burniaux 等,1992)的模型一致,都假设资本与能源在短期相对互补、在长期替代性更强,在能源系统中采用"自下而上"方法,而经济系统中沿用"自上而下"方式。

虽然学者们已经尝试以"自下而上"方式刻画能源系统,但是并没有指出在具体应用中如何将"自下而上"的能源系统与"自上而下"的经济系统进行"桥接"。拉瑟福德等(Rutherford 等,1997)分别构建了"自上而下"的宏观经济系统(MACRO 子模型)、"自下而上"的能源部门(ETA 子模型),并详细阐述了两个子模型如何连接构成包含能源的可计算一般均衡模型(CETM)。具体地,拉瑟福德等(Rutherford 等,1997)提出能源价格和数量的传导过程是联系两个子模型的关键,具体表现为:能源系统通过不断的迭代计算,使能源价格、数量逐渐收敛于宏观经济系统的结果。这一衔接方式同样应用于伯尼奥和特龙(Burniaux 和 Truong,2002)构建的能源环境拓展的全球贸易分析模型,并且该模型从理论研究和经验估计两个角度,解释能源与资本之间的替代关系。理论研究主要借鉴维纳尔斯(Vinals,1984)的模型阐释,经验评估则是利用学者们关于能源—资本替代弹性的估算去总结各地区能源—资本之间的替代关系,如伯恩特和伍德(Berndt 和 Wood,1975)[1]、特龙(Truong,1985)[2]分别对美国和澳大利亚的能源—资本替代弹性进行了评估。此外,能源环境拓展的全球贸易分析模型在私人消费、公共消费模块,都对能源产品之间、能源产品与其他产品之间的替代关系进行了详细刻画,在此基础上麦克杜格尔和古卢布(McDougall 和 Golub,2007)增加了碳排放、排放许可、排放交易、碳税等方程。为了更清晰地查看"能源—经济—环境"可计算一般均衡模型的

---

① Berndt, E. R., Wood, D. O., "Prices and the Derived Demand for Energy", *Review of Economics and Statistics*, Vol.57, No.3, 1975, pp.259−268.

② Truong, T.P., "Inter-Fuel and Inter-Factor Substitution in NSW Manufacturing Industry", *Economic Record*, Vol.61, No.3, 1985, pp.644−653.

技术拓展,笔者将三元环境可计算一般均衡模型的发展总结为表1-1。

表1-1　三元环境可计算一般均衡模型的发展变化

开发者	模型名称	模型描述				
		模型结构	动态性	能源间	能源要素	能源—资本
博尔赫斯和古尔德(1984)	BG	自上而下	静态	替代	替代	完全互补
巴比克尔等(1997)	BMR	自上而下	动态	替代	替代	互补
伯尼奥等(1992)	GREEN	自上而下+自下而上	动态	替代	替代	短期互补长期替代
澳大利亚农业经济局(1997)	MEGAB-ARE	自上而下+自下而上	动态	替代	技术替代	技术给定互补技术替代
拉瑟福德等(1997)	CETM	自上而下+自下而上	静态	替代	替代	MACRO替代ETA互补
伯尼奥和特龙(2002)	GTAP-E	自上而下+自下而上	静态	替代	替代	短期互补长期替代
麦克杜格尔和古卢布(2007)	GTAP-E	自上而下+自下而上	静态	替代	替代	短期互补长期替代

注:根据三元环境可计算一般均衡模型相关文献自行整理。

如前所述,环境可计算一般均衡模型的开发主要以欧美发达国家为研究对象,国内关于可计算一般均衡模型在资源环境领域的开发为数不多,且主要采取与国外合作的方式。例如,国务院发展研究中心(翟凡等,1997)[1]结合中国经济和环境的实际情况,对经济合作与发展组织开发的环境可计算一般均衡模型进行修改,构建了关于中国"经济—环境"的动态可计算一般均衡模型。郑玉歆和樊明太等(1999)[2]以澳大利亚莫纳什大学政策研究中心(CoPS)开发的PRCGEM模型为基础,合作开发以中国为中心的环境可计算一般均衡模型。贺菊煌等(2002)[3]构建了研

---

①　翟凡、冯珊、李善同:《一个中国经济的可计算一般均衡模型》,《数量经济技术经济研究》1997年第3期。

②　郑玉歆、樊明太等编著:《中国CGE模型及政策分析》,社会科学文献出版社1999年版,第23~58页。

③　贺菊煌、沈可挺、徐嵩龄:《碳税与二氧化碳减排的CGE模型》,《数量经济技术经济研究》2002年第10期。

究中国碳税的静态可计算一般均衡模型,分析了对化石能源征收碳税所产生的经济影响。

伴随着模型开发的不断深入,环境可计算一般均衡模型在"经济—环境"互动研究的应用领域也更加广泛。具体来说,环境可计算一般均衡模型应用主要集中在污染控制(减排)政策的经济影响、贸易自由化政策的环境影响、碳税政策的环境影响等。由于本书主要探讨经济全球化和全球气候变化背景下,中国面临贸易自由化的挑战和压力,以及减排约束情形下中国如何实现经济增长、能源消耗及环境保护三者之间的协调发展。因此,在梳理环境可计算一般均衡模型应用时集中关注贸易自由化、减排政策及两项配套政策的影响研究。

二、贸易开放政策的环境

科普兰和泰勒(Copeland 和 Taylor,1994)、安特韦勒等最早使用一般均衡模型分析国际贸易对环境的影响,为环境可计算一般均衡模型在国际贸易与环境关系的研究奠定了理论基础。贸易开放政策将在一定程度上改变贸易方式,使国际贸易向更加自由化的方向发展,同时可能对环境产生正向或负向影响。例如,贸易自由化一方面可以通过技术转移、环保产品贸易等方式,实现环境质量改善,另一方面可能通过经济规模扩张等方式,导致环境进一步恶化。学者们利用不同的环境可计算一般均衡模型,对不同国家(地区)贸易自由化政策的环境影响进行了具体分析。

利用环境可计算一般均衡模型考察单边自由化情形,可以在其他因素给定时研究某个特定国家贸易开放政策的经济和环境影响。例如,德苏斯和布索洛(Dessus 和 Bussolo,1998)[①]以哥斯达黎加 1995 年社会核算矩阵(Social Accounting Matrix,SAM)为基础,利用贝根等(Beghin 等,1997)[②]

---

① Dessus,S.,Bussolo,M.,"Is There a Trade-off between Trade Liberalization and Pollution Abatement?:A Computable General Equilibrium Assessment Applied to Costa Rica",*Journal Policy Modeling*,Vol.20,No.1,1998,pp.11-31.

② Beghin,J.C.,Dessus,S.,Roland-Holst,D.,Mensbrugghe,D.V.D.,"The Trade and Environment Nexus in Mexican Agriculture:A General Equilibrium Analysis",*Agricultural Economics:The Journal of the International Association of Agricultural Economists*,Vol.17,No.2-3,1997,pp.115-131.

构建的动态可计算一般均衡模型考察了哥斯达黎加贸易自由化政策的环境影响,并进一步引入环境政策研究贸易与环境的互动关系。研究认为,贸易自由化与特定污染税相结合能够实现经济发展和环境保护的协调。杨(Yang,2001)①以中国台湾1995年社会核算矩阵为基准,利用德维斯等(Dervis等,1982)②构建的静态可计算一般均衡模型,研究中国台湾加入世界贸易组织对其经济增长、能源消耗和碳排放的影响,发现:中国台湾作为一个典型的海岛型经济体,贸易进一步开放确实会带来其出口增加、经济增长、化石燃料消耗和碳排放增加。基于同样的模型和数据基础,杨(Yang,2001)③考察了中国台湾实施贸易自由化政策和碳减排政策的协同影响,研究发现:关税削减将在很大程度上降低减排成本,并且能够在一定程度上弥补实施碳税带来的福利损失。此外,贸易自由化政策与特定环境政策的协同,将促进生产要素向更具竞争性行业流动,这一结果与其他关于发展中国家的研究相一致。何和罗兰·霍尔斯特(He和Roland-Holst,2005)④、何(He,2006)⑤利用贝根等(Beghin等,1997)构建的动态可计算一般均衡模型,将二氧化硫排放与化石燃料消耗相结合,主要考察中国经济增长与二氧化硫排放之间的矛盾,提出可持续的经济增长和对外开放是中国能够顺利地完成经济结构转型的康庄大道。文内莫等(Vennemo等,2008)⑥利用可计算一般均衡模型模拟中国加入世界贸易组织的环境影响,并将其分解为技术效应、规模效应和结构效应。该研

① Yang,H.Y.,"Trade Liberalization and Pollution:A General Equilibrium Analysis of Carbon Dioxide Emissions in Taiwan",*Economic Modelling*,Vol.18,No.3,2001,pp.435-454.

② Dervis,K.,Melo,D.J.,Robinson,S.,*General Equilibrium Models for Development Policy*,Cambridge University Press,1982.

③ Yang,H.Y.,"Carbon Emissions Control and Trade Liberalizaiton Coordinated Approaches to Taiwan's Trade and Tax Policy",*Energy Policy*,Vol.29,No.9,2001,pp.725-734.

④ He,J.,Roland-Holst,D.,"Chinese Growth and Atmospheric Pollution:An Empirical Assessment of Challenges and Opportunities",*Working Paper*,14,CERDI,2005.

⑤ He,J.,"Pollution Haven Hypothesis and Environmental Impacts of Foreign Direct Investment:The Case of Industrial Emission of Sulfur Dioxide (SO_2) in Chinese Provinces",*Ecological Economics*,Vol.60,No.1,2006,pp.228-245.

⑥ Vennemo,H.,Aunan,K.,He,J.,et al.,"Environmental Impacts of China's WTO-Accession",*Ecological Economics*,Vol.64,No.4,2008,pp.893-911.

究得出：尽管中国加入世界贸易组织带来了经济规模扩张，但是总体来说，经济规模扩张对环境是有利的。值得说明的是，前面提及的两种环境可计算一般均衡模型衡量污染排放的方式也不同。一种如德维斯等（Dervis 等，1982）认为经济系统产生的污染主要来自能源消耗，并通过将各种能源的污染排放进行加总，得到经济系统在不同情形下的总污染排放。另一种如贝根等（Beghin 等，1997）认为经济系统产生的污染主要来自产品消耗，其中产品消耗可分为产品作为生产过程中的中间投入消耗和作为最终消费品的消耗，并通过对中间投入消耗和最终品消耗分配不同的排放系数进行加总，模拟不同政策下的总污染排放。前者有助于将"能源—经济—环境"三者统一，后者偏向于考察经济体中物质消耗各个环节的碳排放。同样考察单边贸易自由化的经济和环境影响，宋等（Song 等，2015）[1]在贸易自由化的表现形式以及模型设定方面都比较独特：一方面，该研究将出口退税调整作为贸易自由化的重要政策工具；另一方面，利用全球贸易分析模型采用污染排放系数固定的外生环境模块。具体地说，宋等（Song 等，2015）首先验证了中国的出口退税与污染排放之间显著的因果关系，接着用全球贸易分析模型研究出口退税对中国的减排影响。研究发现：在 2003 年之前，出口退税主要促进出口、提高外汇储备，并且由于高污染行业的出口退税高于平均水平，从而导致中国高污染行业的污染排放增加。2003—2010 年，中国实施了出口退税改革，降低了对高污染出口行业的扶持，该时期中国的污染排放下降，同时说明取消高污染行业的出口退税是对环境有利的政策措施。

在经济全球化背景下，多边贸易自由化已成为国家、区域之间合作的重要形式，其带来的经济和环境影响也逐渐成为政策制定者关注的领域。法恩和霍尔莫伊（Fæhn 和 Holmøy，2003）[2]将挪威的经济系统区分为 60

① Song, P., Mao, X., Corsetti, G., "Adjusting Export Tax Rebates to Reduce the Environmental Impacts of Trade: Lessons from China", *Journal of Environmental Management*, Vol. 161, 2015, pp.408-416.

② Fæhn, T., Holmøy, E., "Trade Liberalization and Effects on Pollutive Emissions to Air and Deposits of Solid Waste: A General Equilibrium Assessment for Norway", *Economic Modelling*, Vol. 20, No.4, 2003, pp.703-727.

种商品、40 个行业,利用法恩和霍尔莫伊(Fæhn 和 Holmøy,2000)①构建的多部门增长模型研究挪威参与多边贸易自由化产生的经济和环境影响,结果发现:多边贸易自由化将导致挪威的国内生产总值略微下降,但考察的 12 种污染物排放显著上升。此外,贸易政策改革将导致挪威电力消费增加、清洁能源价格上升,并在长期导致经济结构向高污染出口行业转移。值得一提的是,法恩和霍尔莫伊(Fæhn 和 Holmøy,2003)考察了 12 种污染指标,这些污染指标的排放量是以外生的排放系数乘以经济产出计算而来,因此该可计算一般均衡模型属于"应用扩展型"环境可计算一般均衡模型。奥莱恩等(O'Ryan 等,2005)②以奥莱恩等(O'Ryan 等,2003)③构建的环境可计算一般均衡模型为基础,主要考察智利可持续发展政策的可行性,重点关注智利与欧盟、美国的自由贸易协定产生的社会、经济和环境影响。奥莱恩等(O'Ryan 等,2011)④认为,贸易协定产生的纯贸易收益十分微弱,但无论从经济影响还是环境影响来说,更多国家参与的贸易自由化往往优于单边贸易自由化。类似地,谷米朗(Gumilang 等,2011)⑤、刘等(Liu 等,2012)⑥、宋等(Song 等,2015)同样基于全球贸

---

① Fæhn, T., Holmøy, E., *Welfare Effects of Trade Liberalization in Distorted Economies: A Dynamic General Equilibrium Assessment for Norway*, In: Harrison, G. W., Hougaard Jensen, S. E., Rutherford, T. (Eds.), Using Dynamic General Equilibrium Models for Policy Analysis, North-Holland, Amsterdam, 2000.

② O'Ryan, R., De Miguel, C.J., Miller, S., Munasinghe, M., "Computable General Equilibrium Model Analysis of Economywide Cross Effects of Social and Environmental Policies in Chile", *Ecological Economics*, Vol.54, No.4, 2005, pp.447–472.

③ O'Ryan, R., Miller, S., De Miguel, C.J., "A CGE Framework to Evaluate Policy Options for Reducing Air Pollution Emissions in Chile", *Environment and Development Economics*, Vol.8, No.2, 2003, pp.285–309.

④ O'Ryan, R., De Miguel, C.J., Miller, S., Pereira, M., "The Socioeconomic and Environmental Effects of Free Trade Agreements: A Dynamic CGE Analysis for Chile", *Environment and Development Economics*, Vol.16, No.3, 2011, pp.305–327.

⑤ Gumilang, H., Mukhopadhyay, K., Thomassin, P.J., "Economic and Environmental Impacts of Trade Liberalization: The Case of Indonesia", *Economic Modelling*, Vol. 28, No. 3, 2011, pp.1030–1041.

⑥ Liu, Z., Mao, X., Tang, W., Hu, P., Song, P., "An Assessment of China-Japan-Korea Free Trade Agreement's Economic and Environmental Impacts on China", *Frontiers of Environmental Science & Engineering*, Vol.6, No.6, 2012, pp.849–859.

易分析模型将污染排放以外生形式表示。其中,谷米朗(Gumilang 等,2011)将全球贸易分析第 6 版数据库合并为 9 个地区、57 个部门,考察了印度尼西亚与日本、东盟签署自由贸易协定的环境影响。不同的是,谷米朗(Gumilang 等,2011)考察多种污染排放,并以固定排放系数将环境影响直接与经济产出联系,发现两种自由贸易协定对印度尼西亚的经济和环境都不会产生显著影响。刘等(Liu 等,2012)利用全球贸易分析模型,考察了中国、日本和韩国签署自由贸易协定对中国的经济和环境影响。

由前所述,在贸易自由化环境影响的研究中,若将环境影响以多种污染物表示,大多数将污染后果外生于经济系统,若单独考虑碳排放影响则大多数研究会采用内生的环境模块,即通过生产模块、消费模块中内嵌的能源消耗考察经济系统碳排放影响。例如,艾丁和艾卡(Aydin 和 Acar,2010)[1]将全球贸易分析第 6 版数据库合并为 3 个地区、7 个行业,伯尼奥和特龙(Burniaux 和 Truong,2002)利用标准能源环境拓展的全球贸易分析模型分析土耳其加入欧盟的经济和环境影响。具体政策方案设计时,艾丁和艾卡(Aydin 和 Acar,2010)利用劳动力、资本的自由流动作为贸易自由化的表现形式,此外该研究在贸易自由化基础上,考虑了土耳其将分担欧盟在哥本哈根会议上提出的减排目标。研究发现:碳减排将导致土耳其和欧盟能源相关行业产出下降、农业等其他行业产出上升,且两个地区的边际减排成本上升。西里瓦达纳(Siriwardana,2015)[2]将全球贸易分析第 8 版数据库合并为 11 个地区、20 个部门,利用修订的能源环境拓展的全球贸易分析模型(McDougal 和 Golub,2007)考察澳大利亚与日本、朝鲜签订自由贸易可能对澳大利亚产生的经济、环境影响。该研究设计了两个贸易自由化方案:一是"自由贸易"方案,假设澳大利亚与日本、朝鲜

---

① Aydin,L.,Acar,M.,"Economic and Environmental Implications of Turkish Accession to the European Union:A CGE Analysis",*Energy Policy*,Vol.38,No.11,2010,pp.7031-7040.

② Siriwardana,M.,"Australia's New Free Trade Agreements with Japan and South Korea:Potential Economic and Environmental Impacts",*Journal of Economic Integration*,Vol.30,No.4,2015,pp.616-643.

的双边关税取消；二是"绿色贸易"方案，即在实施"自由贸易"的同时假设存在"碳排放交易机制"。结果说明，两个自由化方案都将促进澳大利亚贸易规模扩张，并导致其环境状况恶化。此外，"碳减排交易机制"将导致碳许可证价格明显上升，从而导致三个国家竞争力损失，该方案是"不经济的"减排方式。

三、减排政策的经济影响

随着全球气候变化加剧，各地区开始积极制定温室气体减排政策，而如何将减排与经济发展相结合也成为学者和政策制定者的关注焦点。肯费特等（Kemfert 等，2006）[1]构建了包括多种温室气体的全球环境可计算一般均衡模型，考察气候变化及减排政策的长期经济影响。该研究考察了仅实施碳减排与多种温室气体同时减排的两个政策方案，研究发现：与仅减少碳排放情形相比，多种气体同时减排的经济损失较小。博塞洛等（Bosello 等，2006）[2]将能源环境拓展的全球贸易分析模型与狄克逊和里默（Dixon 和 Rimmer，2002）[3]的动态模块相结合，考察气候变化产生的经济影响。特别的是，该研究将气候变化与人类健康相联系，并将人类健康模拟为经济系统中劳动生产率变化以及对医疗服务的需求，继而将这两个变量作为动态能源环境拓展的全球贸易分析模型的外生冲击，考察气候变化对经济的长期影响。结果发现，气候变化对健康的有利影响将导致国内生产总值、福利和投资增加，反之亦然。

笼统地说，利用环境可计算一般均衡模型研究减排政策的经济和环境影响，大致上可以分为两个类型：单边减排政策和多边减排政策的影响。具体细致到减排政策的设计，则可以从宏观影响出发或者细分碳交易市场，采取一定的政策方案实现减排目的。从宏观影响出发，即设置特

---

① Kemfert,C.,Truong,T.P.,Bruckner,T.,"Economic Impact Assessment of Climate Change—A Multi-Gas Investigation with WIAGEM-GTAPEL-ICM",*Energy Journal*,Vol.3,2006,pp.441-460.

② Bosello,F.,Roson,R.,Tol,R.S.J.,"Economy-Wide Estimates of the Implications of Climate Change:Human Health",*Ecological Economics*,Vol.58,No.3,2006,pp.579-591.

③ Dixon,P.,Rimmer,M.,*Dynamic General Equilibrium Modelling for Forecasting and Policy: A Practical Guide and Documentation of Monash*,New York:North Holland,2002.

定的碳减排目标或者碳税（国内）、碳关税（边境），"自上而下"影响整个经济系统的经济产出、污染排放等。碳排放权交易属于相对灵活的减排机制，在给定排放总量前提下，各地区可以将"排放权"以商品形式进行买卖。该概念由美国经济学家戴尔斯首次提出，1997年《京都议定书》第一次以条约形式列出，自2005年《京都议定书》正式生效后国际碳排放权交易也进入高速发展阶段。

　　单边减排政策研究主要集中在附件 I 国家，如美国、欧盟等。例如，拉斯穆森（Rasmussen，2003）[1]利用代际可计算一般均衡模型考察美国温室气体减排对其后代的经济、福利影响，发现征收碳税产生的经济成本不能在后代之间均等地分配。博塞洛等（Bosello等，2013）[2]利用动态递归可计算一般均衡模型，考察欧盟单边气候政策对全球减排影响，发现在其他条件不变时，欧盟"温室气体减排30%"政策可促进全球温室气体减排20%，但以欧盟的国内生产总值下降0.5%为代价。同样考察欧盟减排政策，博伦等（Bollen等，2014）[3]运用列久（Lejour等，2006）[4]构建的全球动态可计算一般均衡模型，基于全球贸易分析第8版数据库将全球经济合并为16个地区、12个部门，考察欧盟末端治理（End-of-Pipe）的减排政策对其空气污染和经济的影响，研究发现：欧盟气候政策在减排的同时以牺牲经济发展为代价。伯林格等（Böhringer等，2016）[5]在研究欧盟"20-

　　① Rasmussen, T.N., "Modeling the Economics of Greenhouse Gas Abatement: An Overlapping Generations Perspective", *Review of Economic Dynamics*, Vol.6, No.1, 2003, pp.99-119.

　　② Bosello, F., Campagnolo, L., Carraro, C., Eboli, F., Parrado, R., Portale, E., *Macroeconomic Impacts of the EU 30% GHG Mitigation Target*, Nota di Lavoro, Fondazione Eni Enrico Mattei (FEEM), 2013.

　　③ Bollen, J., Brink, C., "Air Pollution Policy in Europe: Quantifying the Interaction with Greenhouse Gases and Climate Change Policies", *Energy Economics*, Vol.46, 2014, pp.202-215.

　　④ Lejour, A., Veenendaal, P., Verweij, G., Leeuwen, N.V., "World Scan: A Model for Internaitonal Economic Policy Analysis", CPB Document No. 111, *CPB Netherlands Bureau for Economic Policy Analysis*, 2006.

　　⑤ Böhringer, A.K., Bortolamedi, M., Seyffarth, A.R., "Good Things Do Not Always Come in Threes: On the Excess Cost of Overlapping Regulation in EU Climate Change", *Energy Policy*, Vol.94, 2016, pp.502-508.

20-20"单边气候政策[①]时提出，为了克服减排的经济损失，可以通过开发再生能源、提高能源效率等进行改进。

从全球范围来看，单边碳减排政策面临两个比较严重的问题：一是减排国的竞争力损失；二是对非减排国的碳泄漏。安蒂米亚尼等（Antimiani等，2011）[②]利用修订的能源环境拓展的全球贸易分析模型（McDougal 和 Golub，2007），比较实施总量减排的不同减排政策影响，发现单边减排政策不利于降低"碳泄漏率"，而全球合作性碳减排政策似乎更为有效。类似地，久伊拉等（Kiuila 等，2016）[③]基于相同的数据来源和模型，考察了以碳关税形式实施的单边减排政策，结果发现：单边气候政策会导致碳泄漏且不利于全球气候保护，只有全球性减排行为可以减缓气候变化，任何区域性的政策都被证明是无效的。

为了克服单边气候政策存在的问题，学者们试图从多边合作性减排出发，考察各个地区以及全球的经济和环境影响。彼得森等（Peterson 等，2011）[④]将能源环境拓展的全球贸易分析模型与动态模型可计算一般均衡模型相结合，构建全球动态环境可计算一般均衡模型（Dynamic Equilibrium Model for CLImate Policy Analysis，DYE-CLIP），考察发达国家（附件I国家）和主要发展中国家（非附件I国家）履行哥本哈根协议对经济和福利产生的影响。除了考察哥本哈根承诺的上限和下限，该研究还设定另一种政策方案，即相较于1990年，2020年附件I国家整体减少30%碳排放，而非

---

① 2007年3月，欧盟提出了一项能源和气候一体化决议，其核心内容是"20-20-20"行动，即承诺到2020年将欧盟温室气体排放量在1990年基础上减少20%，设定可再生能源在总能源消费中的比例提高到20%的约束性目标，包括生物质燃料占燃料消费的比例不低于10%，将能源效率提高20%。

② Antimiani, A., Costantini, V., Martini, C., Salvatici, L., Tommasion, M.C., "*Cooperative and Non-Cooperative Solutions to Carbon Leakage*", Presented at the 14th Annual Conference on Global Economic Analysis, Venice, Italy, 2011.

③ Kiuila, O., Wójtowicz, K., Ylicz, T., Kasek, L., "Economic and Environmental Effects of Unilateral Climate Actions", *Mitigation and Adaptation Strategies for Global Change*, Vol.21, No.2, 2016, pp.263-278.

④ Peterson, E.B., Schleich, J., Duscha, V., "Environmental and Economic Effects of the Copehagen Pledges and More Ambitious Emission Reduction Targets", *Energy Policy*, Vol.39, No.6, 2011, pp.3697-3708.

附件I国家比基准情形减排15%,并假设减排国之间可以进行碳许可交易。马图等(Mattoo等,2012)[1]用世界银行开发的环境和可持续分析的可计算一般均衡(Environmental Impact and Sustainability Applied General Equilibrium, ENVISAGE)模型,设计合作性减排政策目标,即2020年工业化国家碳排放总量相较于2005年下降17%,发展中国家碳排放总量较之基准情形下降17%,考察各个国家制造业的产出及出口影响。该研究将结果分解为三部分影响:各个国家减排本身带来的碳价格变化;碳排放可交易带来的碳价格变化;国家碳排放转移(私人或公共)带来的碳价格变化。研究发现,对巴西等碳密集度较低的国家而言,制造业产出和出口受到的影响程度较小。相比之下,碳密集度较高的国家,如中国和印度,合作的减排目标将导致其制造业产出下降3%—3.5%、出口下降5.5%—7%。此外,碳交易导致的碳价格上升对制造业产出损失最大,而国际转移带来的实际汇率变化,对出口损害最严重。博塞洛等(Bosello等,2013)在单边减排政策基础上,进一步考察了世界其他主要经济体履行哥本哈根承诺的多边情形,发现相较于单边减排,合作性减排政策有助于改善欧盟的经济福利。李等(Li等,2014)[2]在全球可计算一般均衡模型框架下考察了各地区实施单边气候政策和多边气候政策的不同影响,研究发现:较之单边气候政策,多边气候政策可以缓解各地区的负外部性,但由于利益分配不均,各减排国难以达成稳定的全球性的气候约束。进一步地,切尔诺夫策(Cherniwchan,2017)[3]和阿诺利埃斯(Anouliès,2017)[4]在异质性企业可计算一般均衡模型框架下探讨了减排政策的影响效应,如切尔诺夫策(Cherniwchan,2017)分析了北美自由贸易协定对于美国制造业企业污染

①　Mattoo, A., Subramanian, A., Mensbrugghe, D.V.D., He, J.W., "Can Global De-Carbonization Inhibit Developing Country Industrialization?", *The World Bank Economic Review*, Vol.26, No.2, 2012, pp.296-319.

②　Li, A., Du, N., Wei, Q., "The Cross-Country Implications of Alternative Climate Policies", *Energy Policy*, Vol.72, 2014, pp.155-163.

③　Cherniwchan J., "Trade Liberalization and the Environment: Evidence from NAFTA and US Manufacturing", *Journal of International Economics*, Vol.105, 2017, pp.130-149.

④　Anouliès, L., "Heterogeneous Firms and the Environment: A Cap-and-Trade Program", *Journal of Environmental Economics and Management*, Vol.84, 2017, pp.84-101.

排放的影响效应。

中国已经成为世界最大的碳排放国,关于中国实施碳减排影响的研究不在少数。戴等(Dai 等,2011)[1]利用静态单国可计算一般均衡模型,分析了中国履行哥本哈根承诺以及实施非化石能源计划(Non-Fossil Energy Plan)的影响,发现中国碳减排承诺实现是以一定程度的经济损失为代价的,且碳排放量下降主要是由于电力部门和制造业部门中煤炭消耗的减少。陆等(Lu 等,2013)[2]利用麦基宾和威尔科森(McKibbin 和 Wilcoxen,2013)[3]构建的能源环境拓展的可计算一般均衡模型,在全球经济系统下考察中国近期减排承诺的影响,如中国政府在哥本哈根会议及"第十二个五年计划"中规定的一系列气候政策。研究表明:根据不同的国内生产总值目标方案,设计相应的排放轨迹,有可能实现碳密集度降低的目标,但对福利影响并不明确。董等(Dong 等,2015)[4]将"出口碳税(Export Carbon Tax,ECT)"作为边境调节税的一种替代措施,利用多区域多部门可计算一般均衡模型,基于全球贸易分析第 8 版数据库,研究中国征收出口碳关税产生的经济和环境影响。具体政策方案有三种:(1)在不征收边境调节税情形下,减排国实施"总量管制与排放交易(Cap-and-Trade Emission)";(2)单边减排国对非减排国征收进口关税;(3)减排国家实施单边气候政策,中国实施出口碳税,其中估计的碳价格为每吨碳排放 17 美元。结果表明,中国主动实施出口碳关税对国内减排并没有效果,对全球碳排放影响也十分微弱。如果实施出口碳税,中国高能耗—高贸易度(Energy-Intensive and Trade-Exposed,EITE)行业的竞争力将显著下降。然而,与减排国对中国实施边境调节税情形相比,中国主动实施出

① Dai,H.,Masui,T.,Matsuoka,Y.,Fujimori,S.,"Assessment of China's Climate Commitment and Non-Fossil Energy Plan towards 2020 Using Hybrid AIM/CGE Model",*Energy Policy*,Vol.39, No.5,2011,pp.2875-2887.

② Lu,Y.,Stegman,A.,Cai,Y.,"Emissions Intensity Targeting:From China's 12th Five Year Plan to its Copenhagen Commitment",*Energy Policy*,Vol.61,2013,pp.1164-1177.

③ McKibbin,W.J.,Wilcoxen,P.J.,"A Global Approach to Energy and the Environment:The G-cubed Model",*Handbook of Computable General Equilibrium Modeling*,2013,pp.995-1068.

④ Dong,Y.,Ishikawa,M.,Hagiwara,T.,"Economic and Environmental Impact Analysis of Carbon Tariffs on Chinese Exports",*Energy Policy*,Vol.50,2015,pp.80-95.

口碳税将一定程度上改善中国的福利、促进国内生产总值增加。由于关税收入带来的福利增加与高能耗—高贸易度行业竞争力下降之间相互缓冲,因此不能得出"中国实施出口碳税是边境调节税的另一选择"这一结论。除了直接控制中国碳减排总量之外,学者们还考察了中国国内征收碳税、能源税对其经济和环境的影响,以及发达国家如欧盟、美国对中国实施碳关税措施对中国的经济和碳排放影响。赖明勇等(2008)[①]采用中国动态可计算一般均衡模型,从"经济—节能—减排"三重角度分析了燃油税对中国的经济影响,发现燃油税更适合在批发环节征收。梁等(Liang等,2016)[②]基于可计算一般均衡模型,探讨了中国征收碳税的竞争力影响,结果发现:若没有任何配套措施,征收碳税将导致中国几乎所有贸易行业的市场份额、出口及利润下降;若在征收碳税的同时削减国内其他税,则能在一定程度上缓解征收碳税的不利影响。碳税属于国内减排措施,而碳关税则主要是其他国家为了防止"碳泄漏"向中国征收的边境调节税。林伯强和李爱军(2010[③]、2012[④])利用可计算一般均衡模型考察了碳关税对发展中国家的影响,并将碳税、碳关税进行比较,分析碳关税在减排问题上的合理性,研究发现碳关税并不是一个有效的减排工具,却是一个有效的威胁手段,可以迫使发展中国家参与减排。黄凌云和李星(2010)[⑤]利用全球贸易分析模型考察了美国政府征收碳关税对中国经济可能的冲击和影响,结果表明:碳关税政策将导致中国经济状况恶化、能源密集型产品出口严重受损。温丹辉(2013)[⑥]将投入产出分析对

---

① 赖明勇、肖皓、陈雯、祝树金:《不同环节燃油税征收的动态一般均衡分析与政策选择》,《世界经济》2008年第11期。

② Liang, Q. M., Wang, T., Xue, M. M., "Addressing the Competitiveness Effects of Taxing Carbon in China:Domestic Tax Cuts Versus Border Tax Adjustments", *Journal of Cleaner Production*, Vol.112,2016,pp.1568-1581.

③ 林伯强、李爱军:《碳关税对发展中国家的影响》,《金融研究》2010年第12期。

④ 林伯强、李爱军:《碳关税的合理性何在?》,《经济研究》2012年第11期。

⑤ 黄凌云、李星:《美国拟征收碳关税对我国经济的影响——基于GTAP模型的实证分析》,《国际贸易问题》2010年第11期。

⑥ 温丹辉:《不同碳排放计算方法下碳关税对中国经济影响之比较——以欧盟碳关税为例》,《系统工程》2013年第9期。

碳排放的三种计算方法引入可计算一般均衡模型,考察不同碳排放计算方法下欧盟碳关税对中国的经济影响,研究发现:"直接能耗法"对中国的经济冲击最小且有利于缩小贸易带来的"碳逆差"。帅传敏等(2013)[①]、郭晴等(2014)[②]利用全球贸易分析模型考察了美国、欧盟、日本征收碳关税对中国或世界经济和农产品的影响,发现碳关税将使发达国家收益、发展中国家受损,但对改善农产品贸易结构具有积极作用。

四、贸易开放政策与减排政策的综合影响

前面总结了单独实施贸易政策或者减排政策对经济和环境产生的影响,然而对各地区而言,为了实现特定目标往往需要不同政策的配套组合。在开放经济下,学者们逐渐开始从贸易政策和减排政策结合角度研究各地区的碳减排,分析该地区能否实现经济发展和环境保护协调的可能性。可计算一般均衡模型作为政策分析工具,在贸易开放政策与减排政策的综合影响研究中十分重要。门斯布鲁格等(Mensbrugghe 等,1998)[③]利用贝根等(Beghin 等,1997)构建的环境可计算一般均衡模型,考察智利贸易自由化和污染税对其收入、污染和自然资源消耗的影响。该模型将智利经济系统分为 75 个部门,并考察 13 种污染物排放。具体政策情景为,智利加入北美自由贸易协定或南方共同市场(MERCOSUR)的单边贸易自由化和征收污染税。结果发现,单边自由化将导致智利能耗部门生产扩张,污染排放严重增加。纽金特和萨尔马(Nugent 和 Sarma,2002)[④]利用

---

① 帅传敏、高丽、帅传系:《基于 GTAP 模拟的碳关税对我国农产品贸易影响的研究》,《国际贸易问题》2013 年第 8 期。

② 郭晴、帅传敏、帅竞:《碳关税对世界经济和农产品贸易的影响研究》,《数量经济技术经济研究》2014 年第 10 期。

③ Mensbrugghe, V. D., Roland-Holst, D., Dessus, S., Beghin, J., "The Interface between Growth, Trade, Pollution and Natural Resource Use in Chile: Evidence from an Economywide Model", *Agricultural Economics*, Vol.19, 1998, pp.87~97.

④ Nugent, J. B., Sarma, C., "The Three E's—Efficiency, Equity, and Environmental Protection—in Search of 'Win-Win-Win' Policies: A CGE Analysis of India", *Journal of Policy Modeling*, Vol.24, No.1, 2002, pp.19~50.

能源环境可计算一般均衡模型,基于印度数据构建能源环境社会核算矩阵表,通过将经济政策、分配政策和环境政策进行综合,发现实现经济增长以及环境保护的可持续性发展是可能的。贝根等(Beghin 等,2002)[①]利用包含贸易和环境的可计算一般均衡模型将经济、能源和健康数据进行综合,考察智利贸易一体化(包括加入北美自由贸易协定、南方共同市场、单边自由化三种情形)、污染和公共健康三者之间的联系。研究发现:单边自由化方案会导致环境进一步恶化,这是由于该政策会导致智利更容易获得廉价的高污染能源,并对城市发病率和死亡率具有显著的负面影响。颗粒物、二氧化硫、碳排放等污染物对当地发病率和死亡率的影响最为显著,且这三种污染物似乎是与经济活动呈现互补关系。实施单边贸易自由化的同时对颗粒物征税,将会带来福利改进并且改进程度是单边贸易政策的 16% 以上。特龙(Truong,2010)[②]认为,贸易、经济发展和气候变化是密切相关的,并且对各个国家尤其是发展中国家的气候政策设计产生重要影响。发展中国家将经济发展目标与缓解气候变化放在同样重要高度,因此更倾向于使用碳排放强度削减作为气候变化政策的目标和对象。就理论而言,这一目标似乎可以允许经济增长和缓解气候变化以更和谐的方式实现,但是细致分析发现,政策目标的简单选择并不能帮助解决如何协调经济增长和环境保护的根本问题。该研究利用能源环境拓展的全球贸易分析模型,将全球贸易分析第 7 版数据库合并为 19 个地区、19 个部门,考察中国、印度、孟加拉国等六个发展中国家的气候政策和贸易政策,回答了以下回答:(1)如何衡量贸易和经济活动对碳排放水平的影响;(2)如何衡量当前的气候政策对贸易和经济活动的影响;(3)如何改进现有的政策,以更好地实现经济增长与气候保护。洪卡图

　　① Beghin,J.C.,Bowland,B.J.,Dessus,S.,Roland-Holst,D.,Mensbrugghe,D.V.D.,"Trade Integration,Environmental Degradation,and Public Health in Chile:Assessing the Linkages",*Environment and Development Economics*,Vol.7,No.2,2002,pp.241-267.

　　② Truong,T.P.,"A Comparative Study of Selected Asian Countries on Carbon Emissions with Respect to Different Trade and Climate Changes Mitigation Policy Scenarios",*Artnet Working Paper Series*,2010.

基亚等（Honkatukia 等，2012）[1]利用动态全球贸易分析模型，分析全球贸易政策和气候政策变化对芬兰的经济（尤其是出口部门）和环境影响。具体的政策方案考察了进一步贸易自由化，以及高于市场现有关税的政策影响。此外，研究考察了促进能源效率改进、限制温室气体排放的气候政策影响，得出一般趋势：芬兰出口中服务业比重逐渐变大，传统出口部门，如重工业部门和电子工业部门的出口比重下降，这一趋势将随着贸易自由化的推进更加明显。气候政策在全球的覆盖范围，即实施气候政策成员数，对能源密集型行业影响特别明显。佛瑞（Fouré 等，2016）[2]认为，欧盟实施碳关税可能引起贸易伙伴对其实施"贸易报复（Trade Retaliation）"。

第四节　研究评述

全球化背景下国际贸易与气候变化问题，以及两者之间的相互影响日益受到国内外学者的广泛关注。目前，关于国际贸易对碳排放影响的研究层出不穷，如利用计量模型考察贸易开放对碳排放的影响程度，检验国际贸易对环境影响理论是否成立；利用投入产出模型考察贸易内涵碳排放及其转移效应；利用可计算一般均衡模型分析贸易政策对碳排放的潜在影响；等等。但从整体来看，已有研究尚存在一定的不足。

第一，从国际贸易与气候变化的理论研究角度看，现有文献基本沿用新古典贸易的理论框架。尽管目前的研究已逐步向企业异质性贸易理论等拓展，因囿于数据可获得性、数据库构建的复杂性等特点，尚处于初步探索阶段。

第二，从贸易内涵碳排放测算看，早期的绝大部分文献采用单区域投入产出模型方法，该模型通常基于"国内技术"假定，将导致中国进

---

① Honkatukia, J., Kaitila, V., Kotilainen, M., Niemi, J., "Global Trade and Climate Policy Scenarios-Impact on Finland", *Vatt Working Papers*, No.37, 2012.

② Fouré, J., Guimbard, H., Monjon, S., "Border Carbon Adjustment and Trade Retaliation: What Would be the Cost for the European Union?", *Energy Economics*, Vol.54, 2016, pp.349-362.

口内涵碳排放的估算偏差。此外,单区域投入产出模型无法区分外国生产技术、国际产业关联等因素对贸易内涵碳排放的影响。当前研究逐步利用多区域投入产出模型测算贸易内涵碳排放,但大多数文献主要从贸易流向角度测算国际贸易隐含的碳排放转移,忽视了全球生产网络中的贸易回流现象,这对于以加工贸易为主的中国等发展中国家并不公平。

第三,从研究视角看,贸易自由化是个历史过程和发展趋势,不仅需要从"历史评估"角度考察贸易发展过程中的内涵碳排放及其转移效应,而且要从"预测模拟"角度探讨未来贸易自由化趋势对碳排放的可能影响。已有研究往往只研究了历史进程或发展趋势的某一个角度。

第四,从贸易和减排政策的预测模拟看,已有文献在经验研究上缺乏国际比较,这在单国可计算一般均衡模型的相关研究中更为突出。经济全球化背景下,一国(地区)的经济和环境政策具有"牵一发而动全身"的特点,不仅对自身的经贸发展、能耗、碳排放产生影响,而且会影响其他地区的经济、环境以及政策制定。因此,运用国际比较法综合考察政策变化对世界各地区的经济—能耗—碳排放影响,不仅有助于自身更好地参与国际经济规则制定、全球气候谈判,而且有助于识别处于利益共同体、利益冲突的地区,在国际谈判中"合纵连横"。

已有研究存在的不足也是本书试图突破的方向。

(1)基于最终需求所在地对贸易内涵碳排放进行再分配,考察全球生产网络中国际贸易的碳排放区域转移效应。已有研究关于贸易内涵碳排放测算主要基于"生产者责任"核算原则,即"谁生产,谁污染,谁负责",这与《京都议定书》提出的碳排放责任分担机制一致。当前,在国际分工和贸易自由化背景下,全球范围内生产和消费活动实现了地理的分割,"发达国家消费与发展中国家(中国)污染"已成为典型事实。基于最终消费视角,在全球贸易分析数据库基础上构建多区域投入产出模型,研究附件Ⅰ国家与非附件Ⅰ国家之间的贸易转移排放并突出中国对外贸易在其中的重要性。进一步地,重点考察中国对外贸易碳排放转移的规模、(国别)区域流向、部门特点，分解分析中国净转入排放的影响因素，对探讨全球气候治理中国的碳排放责任更加公平。

（2）在统一数据库（全球贸易分析数据库）基础上，利用多区域投入产出模型和能源环境拓展的全球贸易分析模型，从"历史评估"角度研究贸易自由化过程中伴随的碳排放影响，并在"预测模拟"角度分析中，结合当前贸易自由化趋势以及未来可能实施的贸易自由化政策，制定合理的贸易自由化政策方案。在此基础上，利用能源环境拓展的全球贸易分析模型对中国及世界主要经济体的经济收益、减排影响相结合，比较中国及世界主要经济体的经济收益、环境成本，权衡不同贸易自由化背景下中国的经济—环境影响，对于中国贸易政策制定、低碳经济发展具有重要的参考价值。

（3）将减排目标作为减排政策引入能源环境拓展的全球贸易分析模型，综合考察贸易政策和减排政策的经济和环境影响效应。利用能源环境拓展的全球贸易分析模型直接考察贸易政策的经济—能耗—碳排放影响，有助于我们在经济生产活动过程中寻找低碳减排措施，属于"过程减排"角度；将减排目标与贸易自由化政策相结合，考察经济系统中贸易和减排政策的结合，及其对经济规模、经济结构、生产技术的综合影响，有助于我们直接从"目标减排"角度寻找经济—环境协调发展的平衡点。这对于研究全球化背景下贸易政策和减排政策的协调、实现全球经济可持续发展具有重要的现实和政策意义。

（4）加强国际比较分析。将国际比较方法贯穿在本书经验研究中，获得更为丰富的结论，为中国的政策制定提供经验证据。

在本书拓展基础上，图1-1描绘了经验研究部分（第二章至第六章）的逻辑结构图。

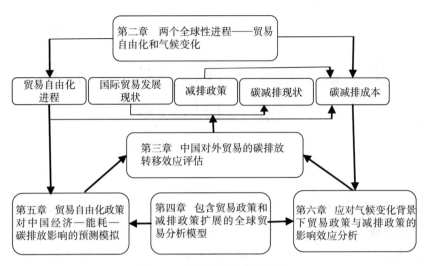

图1-1 经验研究的逻辑结构

第二章　两个全球性进程——贸易自由化和气候变化

当今世界,全球化包括两个层面,即经济全球化和环境全球化(O'Brien 和 Leichenko,2000)。贸易自由化已经成为经济全球化的重要内容及目标,同时,随着城市工业化进程的加快及其导致的温室气体排放的急剧增加,使得全球气候变化也成为国际社会面临的重要挑战。作为全球性进程的两个方面,贸易自由化和气候变化之间相互联系、相互作用。一方面,贸易自由化政策将通过影响经济系统的经济规模、经济结构、生产技术,进而影响生产过程中的能源消耗、能源结构、能源利用效率等,从而导致碳排放和气候变化;另一方面,以应对气候变化为目标的减排政策将通过影响经济体能源相对价格、碳密集型产品相对价格,改变经济体产出规模、产出结构,进而对贸易自由化进程和国际贸易发展产生影响。本书重点考察贸易自由化政策对中国及主要贸易伙伴的经济、碳排放影响,以及同时实施贸易政策和减排政策对中国及主要贸易伙伴造成的经济成本和产生的减排效果。因此,在进行政策模拟之前,有必要对研究对象的贸易政策、减排政策进行梳理,分析其贸易自由化进程、贸易发展、减排现状及减排成本等,为后续研究的政策模拟情景依据和分析标准。

从贸易政策角度来看,抛开近年来出现的逆全球化浪潮涌动,从历史进程来说,世界各地区致力于逐步推进贸易自由化,如单方面逐步削减进口关税,或努力促成双边或多边的区域合作。从国际贸易理论可知,一国贸易开放的收益与比较优势相关,若不具备比较优势的行业实施较高程度的贸易开放,可能会对该国经济、福利造成较大损害。因此,考察各国

（地区）在国际贸易中的贸易规模、贸易结构、比较优势等指标,有助于分析贸易自由化政策情形下各国（地区）可能的经济和福利影响,并进一步探讨潜在的碳排放影响。从减排政策来看,首先,本书将环境污染对象锁定为碳排放,这不仅由于其作为最主要的温室气体①对全球气候变化产生显著影响,而且由于碳排放主要来自能源消耗,低碳减排将依靠能源消耗规模、能源结构的调整,这与经济结构转变、经济发展方式调整密切相关。其次,本书第六章关于减排政策的影响效应预测是建立在第五章全球贸易自由化政策的预测模拟基础之上,这意味着本书将重点考察全球化背景下的减排目标,即全球统一框架下［此处指《联合国气候变化框架公约》(*United Nations Framework Convention on Climate Change*),以下简称《框架公约》］各地区的减排承诺。最后,在模拟碳减排政策影响之前,从总量、强度、部门、减排成本等角度分析各地区碳排放现状,能够加强对碳减排政策影响的分析和理解。

综上所述,本章重点在于对贸易政策和减排政策的梳理,以及对贸易发展和碳排放现状的分析,以期为第五章至第六章的政策设计提供参考,并有助于对政策模拟结果的理解分析,从而有的放矢地提出政策建议。

第一节　贸易自由化进程及国际贸易的发展现状

一、自由贸易协定成为贸易自由化的主要形式

随着国际分工的不断深化,世界各国经济依存度逐渐变高,商品、服务、资本等相互流通已成为常态。为促进国家间的交流合作,缓解全球经济发展不平衡以及要素禀赋差异,大多数国家结合自身的生产力水平和国际分工中的角色,积极通过协商缔结条约,建立区域性经济联盟。根据成员的实际情况及目标不同,区域经济合作又分为五种形式:特惠关税

---

① 正如彼得斯等(Peters 等,2008)所指出的,碳排放量占全球温室气体排放总量份额约为80%,因此可以通过考察贸易过程中碳排放分析碳排放(温室气体排放)变化。

区、自由贸易区、关税同盟、共同市场、经济同盟，且五种形式的区域合作紧密程度依次递增(见表2-1)。从实践角度看区域合作的进展，最为典型的区域合作组织是欧盟、北美自由贸易区、亚太经济合作组织和东盟自由贸易区。欧盟作为世界上最大的区域合作组织，其经济一体化的程度已经达到"经济同盟"的程度。欧盟的发展路径属于由一体化的低级形态向高级形态的演进，北美自由贸易区、东盟的建立是基于地理位置的相近，进一步构建政治经济关系一体化。全球冷战结束之后，国际形势相对缓和，为了促进全球多边贸易发展，实施亚太地区贸易投资自由化和便利化，亚太经济合作组织(APEC)应运而生。

表2-1　不同类型区域经济合作形式的特点及差异

区域合作形式	贸易优惠	自由贸易	共同对外关税	要素自由流动	经济政策的协调	统一的经济政策
特惠关税区	Y	—	—	—	—	—
自由贸易区	Y	Y	—	—	—	—
关税同盟	Y	Y	Y	—	—	—
共同市场	Y	Y	Y	Y	—	—
经济同盟	Y	Y	Y	Y	Y	—
经济一体化	Y	Y	Y	Y	Y	Y

现阶段，各地区之间签署自由贸易协定建立自由贸易区，已经成为区域一体化最重要的形式。如图2-1所示，至2020年4月20日，世界贸易组织正式通报的区域贸易协定(Regional Trade Agreements, RTAs)数目为490项，其中正式实施的区域贸易协定数为303项[1]。结合本书的区域划分(详见导论)，在梳理贸易协定时将重点考察美国、欧盟、日本、中国、印度、俄罗斯所参与以及相互签署的自由贸易协定。如图2-2所示，至2020年4月20日，美国、欧盟、日本、中国、印度、俄罗斯正式生效的区域贸易协定数分别为13、43、16、12、12、6项。从时间维度看，欧盟最早以贸

---

[1]　参见相关数据库:http://rtais.wto.org/UI/PublicMaintainRTAHome.aspx。

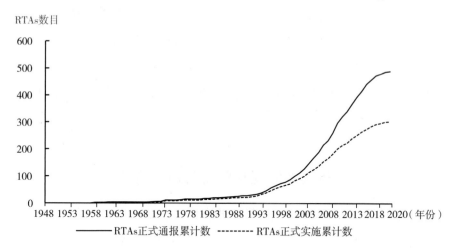

图 2-1　1948—2020 年 RTAs 正式通报及实施数目

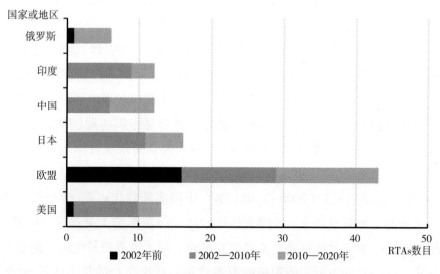

图 2-2　1948—2020 年世界主要国家的 RTAs 数目

易协定方式促进与周边国家的贸易自由化,美国、日本、中国、印度缔结贸易协定主要集中于 2002—2010 年间,2008 年全球金融危机后,中国、俄罗斯仍致力于以区域贸易协定促进贸易自由化。从贸易伙伴看,缔结区域贸易协定的两大动力可以归纳为地缘相近性、生产或贸易结构互补性。值得关注的是,我们发现至今为止,本书关注的几大发达经济体或发展中经济体之间较少缔结区域贸易协定,只有日本与欧盟、印度签署的区域贸易协定分别于 2019 年 1 月 14 日、2011 年 9 月 14 日正式生效。事实上,美欧双边贸易协定(跨大西洋贸易与投资伙伴协议,TTIP)、中日韩自由贸易协定等世界主要国家之间的贸易自由化方案一直摆在谈判桌上,但贸易与投资领域的自由化协定涉及相关主要国家的重重博弈,这两项贸易协定仍悬而未决。

二、中国贸易政策演变及贸易自由化进程

纵观中国贸易政策可知,改革开放和加入世界贸易组织是中国对外贸易的两大分水岭,且整体呈现逐步开放的特点。具体来说,见表 2-2,中国对外贸易政策可分为六个阶段:(1)改革开放前(1949—1978 年),中国实施计划经济体制下国家统治型的封闭式保护贸易政策,此时对外贸易只是调剂余缺的手段。(2)改革开放初期(1979—1992 年),党的十一届三中全会明确指出对外贸易在中国经济发展中的战略地位,此时中国在有计划的商品经济体制下实施"开放型适度保护"贸易政策。(3)加入世界贸易组织前期(1993—2001 年),中国实施市场经济体制下有贸易自由化倾向的保护贸易政策。(4)加入世界贸易组织初期(2002—2007年),中国实施有管理的贸易自由化政策,积极全面地履行加入世界贸易组织的相关承诺,逐步推进有规则、有管理的经济市场化与贸易自由化。(5)全球金融危机后(2008—2011 年),中国实施稳定内需、逐步纠正贸易失衡的对外贸易政策。金融危机导致国际经济形势十分严峻,从 2008 年 11 月起,中国对外贸易发生逆转并出现了加入世界贸易组织后的首次下降。这一时期中国实施积极的财政政策与适度宽松的货币政策,将外贸政策向全面刺激和鼓励出口转移,如促进贸易融资、海关通关便利化等手段。(6)逆全球化涌动时期(2012 年至今),中国在稳定经济增长、调整经济结构的同时,积极促进外贸发展方式转变。英国脱欧拉开了逆全球化浪潮的帷幕,特朗普政府推行"美国优先"政策下的系列"退群"行动进一步加剧了逆全球化涌动;而中国改革开放四十多年的发展历程证明,对外开放是国家实现繁荣发展的必由之路。在此背景下,以习近平同志

为核心的党中央坚持全面深化改革,扩大改革开放,并致力于推动形成全面对外开放新格局,为世界经济与社会发展增添新的动力。

表 2-2　中国对外贸易政策的演变及发展过程

阶段特征	贸易政策	政策目标	具体措施	自由化特征
阶段 1:改革开放前(1949—1978 年)	计划经济体制下国家统治型的封闭式保护贸易政策	保护幼稚产业、提高财政收入、调剂余缺	统一保护关税税则和税率、进出口许可证制度、奖出限入措施等	"重商主义"的贸易保护
阶段 2:改革开放初期(1979—1992 年)	计划商品经济体制下开放型适度保护贸易政策	促进出口、限制进口、促进发展	出口退税、进出口许可证制度、外汇管理等	"进口替代"向"出口导向"转变、贸易保护为主
阶段 3:加入世界贸易组织前期(1993—2001 年)	市场经济体制下有贸易自由化倾向的保护贸易政策	促出口、限进口、完善涉外法律、促进发展	改革外汇和进出口管理制度、放宽外贸经营权、加强法制建设	自由化倾向、完善出口退税制度、放宽外贸经营权
阶段 4:加入世界贸易组织初期(2002—2007 年)	有管理的贸易自由化政策	促进出口、放松进口、促进发展	履行加入世界贸易组织承诺、修订贸易法律、推进人民币国际化	2008 年关税降为 9.8%、减少出口退税、减少非关税壁垒
阶段 5:全球金融危机后(2008—2011 年)	稳定内需、逐步纠正贸易失衡的政策	促进出口、调整贸易失衡、刺激内需、稳增长	防止人民币升值、放松海外投资管制、保护主义抬头	温和适度的贸易保护并保持贸易自由化的步伐
阶段 6:逆全球化涌动时期(2012 年至今)	稳增长、调结构,促进外贸发展方式转变的贸易政策	经济稳定增长、调整经济结构、转变外贸发展方式	贸易政策持续稳定、区域合作、开拓新兴市场、扩大进口、促进贸易平衡	全面对外开放

资料来源:根据毛其淋、盛斌(2014)及其他相关资料整理。

为了更清楚地说明中国贸易政策逐步自由化特征,表 2-2 结合中国经济发展阶段、贸易政策及其取得的进展进行汇总。可以看出:(1)中国贸易政策与国内外经济环境变化密切相关,并随着国内外经济形势变化而变化,以提高经济运行效率、促进经济目标实现。(2)中国贸易政策体现了循序渐进的贸易自由化战略。自改革开放后中国逐渐参与到对外贸易过程中,且在国内外环境驱动下不断推进贸易自由化进程,如关税削减、非关税壁垒调整、出口退税改革等。(3)贸易自由化是中国对外贸易过程中的基本趋势,但是贸易自由化是逐步开放贸易的过程,而不是实现自由贸易的结果。一方面世界市场是不完全竞争的贸易环境,并不存在实施自由贸易的现实基础;另一方面,中国现阶段的基本国情要求"发展为第一要义",因此在坚持贸易自由化的同时进行适度的贸易保护,才是适合中国的"攻守共存"式的贸易政策。

由中国贸易政策演变可知,中国在对外贸易过程中逐步推进贸易自由化进程,同时贸易自由化并不意味着"自由贸易",往往伴随一定的贸易保护。为了更加准确地说明中国贸易自由化的进程,往往需要构造特定的指标以定量地衡量各部门的贸易自由化程度,如早期哈里森(Harrison,1994)[1]等一般使用进口渗透率[2],但该指标更适用于经历重大贸易政策改革的国家或时期。随着市场经济体制改革以及加入世界贸易组织,中国开始逐步实施以削减关税率为核心的贸易自由化改革,因此在研究中国贸易自由化进程时学者们逐渐使用产品关税率来衡量贸易自由化,如毛其淋、盛斌(2014)[3]利用世界贸易组织提供的6位海关编码(2001—2008年)以及世界银行提供的8位海关编码(1998—2000年)的中国产品进口关税数据,计算中国制造业部门产出税以衡量贸易自由化程度。

为了保证数据来源的一致性,本章利用全球贸易分析数据库关税率数据,衡量中国贸易开放(保护)程度,同时为第五章贸易自由化政策方案设计奠定基础。结合数据的可获得性,此处选择全球贸易分析第5、6、9版的数据库,比较1997年、2001年、2004年、2007年、2011年中国对主要贸易伙伴的贸易开放程度。其中,全球贸易分析第5版数据库(1997年)进口关税包括制造业进口关税以及农业进口关税,制造业进口关税数据来自联合国贸易和发展会议(United Nations Conference on Trade and Development,UNCTAD),各行业关税水平利用世界综合贸易解决系统

---

① Harrison, A., " Productivity, Imperfect Competition and Trade Reform ", *Journal of International Economics*, Vol.36, No.1-2, 1994, pp.53-73.

② 进口渗透率,用行业进口额与行业总产出的比值表示。

③ 毛其淋、盛斌:《贸易自由化与中国制造业企业出口行为:"入世"是否促进了出口参与?》,《经济学(季刊)》2014年第2期。

（World Integrated Trade Solution，WITS），根据6位海关编码协调并进行加权加总得到，农业进口关税来自农业市场准入数据库（Agricultural Market Access Database，AMAD）。全球贸易分析第6版数据库（2001年）进口关税数据同样包括制造业进口关税以及农业进口关税，且制造业及农业的进口关税数据都来自市场准入（Market Access Map）数据库。全球贸易分析第9版数据库关于2004年、2007年、2011年的进口关税数据来自国际贸易中心（International Trade Center，ITC）。

从时间维度来看，中国进口行业的平均关税税率能够很好地体现不同经济形势下中国的贸易政策改革。如表2-3所示，比较1997年、2004、2011年中国整体关税水平可知，中国各时期的进口关税调整都与该时期的国内外经济形势、贸易政策、贸易伙伴以及行业特点密切相关。此外，无论处在哪个时期，中国对其三大贸易伙伴欧盟、美国、日本的整体进口关税水平都相差不大，同时中国对行业的进口关税调整主要集中在农业、能源密集型行业以及其他制造业。

表2-3 1997年、2004年、2011年中国对主要贸易伙伴的关税税率

（单位：%）

年份	部门	美国	欧盟	日本	印度	俄罗斯
1997	农业	48.20	23.70	11.20	5.83	11.30
	煤炭	3.69	0.02	3.00	0.02	5.99
	原油	0	0	0	0	0
	天然气	0	0	0.01	0	0
	成品油	8.35	7.48	8.29	8.36	8.36
	电力	-0.44	-0.44	-0.44	-0.44	3.00
	金属矿物	1.92	2.01	3.00	0.30	5.72
	化学制品	10.40	11.00	14.20	14.30	7.08
	非金属矿物	16.60	21.20	14.30	23.00	15.10
	有色金属	8.33	9.66	9.99	9.53	8.91
	金属制品	6.66	6.62	8.44	16.8	7.49

年份	部门	美国	欧盟	日本	印度	俄罗斯
1997	其他制造业	14.20	16.20	16.80	11.60	6.39
	运输业	0	0	0	0	0
	建筑业	0	0	0	0	0
	其他服务业	0	0	0	0	0
2004	农业	2.44	11.20	8.55	2.88	0.50
	煤炭	4.48	0.26	3.78	0	4.21
	原油	0.06	0	0	0	0
	天然气	0	0.01	0	0	0
	成品油	6.11	6.55	6.51	5.02	6.38
	电力	0	0	0	0	0
	金属矿物	1.71	2.84	2.71	0.27	1.02
	化学制品	13.50	8.99	8.56	9.14	12.60
	非金属矿物	11.80	11.40	11.00	11.30	9.94
	有色金属	1.87	4.86	5.14	4.62	3.65
	金属制品	2.83	3.14	4.24	7.63	3.72
	其他制造业	4.77	8.60	7.33	8.89	6.47
	运输业	0	0	0	0	0
	建筑业	0	0	0	0	0
	其他服务业	0	0	0	0	0
2011	农业	3.23	10.20	5.85	4.92	0.13
	煤炭	0.05	0	1	0.43	0.01
	原油	0	0.01	0	5.55	0
	天然气	0	0	0	0	0
	成品油	3.87	4.72	4.75	4.93	4.73
	电力	0	0	0	0	0
	金属矿物	0.27	0.82	2.75	0.04	0.27
	化学制品	6.05	5.98	6.21	5.41	4.71

续表

年份	部门	美国	欧盟	日本	印度	俄罗斯
2011	非金属矿物	12.50	10.80	12.40	8.06	10.90
	有色金属	2.29	4.98	4.61	2.69	2.42
	金属制品	0.95	0.75	2.44	0.18	0.64
	其他制造业	6.05	9.42	7.63	5.64	3.99
	运输业	0	0	0	0	0
	建筑业	0	0	0	0	0
	其他服务业	0	0	0	0	0

三、世界主要经济体的国际贸易发展现状

随着全球贸易自由化进程的加快,世界各地区的贸易规模及其份额也发生了变化。图2-3汇总了1997年、2004年、2011年世界主要经济体的贸易规模及其世界份额变化,可以看出以下几点:(1)美国、欧盟、日本的进出口规模较大,研究期间这三大经济体的进出口规模占世界进出口规模的份额达50%以上;(2)2007年、2011年,随着世界各地区(尤其是发展中国家)贸易自由化进程加快,美国、欧盟、日本进出口份额逐渐下降但仍保持在世界前列;新兴经济体国家(如中国、印度、俄罗斯)进出口份额逐渐上升,其中中国进出口份额分别由1997年的3.65%、3.82%上升至2011年的8.3%、9.55%,上升幅度最为明显。综上所述,三大发达经济体在国际贸易中始终保持主导地位,随着全球经济一体化和国际分工细化,新兴经济体在国际市场的作用日益凸显。根据比较优势理论可知,特定地区参与国际市场的收益与其各行业的国际竞争力(比较优势)密切相关,如表2-4用显示性比较优势指数衡量1997年、2004年、2011年世界主要经济体的国际竞争力变化。显示性比较优势最早由美国经济学家巴拉萨(Balassa,1965)①提出,用一个地区特定行业出口占本国出口

①　Balassa,B.A.,"Trade Liberalization and 'Revealed' Comparative Advantage",*Manchester School*,Vol.33,No.2,1965,pp.99-123.

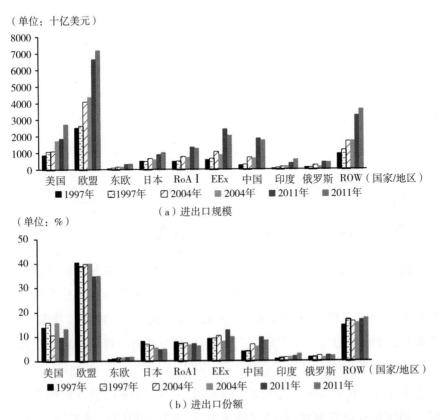

（a）进出口规模

（b）进出口份额

图 2-3　1997 年、2004 年、2011 年世界主要经济体的贸易规模及其世界份额

的份额除以该行业世界出口占世界总出口的份额,衡量该国该行业的国际竞争力。具体数学表达式如下：

$$RCA_{ij} = (X_{ij}/X_i)/(X_{wj}/X_w) \qquad (2.1)$$

其中, X_{ij} 、 X_i 分别表示 i 国 j 类产品出口额和 i 国总出口额。类似地, X_{wj} 、 X_w 分别表示 j 类产品世界出口额和世界总出口额。该指标反映了特定地区特定行业出口与该行业世界平均出口水平的相对优势,剔除了该地区出口和世界总出口波动的影响,能够更好地反映比较优势的概念。从式(2.1)可以看出, $RCA>1$ 说明该国该行业产品出口相对世界平均水平更具优势,即该国该行业产品具有显示性比较优势;反之,说明该国该行业产品不具有比较优势。另外, RCA 取值越大意味着比较优势越强。

从表 2-4 可以看出，研究期间世界主要经济体各行业的显示性比较优势指数存在明显差异，且随着时间变化有所调整。1997 年美国农业、煤炭、化学制品、运输业、其他服务业具有一定的比较优势，伴随着美国能源结构调整及产业结构转型，2011 年美国农业、其他服务业的比较优势有所提高，煤炭、运输业的比较优势出现下降。此外，较之 1997 年，2011年美国化学制品业的比较优势有所上升。欧盟 1997 年具有比较优势的部门分别为电力、化学制品、非金属矿物、有色金属、其他制造业、其他服务业，在减排压力和经济结构调整的双重力量下，2011 年欧盟电力的比较优势更为明显，而能源密集型部门（如非金属矿物、有色金属）的比较优势有所下降。另外，欧盟服务业的比较优势上升较为明显，如运输业、建筑业、其他服务业的显示性比较优势指数分别由 1997 年的 0.87、1.35、1.09 上升至 2011 年的 1.28、1.35、1.37，这间接说明了研究期间欧盟的产业结构实现了向服务业转型。日本作为岛国经济体，能源相对匮乏，在煤炭、原油、天然气等能源生产部门不存在比较优势。从表 2-4 中可以发现，尽管日本在能源生产部门毫无竞争力，但研究期间日本在能源密集型行业的比较优势却逐渐凸显。例如，1997 年日本在有色金属、其他制造业的显示性比较优势指数分别为 1.43、1.30，而 2011 年日本在化学制品、有色金属、非金属矿物、其他制造业都具有明显的比较优势。

新兴经济体如中国、印度、俄罗斯，在国际贸易中的地位日益提升、比较优势逐渐显现。以中国为例，1997 年中国比较优势集中在煤炭、非金属矿物、其他制造业，随着能源结构调整以及经济向制造业转型，2011 年中国煤炭比较优势下降明显，而非金属矿物、有色金属、其他制造业的比较优势则明显上升。印度和中国情形类似，研究期间印度能源密集型行业的比较优势得到明显上升。该时期，俄罗斯能源生产部门的比较优势出现下降但始终保持非常高的国际竞争力，同时俄罗斯在能源密集型行业的比较优势略有下降但依然呈现较强的国际竞争力。总之，各地区比较优势与其资源禀赋息息相关，研究期间世界主要经济体的比较优势变化，与其自身的经济和能源结构等调整有着紧密联系。

表 2-4　1997 年、2004 年、2011 年世界主要经济体各行业的显示性比较优势指数

年份	部门	美国	欧盟	日本	中国	印度	俄罗斯
1997	农业	1.39	0.72	0.03	0.88	2.33	0.86
	煤炭	1.23	0.22	0.06	1.63	0.01	2.11
	原油	0.03	0.15	0	0.28	0.05	4.39
	天然气	0.06	0.31	0	0.14	0	22.75
	成品油	0.47	0.79	0.15	0.34	0.34	4.97
	电力	0.10	1.27	0	0.25	0.06	1.49
	金属矿物	0.35	0.35	0.03	0.50	4.21	1.50
	化学制品	1.03	1.29	0.87	0.72	0.96	0.61
	非金属矿物	0.86	1.37	0.85	1.37	0.93	0.51
	有色金属	0.36	1.21	1.43	0.76	0.98	3.58
	金属制品	0.63	0.78	0.44	0.41	0.34	4.50
	其他制造业	1	1.03	1.30	1.33	1.05	0.25
	运输业	1.40	0.87	0.94	0.64	1.03	1.31
	建筑业	0.81	1.35	2.33	0.40	0.14	0.24
	其他服务业	1.41	1.09	0.53	0.41	0.98	0.51
2004	农业	1.68	0.74	0.04	0.53	1.48	0.78
	煤炭	0.76	0.10	0	1.81	0.11	4.45
	原油	0	0.07	0	0.02	0	6.31
	天然气	0.35	0.16	0	0.04	0	9.12
	成品油	0.78	0.67	0.24	0.50	2.10	3.66
	电力	0.41	1.47	0	0.19	0.01	0.89
	金属矿物	0.38	0.60	0.05	0.39	4.07	1.41
	化学制品	1.20	1.29	0.97	0.58	0.86	0.62
	非金属矿物	0.64	1.32	0.97	1.49	1.12	0.32
	有色金属	0.40	1.09	1.33	0.75	1.48	3.32
	金属制品	0.63	0.65	0.57	0.56	0.82	3.28
	其他制造业	1.01	1.02	1.39	1.49	0.85	0.22
	运输业	0.96	1.14	0.55	0.40	1.04	0.79
	建筑业	0.66	1.29	2.08	0.48	0.91	1.46
	其他服务业	1.46	1.22	0.49	0.39	1.61	0.30

续表

年份	部门	美国	欧盟	日本	中国	印度	俄罗斯
2011	农业	1.80	0.72	0.06	0.36	1.50	0.84
	煤炭	1.02	0.04	0	0.14	0.04	4.76
	原油	0	0.03	0	0.01	0	4.77
	天然气	0.28	0.19	0	0.03	0	3.55
	成品油	1.57	0.63	0.38	0.43	2.94	3.70
	电力	0.19	1.81	0	0.17	0.02	0.91
	金属矿物	0.29	0.31	0.05	0.12	2.06	1.25
	化学制品	1.22	1.30	1.10	0.74	0.86	0.61
	非金属矿物	0.77	1.23	1.29	2.07	0.80	0.26
	有色金属	0.62	1.13	1.91	1.01	1	2.01
	金属制品	0.79	0.73	0.85	0.36	0.40	1.48
	其他制造业	0.97	1.07	1.45	1.69	0.88	0.17
	运输业	0.99	1.28	0.51	0.32	0.90	0.86
	建筑业	0.70	1.34	2.26	0.61	0.49	1.60
	其他服务业	1.51	1.37	0.55	0.33	1.65	0.43

贸易强度指数能够用来衡量双边贸易中国家间的相互依存度,具体指一国对其贸易伙伴的出口占该国总出口的份额,除以贸易伙伴国的总进口占世界总进口的份额。该比值越大,表明两国贸易联系越紧密;反之,则表明两国贸易联系越松散。数学表达式为:

$$TII_{ij} = (X_{ij}/X_i)/(M_j/X_w) \tag{2.2}$$

其中,TII_{ij}表示 i 国对 j 国的(出口)贸易强度,X_{ij}、X_i 分别表示 i 国对 j 国的出口额和 i 国总出口额。类似地,M_j、X_w 分别表示 j 国进口总额、世界总进口额。$TII_{ij}>1$ 意味着两国贸易联系紧密,高于与世界其他国家的联系程度;$TII_{ij}<1$ 意味着两国贸易关系松散,低于与世界其他国家的联系程度。表2-5汇总了1997年、2001年、2004年、2007年、2011年中国对世界其他经济体的(出口)贸易强度指数。

表2-5　1997年、2001年、2004年、2007年、2011年中国对
世界其他经济体的（出口）贸易强度指数

年份	美国	欧盟	东欧	日本	RoA I	EEx	印度	俄罗斯	RoW
1997	1.60	0.57	0.29	2.55	0.66	0.77	0.67	0.88	1.36
2001	1.57	0.52	0.31	2.59	0.70	0.74	0.65	0.80	1.56
2004	1.70	0.59	0.68	2.69	0.74	0.99	0.76	0.87	1.34
2007	1.70	0.62	0.78	2.14	0.84	1.16	1.09	1.36	1.34
2011	1.68	0.62	1.10	1.89	0.79	1.29	1.16	1.30	1.33

注：利用全球贸易分析数据库计算而来；RoA I、EEx、RoW 分别为其他附件 I 国家、能源净出口国、世界其他地区。

由表2-5可知，研究期间中国对美国、日本的贸易强度指数始终大于1，说明中国对美国、日本的出口份额比这两个国家总进口的世界份额更高。从时间维度来看，中国对美国的贸易强度指数略有上升，中国对日本的贸易强度指数稍微下降。欧盟作为世界发达经济体同时是中国主要贸易伙伴，研究期间中国对欧盟的贸易强度指数较低，尽管随着时间推进略有上升但仍然远低于1，说明欧盟进口对中国依存度并不高。印度、俄罗斯作为新兴经济体，与中国贸易往来及贸易依存度加强，特别是在2008年全球金融危机之后发达国家进口需求萎靡的情形下。如表2-5所示，1997年、2004年中国对印度、俄罗斯的贸易强度指数呈现微弱变动但始终低于1，2007年、2011年中国对印度、俄罗斯的贸易强度指数大于1。

第二节　气候变化背景下减排政策及碳排放变化分析

一、低碳经济的提出

随着工业社会的不断发展，化石能源大量使用、人口爆炸式增长、经济规模不断扩大，造成了全球温室气体尤其是碳浓度升高等全球性气候变化，对人类的自然环境、生活方式、资源利用以及经济发展带来了严重

的不利影响。在此背景下"低碳经济""低碳发展"等概念应运而生。低碳经济的思想最早可追溯至美国著名学者莱斯特·R.布朗1999年提出的"能源经济革命论",他提出:面对"地球温室化"的威胁,要尽快将以化石燃料为核心的经济发展方式,转变为以太阳能、氢能为核心的经济发展方式。"低碳经济"概念最早出现于政府文件——2003年英国能源白皮书《我们能源的未来:创建低碳经济》。英国作为工业革命先驱,资源并不丰富,在经济充分发展过程中已经意识到能源安全和气候变化的威胁。白皮书指出,环境挑战、气候变化是真实存在且十分严重的,能源供给不足将导致英国从自给自足走向依靠进口的时代,按2003年的消费模式,预计2020年英国能源消耗将有80%依靠进口。由此提出能源政策及经济发展的新目标,并将低碳经济定义为"低碳经济是通过更少的自然资源和更少的环境污染,获得更多的经济产出;低碳经济是创造更高生活标准和更好生活质量的途径和机会"。此后,随着资源环境问题日益凸显,经济发展水平逐渐提高,世界各地区开始了关于"低碳经济""低碳发展"的探索。总之,低碳经济是以减少温室气体为目标,以低能耗、低污染、低排放为基础的经济模式,可以通过技术创新、制度创新、产业转型等多种手段,最大限度地减少化石能源使用,减少温室气体排放,从而实现经济发展与环境保护的双赢局面。

贸易自由化是经济全球化的重要内容和具体体现,如何在贸易自由化背景下实现经济的低碳、可持续发展,成为世界各地区经济和社会发展的重要议题,具有重要的现实意义和政策意义。首先,已有研究表明,贸易自由化政策将通过影响经济系统的经济规模、经济结构、生产技术,影响生产过程中的能源消耗、能源结构、能源利用效率等,导致碳排放变化。随着全球贸易自由化的推进,世界各地区乃至全球碳排放量急剧上升,贸易自由化背景下发展低碳经济、实施减排政策日益急迫。换句话说,"国际贸易会对资源环境造成影响"的观点已被广泛接受和认可,贸易自由化政策在促进全球经济发展的同时,需要综合考察其带来的环境影响。如《关税与贸易总协定》(GATT)在"一般例外"中的第2款和第7款为国际贸易中与环境有关的规则,如第2款规定"只要不对情况相同的缔约方构成武断的不合理的差别待遇或不对国际贸易构成变相的歧视,则任何缔约方都可以采取为保护人类、动植物的生命或健康所必需的措施"。

其次,贸易自由化与低碳减排之间存在相互掣肘的力量。如前所述,贸易自由化政策在促进经济发展时导致能耗、碳排放增加,尤其是对发展中国家而言,贸易自由化及国际分工深化将导致发达国家将碳密集型产业向发展中国家转移,在传统"生产者责任"核算体系下发展中国家碳排放显著增加。然而,实施低碳减排政策将通过影响经济体能源相对价格、碳密集型产品相对价格,改变经济体产出规模、产出结构,在短期必然会带来经济下行压力,从而制约贸易自由化进程的推进。此外,不同经济发展水平的国家承担"共同但有区别"的减排责任,即实施不对称减排政策,将导致欧美等发达国家出于防止"碳泄漏"、保护国内产业竞争力角度,对中国等发展中国家实施"碳关税"等绿色贸易壁垒。反过来,在国际气候谈判过程中,发展中国家以经济发展为首要目标,必然针对历史排放责任、碳排放核算体系、碳关税与世界贸易组织适应性等角度据理力争,对全球低碳减排发展有所制约。

最后,本书以中国作为主要研究对象,重点考察贸易自由化政策和减排政策对中国碳排放影响,并将其与世界主要经济体的经济、碳排放影响进行比较。

二、世界主要经济体的减排政策

为了应对全球气候变化,减少温室气体排放,实现低碳经济,国际组织机构以及世界各国都对气候变化开展了系统的研究,以积极应对温室气体排放及其带来的气候变化问题。1988 年 11 月,世界气象组织和联合国环境规划署联合成立了政府间气候变化专门委员会,在全面、客观、公开、透明的基础上,对全球气候变化开展系统性、规模性的研究,并定期向世界各国进行成果展示,以期为决策者、研究者提供关于气候变化成因及其影响的客观信息。1990 年,联合国政府间气候变化专门委员会第一次气候变化评估报告,肯定了气候变化对人类已经造成了威胁。

为了控制温室气体排放,1992 年 5 月 9 日,联合国政府间谈判委员

会签署了《联合国气候变化框架公约》，并于同年 6 月 4 日在巴西里约热
内卢举行的联合国环境发展大会(地球首脑会议)上通过。《联合国气候
变化框架公约》成为世界上第一个为全面控制碳排放等温室气体排放，
应对全球气候变暖问题的国际公约，并明确指出减少碳排放是国际社会
"共同但有区别的责任"原则①，既体现了碳减排是世界各国的责任，也考
虑了各地区经济发展阶段的差异。1997 年 12 月，《联合国气候变化框架
公约》第三次缔约方大会在日本京都召开，并通过了《联合国气候变化框
架公约的京都议定书》，明确提出"将大气中温室气体含量稳定在一个适
当的水平，进而防止剧烈的气候改变对人类造成伤害"。该条约于 2005
年 2 月 16 日正式生效，是人类历史上首次以法规形式限制温室气体排
放。截止到 2009 年 2 月，共有 183 个国家通过了该条约，这 183 个国家
的碳排放量超过全球碳排放总量的 61%，但美国与加拿大分别于 2001 年
3 月、2011 年 12 月退出该条约。值得注意的是，《京都议定书》旨在通过
限制发达国家温室气体减排量抑制全球气候变暖，并提出了 3 个减排的
灵活合作机制：国际排放贸易机制(Emission Trading，ET)、联合履行机制
(Joint Implementation，JI)和清洁发展机制(Clean Development Mechanism，
CDM)，这些机制允许发达国家通过碳交易市场等灵活机制完成碳减排任
务。2007 年 12 月 7—18 日，《联合国气候变化框架公约》第 15 次缔约方会
议暨《京都议定书》第 5 次缔约方会议在丹麦哥本哈根召开，会议签署了
《哥本哈根协议》(见表 2-6)。该协议坚持了《联合国气候变化框架公约》
及《京都议定书》确定的"共同但有区别的责任"原则，根据各国国内生产总
值大小协定了各国碳减排问题。尽管该协议并未通过，但其提出的按照国
内生产总值规模承诺碳减排量，为各地区碳减排目标提供了依据，也成为
学术研究的重要方向。值得一提的是，2015 年年底通过的《巴黎协定》要求
各缔约方按照经济和碳排放水平制定量化减排目标，这种"自主贡献减排
模式"基本与《哥本哈根协议》一脉相承。此外，本书重点之一在于以"反

---

① 根据经济发展阶段的差异将缔约国分为附件 I 国家、非附件 I 国家，以促使不同经济
水平的地区承担"共同但有区别"的碳减排责任。

事实模拟"评估贸易自由化政策的减排效应,研究时间维度为 2011 — 2020 年,因此本书将以《哥本哈根协议》的减排目标为政策参考。

表 2-6　2009 年世界主要经济体的哥本哈根承诺

（单位：%）

国家（地区）	减排目标	基准年	国家（地区）	减排目标	基准年
美国	17	2005	韩国	30	2009
欧盟	20 — 30	1990	印度尼西亚	36 — 41	2009
日本	25	1990	巴西	36 — 39	2009
加拿大	17	2005	墨西哥	30	2009
澳大利亚	5 — 25	2000	南非	34	2009
中国	40 — 45	2005	新加坡	16 — 0	2009
印度	20 — 25	2005	以色列	20	2009
俄罗斯	15 — 25	1990	秘鲁	50	2009
新西兰	10 — 20	1990	挪威	30 — 40	1990
克罗地亚	5	1990	瑞士	20 — 30	1990
冰岛	30	1990	乌克兰	20	1990
列支敦士登	30	1990	白俄罗斯	5 — 10	1990

注：减排目标的实现年份为 2020 年。此外,中国、印度以碳排放强度为减排对象,其他经济体以碳排放总量为减排对象。

资料来源：https://unfccc.int/documents? f%5B0%5D=conference%3A3403。

　　除了国际组织积极致力于低碳经济外,各地区也为实现低碳经济发展采取了种种积极的政策措施。尽管美国没有加入《京都议定书》,但美国十分重视节能减排。1990 年美国实施《清洁空气法》,2005 年通过《能源政策法》,2007 年 7 月美国参议院提出了《低碳经济法案》,2009 年 2 月 15 日美国出台的《美国复苏与再投资法案》将发展新能源和低碳经济作为主要内容。2009 年 3 月 31 日,美国参议院能源委员会提出了《2009 年美国绿色能源与安全保障法案》,该法案包括绿色能源、能源效率、温室气体减排以及低碳经济转型四个部分,构成了美国低碳经济转型的法律框架。2009 年 6 月,美国众议院通过该法案,这成为美国历史上首个应对气候变化的一揽子方案,从减排时间表、排放权交易、市场化手段等方面出发,力求实现减排成本最小化。

欧盟一直积极地应对全球气候变化问题,2007 年欧洲理事会提出了一项能源和气候一体化决议,该决议的核心内容为"20-20-20"行动。具体来说,欧盟承诺到 2020 年温室气体排放量在 1990 年基础上减少 20%,可再生能源占总能源消耗比例提高到 20%,煤炭、石油、天然气等一次性能源消费减少 20%,生物燃料占总燃料消费比例不低于 10%。为达成上述决议,欧盟委员会于 2008 年 1 月 23 日提出了"气候行动和可再生能源一揽子计划"的新立法建议,并于 2008 年 12 月 12 日达成一致,由此欧盟低碳经济的政策框架形成。

日本属于典型的岛国经济体,受地理环境限制,日本能源资源极度短缺,煤炭、石油、天然气等一次能源主要依靠进口,在气候变化背景下发展低碳经济有助于在经济发展和环境保护的前提下解决其能源供给难题。2007 年 6 月,日本内阁会议制定了《21 世纪环境立国战略》,并通过了"低碳社会行动计划"的三个重要目标。2008 年 6 月,日本首相福田康夫提出新的应对全球气候变暖对策,被称为"福田蓝图",这是日本低碳战略形成的正式标识。"福田蓝图"提出了日本温室气体减排的长期目标,即到 2050年,日本温室气体排放量在 2005 年基础上减少 60%—80%。2008 年 7 月,日本政府提出了《建设低碳社会的行动计划》,对低碳社会生活进行了概念的厘清。2009 年,日本公布了《绿色经济与社会变革》的政策草案。

为了节约能源、发展新能源,2001 年印度颁布了《能源法》,旨在促进资源的有效利用,促进国家经济高效发展。印度应对气候变化政策中最具代表性的是 2008 年 6 月 30 日发布的《气候变化国家行动计划》,2010年 1 月印度中央电力监管委员会(CERC)推出了一套针对国内可再生能源交易政策,该政策一方面有助于达成低碳经济目标,另一方面为印度打开了潜力较大的碳交易市场。作为世界能源大国,俄罗斯的天然气储量占世界的 35%、石油储量占世界的 12%,但俄罗斯能源利用率低成为其经济发展的障碍。为了应对全球气候变暖问题、实现低碳经济,俄罗斯分别从节能、气候变化等方面作了政策性规范,如《俄罗斯节能联邦专项计划(1998 年/2001 年/2006 年)》《俄罗斯气候学说(2009 年)》《2020 年前俄罗斯能源发展战略》《2030 年前俄罗斯能源发展战略》等。

中国作为第 37 个签约国，于 1998 年 5 月 29 日正式签署《联合国气候变化框架公约的京都议定书》。此后中国更是积极倡导温室气体减排，如 2002 年 6 月 29 日《中华人民共和国清洁生产促进法》通过，并于 2003 年 1 月 1 日正式施行，2005 年《中华人民共和国可再生能源法》审议通过。2006 年 3 月颁布的《中华人民共和国国民经济和社会发展第十一个五年规划纲要》明确提出，"十一五"期间中国要努力建设低投入、高产出、低消耗、少排放、能循环、可持续的国民经济体系和资源节约型、环境友好型社会，单位国内生产总值能耗降低 20% 左右，主要污染物排放总量减少 10%。2009 年 11 月 25 日，在国务院常务会议上中国首次以约束性指标方式宣布其减排目标，即到 2020 年，中国单位国内生产总值的碳排放将比 2005 年下降 40%—45%，并将其纳入国民经济和社会发展的中长期计划。2011 年 3 月 16 日发布的《中华人民共和国国民经济和社会发展第十二个五年规划纲要》提出，"十二五"期间中国非化石能源占一次能源消费达到 11.4%，单位国内生产总值能耗降低 16%，单位国内生产总值碳排放降低 17%。2016 年，中国能源局制定了《2016 年能源工作指导意见》，提出了能源发展"十三五"规划，着力于适应和引领能源发展新常态，进一步加快能源结构调整、推进发展动力转换。

三、世界主要经济体的碳排放情况

表 2-7 汇总了 2004 年、2007 年、2011 年世界主要经济体的碳排放情况，并从碳排放总量、碳排放强度、碳排放产生环节、碳排放的能源结构四个角度进行说明。

表 2-7　2004 年、2007 年、2011 年主要经济体碳排放及其分解

国家（地区）	年份	总量（百万吨）	强度（吨/万美元）	总量分解[1]（%）	总量分解[2]（%）			
					煤炭	原油	天然气	成品油
美国	2004	5515.5	4.49	81.3（18.7）	37	0	20.7	42.2
	2007	5538.2	3.82	81.7（18.3）	37.5	0	21.8	40.7
	2011	5108.4	3.29	81.3（18.7）	34.9	0	25.2	39.9

续表

国家（地区）	年份	总量（百万吨）	强度（吨/万美元）	总量分解[1]（%）	总量分解[2]（%）			
					煤炭	原油	天然气	成品油
欧盟	2004	4049.0	3.06	81.3（18.7）	25.4	0.2	23.5	50.9
	2007	4013.0	2.35	82.5（17.5）	25.9	0.3	23.7	50.1
	2011	3689.0	2.09	81.6（18.4）	24.9	0.3	24.2	50.7
日本	2004	1045.6	2.25	85.9（14.1）	24.0	1.5	15.7	58.8
	2007	1059.0	2.43	86.8（13.2）	25.2	2.8	18.2	53.8
	2011	1030.0	1.74	87.6（12.4）	24.1	2.9	22.7	50.2
中国	2004	4340.2	22.47	92.4（7.6）	78.2	0.6	1.8	19.5
	2007	5535.4	15.84	93.2（6.8）	78.2	0.6	2.5	18.7
	2011	7240.6	9.89	93.0（7.0）	78.1	0.3	3.5	18.1
印度	2004	1073.3	14.87	91.0（9.0）	66.1	0	4.6	29.3
	2007	1322.8	10.68	91.8（8.2）	67.6	0	4.7	27.7
	2011	1771.2	9.42	92.4（7.6）	69.3	0	5.8	24.8
俄罗斯	2004	1399.0	23.67	86.7（13.3）	23.9	0.7	53.0	22.3
	2007	1432.1	11.02	87.8（12.2）	22.1	0.4	54.1	23.5
	2011	1503.5	7.89	87.8（12.2）	21.5	0.3	54.1	24.2

注：此处强度用碳排放总量除以国内生产总值，单位为吨/万美元；总量分解[1]表示中间投入与最终消耗引致的碳排放的比重，其中括号外数字为中间投入占比、括号内数字为最终消耗占比；总量分解[2]表示不同能源消耗的碳排放占比，单位均为%。

首先，从碳排放总量来看，2004年、2007年美国碳排放总量遥遥领先于其他国家，是世界最大碳排放国，中国、欧盟紧随其后。2011年，中国碳排放总量超过美国，成为世界碳排放第一大国且远远超过美国、欧盟。从时间维度出发，研究期间美国、欧盟、日本三大发达经济体碳排放量逐步减少，下降幅度分别为7.38%、9.76%、1.49%。中国、印度、俄罗斯三个新兴经济体的碳排放量呈现上升趋势，其中中国、印度碳排放量上升比例分别高达66.8%、65%，俄罗斯的碳排放量增加幅度较低，仅为7.47%。其次，排除经济规模（此处指国内生产总值）影响，以单位国内生产总值碳排放量考察各个经济体的碳排放强度,可以发现:研究期间美国、欧盟、日本的碳排放强度远远低于中国、印度、俄罗斯;世界主要经济体碳排放强度都呈现下降趋势,其中美国、欧盟、日本碳排放强度的下降幅度分别为 26.7%、31.7%、22.7%,中国、印度、俄罗斯的碳排放强度下降更为明显,分别降为 56%、36.7%、66.7%。

再次,在全球贸易分析数据库基础上,本书对 2004 年、2007 年、2011 年世界主要经济体碳排放总量进行了两种分解:一种是根据碳排放的能源消耗环节分解,如能源作为中间投入消耗引致的碳排放、能源作为最终消费品消耗带来的碳排放;另一种是按照碳排放的能源结构分解,即区分各种化石能源燃烧产生的碳排放份额。从表 2-7 可以看出:研究期间,美国、欧盟、日本中间投入环节的碳排放量比重分别保持在 81%、81%、85%左右;而新兴经济体国家,如中国、印度、俄罗斯,中间投入环节的碳排放量比重相对较高,分别维持在 92%、91%、86%上下。由此可以说明:一方面,相对于发达经济体,新兴经济体国家可能更集中于能源密集型产品的生产,或者生产过程的能源利用效率较低;另一方面,能源作为中间投入使用时,每单位能源的碳排放量高于能源作为最终消费品使用的碳排放强度,这可以部分解释发达经济体与新兴经济体碳排放强度的较大差异。

最后,从各个国家碳排放的能源结构分析其碳排放变化。可以明显看出:研究期间,美国、欧盟、日本的碳排放主要来自成品油消耗,虽然都呈现微弱下降趋势,但这三大发达经济体成品油的碳排放比重仍然保持在 40%、50%、50%左右。煤炭也是三大经济体碳排放的重要来源,产生的碳排放比重保持下降趋势,而天然气的份额则逐步上升。中国、印度的碳排放主要来自煤炭燃烧,2004 年、2007 年、2011 年中国、印度碳排放中约 78%、66%来自煤炭消耗,该比重在印度还呈现出上升趋势。2004—2011 年,俄罗斯碳排放主要来自天然气、煤炭、成品油,其中天然气比重高达 54%左右;煤炭、天然气份额约为 20%多。从能源结构来看,煤炭的碳排放强度最高、天然气的碳排放强度最低,因此各地区能源结构差异也是碳排放强度、碳排量差异的重要原因。综上所述,2004 年、2007 年、2011 年发达经济体的碳排放量、碳排放强度都保持下降趋势,生产过程和能源结构都相对清洁;新兴经济体的碳排放量快速增加、碳排放强度持续下降。

　　为了识别各个产业部门在经济体碳排放中的地位,表2-8以2011年为例,从碳排放量、碳排放强度两方面总结了世界主要经济体各部门的碳排放情况。如表2-8所示,美国碳排放主要集中在农业、天然气、成品油、电力、化学制品、非金属矿物、其他制造业、运输业、其他服务业这九个部门。从碳排放量分解来看,各部门的碳排放量与部门产出、部门生产的能源结构相关(部门碳排放强度)。结合碳排放强度美国各部门碳排放情况,可以看出:美国碳排放量较高的部门往往是碳排放强度较高的部门,其他制造业除外。其他制造业的碳排放强度仅为0.32吨/万美元,而该部门2011年碳排放量高达164.22百万吨,这是由于该部门产出规模较高的缘故。另外,美国碳排放强度最高的部门集中在原油、天然气、成品油、电力这四个能源生产部门,以及运输部门,其中天然气、电力、运输业的碳排放强度高达8.55吨/万美元、51.51吨/万美元、9.92吨/万美元。综合来看,欧盟、日本、中国、印度、俄罗斯的碳排放量都集中在农业、能源生产部门、能源密集型部门、运输部门;但由于各地区各部门的比较优势差异、能源结构(碳排放强度)差异、产出规模差异,各地区各部门的实际碳排放量存在较大差异。

表2-8　2011年主要经济体部门碳排放及其强度

(单位:百万吨、吨/万美元)

部门	美国	欧盟	日本	中国	印度	俄罗斯
C1	46.9 (1.1)	57.9 (1.0)	8.4 (0.6)	76.5 (0.7)	26.1 (0.6)	16.9 (1.6)
C2	1.2 (0.2)	0.8 (0.3)	0.0 (0.0)	160.4 (10.8)	0.8 (0.8)	5.6 (2.3)
C3	27.7 (1.2)	7.9 (1.1)	0.0 (0.0)	23.6 (2.0)	6.6 (2.8)	9.7 (0.3)
C4	81.8 (8.6)	18.9 (3.4)	0.3 (1.4)	20.8 (29.7)	13.6 (11.7)	18.9 (1.6)
C5	174.1 (2.4)	124.1 (1.2)	27.4 (1.0)	104.1 (1.9)	53.6 (2.4)	26.0 (1.1)
C6	2170 (51.5)	1183 (19.8)	458 (21.0)	4049 (140.5)	985 (87.1)	896 (68.9)
C7	5.9 (1.2)	6.3 (0.6)	1.7 (1.4)	30.0 (1.1)	6.6 (3.1)	6.4 (2.6)
C8	111.1 (1.0)	92.3 (0.5)	43.6 (0.8)	266.6 (1.7)	45.1 (2.5)	22.2 (2.8)
C9	54.3 (3.4)	84.5 (2.2)	23.0 (2.8)	573.4 (8.2)	95.3 (20.1)	29.4 (7.4)
C10	37.2 (1.8)	57.6 (1.4)	40.9 (1.3)	417.7 (4.6)	147.7 (18.9)	39.2 (5.2)

续表

部门	美国	欧盟	日本	中国	印度	俄罗斯
C11	10.4（0.6）	12.6（0.5）	2.3（0.2）	53.9（1.2）	5.0（2.2）	0.1（0.0）
C12	164.2（0.3）	120.1（0.1）	31.8（0.1）	285.4（0.4）	52.1（0.6）	15.2（0.3）
C13	1034（9.9）	1040（5.1）	165（2.6）	484（5.3）	157.6（5.6）	205.4（9.1）
C14	13.3（0.1）	17.2（0.1）	11.1（0.2）	36.9（0.2）	4.8（0.1）	2.5（0.1）
C15	216.6（0.1）	185.5（0.1）	88.5（0.1）	153.4（0.4）	36.4（0.4）	26.7（0.2）

注：表中括号外数字表示部门碳排放量（百万吨），括号内数字表示碳排放强度（吨/万美元），此处强度用部门碳排放量除以部门产出。为简化表格，表中部门名称以符号表示。具体对应关系如下：农业 C1、煤炭 C2、原油 C3、天然气 C4、成品油 C5、电力 C6、金属矿物 C7、化学制品 C8、非金属矿物 C9、有色金属 C10、金属制品 C11、其他制造业 C12、运输业 C13、建筑业 C14、其他服务业 C15。

四、主要经济体的减排成本分析：基于能源环境拓展的全球贸易分析模型

本书重点考察贸易自由化背景下的减排影响，因此研究世界主要经济体减排成本具有重要意义，且可以为下文（第六章）模拟结果分析奠定基础。目前国内关于碳减排成本的研究并不多见，如王灿（2003）[1]、郭正权（2011）[2]等，其中王灿（2003）提出将碳减排成本分为广义成本和狭义成本。广义碳减排成本包括社会福利在内的社会成本，狭义碳减排成本特指减排追加的技术投资。本章接下来利用全球贸易分析第 9 版（2011年）数据和能源环境拓展的全球贸易分析模型，从减排的边际成本（实际碳税）[3]、国内生产总值损失、福利损失三个方面，分析世界主要经济体不同减排程度的碳减排成本变化。

假设世界主要国家（地区）[4]碳减排率分别为 1%、5%、10%、15%、

---

① 王灿：《基于动态 CGE 模型的中国气候政策模拟与分析》，清华大学 2003 年博士学位论文。

② 郭正权：《基于 CGE 模型的我国低碳经济发展政策模拟分析》，中国矿业大学 2011 年博士学位论文。

③ 由于减排成本是随着减排量增加而变化的，因此边际减排成本指增加 1 单位减排量所增加的成本，在能源环境拓展的全球贸易分析模型中指特定减排水平下的"实际碳税水平"。

④ 本书提及的"世界主要国家（地区）"，特指三大发达经济体（美国、欧盟、日本）和三大新兴经济体（中国、印度、俄罗斯）。

20%、25%,并将其作为能源环境拓展的全球贸易分析模型的外生冲击,模拟各地区不同减排水平产生的边际碳减排成本、国内生产总值损失和福利损失。由表2-9可以看出,随着碳减排率逐渐上升,各地区的实际碳税水平也增加。但各地区边际减排成本随着碳减排率上升而上升的程度并不相同,其中欧盟、日本的边际碳减排成本最高,美国和俄罗斯的边际碳减排成本次之,中国和印度的边际碳减排成本最低。另外,对于大多数地区(俄罗斯除外)而言,碳减排将导致国内生产总值和社会福利损失,且减排程度越高,国内生产总值和社会福利损失越严重。值得注意的是,由于碳减排边际成本(实际碳税)一方面将导致国内生产成本上升,消费品价格上升,对国内生产总值、社会福利产生负面影响;另一方面实际碳税收入作为政府收入部分,一定程度上能够缓解国内生产总值和社会福利损失。因此,在同等减排水平下,碳税越低的国家并不一定国内生产总值和福利损失越低,如欧盟的碳税水平始终低于日本的碳税水平,但欧盟的社会福利损失却始终高于日本的社会福利损失。俄罗斯作为特例,在不同的减排程度下都具有正的碳税水平,但其国内生产总值和社会福利是改善的。这主要因为俄罗斯作为世界最大的能源出口国,当实施碳税时将导致其国内能源产品价格上升,同时抬升国际市场的能源价格,当俄罗斯能够影响世界能源价格时,征收碳税将导致其国内生产总值增加、社会福利改善。

表2-9　主要经济体减排的碳税和经济损失

(单位:美元/吨、%、百万美元)

国家 (地区)	减排率	1%	5%	10%	15%	20%	25%
美国	实际碳税	1.15	6.14	13.39	21.99	32.24	44.54
	实际GDP 增长率	0.00	−0.03	−0.07	−0.12	−0.19	−0.29
	福利	−1353	−7699.6	−17982.7	−31322	−48291.6	−69589.9

续表

国家 （地区）	减排率	1%	5%	10%	15%	20%	25%
欧盟	实际碳税	2.21	12.21	27.64	46.98	71.07	100.93
	实际 GDP 增长率	-0.01	-0.07	-0.18	-0.32	-0.51	-0.74
	福利	-1739	-10556.1	-26287.9	-48152.8	-77261.2	-114928.7
日本	实际碳税	2.72	14.91	33.51	56.58	85.1	120.28
	实际 GDP 增长率	-0.01	-0.08	-0.18	-0.31	-0.49	-0.71
	福利	-979.5	-5627.1	-13249.3	-23181.7	-35785	-51465.4
中国	实际碳税	0.41	2.2	4.83	8.01	11.89	16.62
	实际 GDP 增长率	-0.01	-0.04	-0.09	-0.16	-0.26	-0.38
	福利	-845.9	-4700.4	-10724	-18334.7	-27833.8	-39579.5
印度	实际碳税	0.16	0.88	1.92	3.18	4.77	6.83
	实际 GDP 增长率	0.00	-0.01	-0.03	-0.05	-0.08	0.12
	福利	-92.5	-500.4	-1105.6	-1838.1	-2729.6	-3826.9
俄罗斯	实际碳税	1.37	7.56	17.08	28.94	43.55	61.43
	实际 GDP 增长率	0.03	0.17	0.34	0.49	0.62	0.70
	福利	569	2828.6	5523.2	7883.3	9649	10510.7

注：在 2011 年全球贸易分析数据基础上利用能源环境拓展的全球贸易分析模型进行模拟得到。实际碳税，可以理解为减排的边际成本或碳价格（单位：美元/吨）；福利为"等价变化"衡量减排的福利损失（单位：百万美元）。

第三节　贸易自由化和气候变化的互动协调

第二次世界大战之后，尤其是 20 世纪 90 年代以来，以贸易自由化为主要内容和重要特征的经济全球化迅猛发展。与此同时，随着大众对环境质量要求的不断提高，以及以碳排放为主的温室气体排放的不断增加，气候变化(Climate Change)成为21世纪人类面临的最严峻挑战之一。贸易自由化的推进、国际贸易的发展,是否是导致气候变化问题的重要原因? 全球气候变化带来的挑战是否会影响贸易自由化进程,以及国际贸易发展?

从贸易自由化对气候变化影响来看,不仅包括贸易自由化政策通过"贸易开放—经济活动—能耗—碳排放"的传导机制,对经济系统碳排放的影响,而且需要追踪以国际贸易为"媒介"带来的碳排放转移效应。格罗斯曼和克鲁格(Grossman 和 Krueger,1991)[1]在研究北美自由贸易协定的潜在环境影响时,最早将贸易对环境影响归结为规模效应、结构效应和技术效应。此后,科普兰和泰勒(Copeland 和 Taylor,1994)在新古典贸易理论框架下,构建单一连续商品的南北贸易模型,对贸易自由化的"三效应理论"进行阐述。进一步地,安特韦勒等(Antweiler,2001)在科普兰和泰勒(Copeland 和 Taylor,1994)基础上,沿用标准的 H-O 模型,对一般均衡框架下的"三效应理论"模型化。由此,贸易自由化对经济系统气候变化(碳排放)影响主要通过经济活动变化实现,"三效应理论"形成了解释该问题的基本框架。当前,一些学者如克里克梅耶和里希特(Kreickemeier 和 Richter,2012),在梅利兹(Melitz,2003)异质性企业贸易框架下,对"三效应理论"进行拓展,以解释异质性企业贸易框架下贸易开放的环境(碳排放)影响。

贸易自由化的主要目的是促进国家(地区)之间的贸易合作、贸易便利化,将一定程度上促进国际贸易发展,追踪国际贸易的碳排放转移效应,同样是考察贸易自由化对气候变化影响的重要方面。从理论机制看,科普兰和泰勒(Copeland 和 Taylor,2005)[2]在新古典贸易框架下,构建两种生产要素、两种商品、多个国家的一般均衡模型,分析国际贸易导致的

---

[1] Grossman, G.M., Krueger, A.B., "Environmental Impacts of a North American Free Trade Agreement", *National Bureau of Economic Research*, No.w3914, 1991.

[2] Copeland, B.R., Taylor, M.S., "Free Trade and Global Warming: A Trade Theory View of the Kyoto Protocol", *Journal of Environmental Economics and Management*, Vol. 49, No. 2, 2005, pp.205-234.

附件Ⅰ国家与非附件Ⅰ国家之间的"弱碳泄漏"问题。从经验研究看,学者们主要利用投入产出模型测算和评估国际贸易的碳排放转移效应(见本书第三章)。

从气候变化对贸易自由化的影响来看,以低碳减排为理由的"绿色贸易壁垒"(如碳关税)逐渐出现,将成为推进贸易自由化进程的重要制约。一方面,应对气候变化背景下,各国(地区)内部的减排政策将导致国内碳密集型产品价格上升、能源相对价格提高,影响该国产品尤其是碳密集型产品价格的国际竞争力,从而影响国际贸易和贸易自由化进程;另一方面,全球化背景下各国(地区)之间不对称的减排政策,将导致"搭便车"现象的发生,附件Ⅰ国家出于保护本国产品的国际竞争力,以及缓解"强碳泄漏"的考虑,将会对非附件Ⅰ国家实施"边境调节税(Border Tax Adjustments,BTAs)"或"碳关税",阻碍贸易自由化进程的推进。正相反,塔米奥蒂等(Tamiotti 等,2009)[1]指出,由于低碳产品与服务贸易的自由化程度较低,应对气候变化背景下推进低碳产品和服务贸易自由化,能够在促进减排目标实现的同时促进贸易自由化。容易忽视的是,在长期,气候变化带来的物理效应也将影响贸易自由化进程。例如,气候变化将改变某些国家的比较优势,造成国际贸易模式变迁;气候变化导致的极端天气将对国际运输、通信等造成干扰,对国际贸易造成冲击。

贸易自由化与气候变化相互关系的研究,促进了贸易政策和气候政策(主要指减排政策)的相互结合。如前所述,贸易自由化与气候变化之间相互影响、相互联系,在全球化背景下无法将经济贸易发展,与低碳减排割裂分析。沃利(Whalley,2011)提出,随着气候变化问题的日益凸显,气候政策与贸易政策、金融政策将共同成为全球政策协调体系的三大核心。在各类型的国际研讨会和国家会议中,国际贸易与气候变化成为交织存在的重要议题。2009年6月,世界贸易组织和联合国环境署联合发布了综合性报告《贸易与气候变化》,这也成为国际层面上贸易政策和气

---

① Tamiotti,L.,"Trade and Climate Change:A Report by the United Nations Environmental Programme and the World Trade Organization",UNEP/Earthprint,2009,p.56.

候政策相互结合的突出表现。不可避免的是,虽然贸易自由化和气候政策相互结合、不存在实质性的冲突,但两者的主要目标并不相同。贸易自由化的主要目标在于维持开放的贸易体系和促进自由贸易,气候政策的主要目标则是减缓气候变化和保护环境。如何在全球化背景下实现贸易自由化政策和气候政策的协调,实现经济贸易发展和低碳减排的良性互动,成为现阶段国际经济治理、多边气候治理的重要参考,对于中国等能耗和碳排放大国具有重要的现实和丰富的政策含义,也构成了本书第六章实证研究的现实背景。

第三章　中国对外贸易的碳
排放转移效应评估

改革开放四十多年来,尤其是加入世界贸易组织之后,中国对外贸易快速发展,成为推动中国经济高速增长的重要引擎。如图 3-1(a)所示,1997 年、2001 年、2004 年、2007 年、2011 年中国进出口规模始终保持上升趋势,同时净出口额始终为正,表明对外贸易过程中中国一直处于贸易顺差国地位。加入世界贸易组织后,上述贸易发展的特征更为显著:2001—2004年中国出口年均增长率高达 26.3%,中国出口占世界总出口份额由 5.4%增长到 6.5%;2004 年、2007 年中国出口年均增长率高达 27.1%,同时中国出口占世界总出口的份额增长到 8.2%;2007 年、2011 年受全球经济危机影响,中国出口年均增长率降为 13.5%,但 2011 年中国出口占世界总出口的份额出现缓慢上升。与此同时,中国进口年均增长率也在快速上升,如在2001—2004 年、2004—2007 年、2007—2011 年三个时期,中国进口年平均增长率分别为 37.6%、21.8%、16.5%;中国进口占世界总进口的份额也在不断上升,2001 年、2004 年、2007 年和 2011 年中国进口的世界份额分别为 3.9%、5.6%、6.4% 和 8.2%。比较而言,2001—2011 年中国进口年均增长率高于中国出口年均增长率,但是中国出口规模及世界份额高于进口规模及世界份额,这主要由于中国进口规模基数较低所致。进出口规模之间的差异,导致中国贸易顺差逐渐扩大(2004 年除外),对外贸易成为中国经济发展的重要动力。研究期间,中国经济总量的平均增速均超过 10%,2010 年中国经济总量超越日本,成为仅次于美国的世界第二大经济体。随着对外贸易进程推进,中国在世界经济的地位也日益显著。如图 3-1(b)所示,1997—2011 年间,中国经济总量的世界份额逐渐上升,2011 年中国经济总量的世界份额为 1997 年的 3 倍以上。

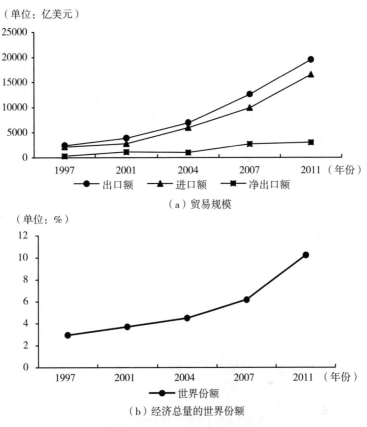

（单位：亿美元）

（a）贸易规模

（单位：%）

（b）经济总量的世界份额

图 3-1 1997 年、2001 年、2004 年、2007 年、2011 年中国
贸易规模及经济总量的世界份额

对外贸易促进中国经济发展的同时,必然伴随着巨大规模的物质及能源投入,带来中国能源消耗、碳排放的增长。如图 3-2(a)所示,与经济总量的世界份额变化一致,研究期间中国能耗量的世界份额呈现大致相同的上升趋势。同时,图 3-2(b)显示,碳排放的世界份额在 2004—2011 年的上升趋势也与经济总量份额、能耗份额的变化相符。这可以直观说明,经济增长、能源消耗、碳排放之间存在着一定的正相关关系。具体来说:第一,由图 3-1(b)、图 3-2(a)比较可知,尽管中国能源消耗的世界份额与经济总量的世界份额趋势一致,但是研究期间中国能源消耗的世界份额始终高于经济总量的世界份额。这说明从世界的平均水平来看,中国的经济增长大量依赖能源投入,经济发展方式属于粗放式增长。第二,从时间维度考察经

济总量变化与能源消耗变化的关系,可以看出加入世界贸易组织后中国的
经济总量、能耗总量激增,2001 年可以看作一个"拐点"。这也从侧面说明
中国对外开放政策会产生一定的经济和环境影响。第三,比较图 3-2(a)、
图 3-2(b)看出,由于碳排放等温室气体排放中 95%以上来自化石能源燃
烧。因此,无论从绝对量还是从世界份额的角度看,2004—2011 年中国能源
消耗与碳排放都保持紧密的正相关关系。另外,2004—2011 年中国碳排放的
世界份额始终高于能源消耗的世界份额,这说明在能源消耗量相同时,中国
的碳排放量高于世界平均水平,也意味着碳排放变化不仅依赖于能源消耗总
量变化,还与其他因素如能源消耗结构、能源利用率等密切相关。

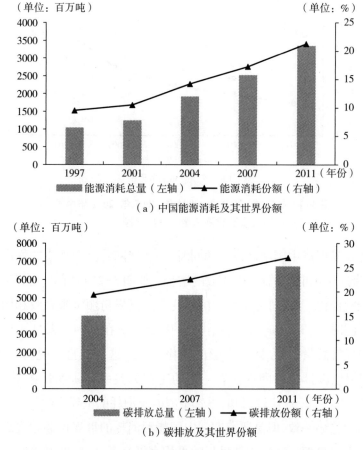

（a）中国能源消耗及其世界份额

（b）碳排放及其世界份额

图 3-2　1997—2011 年中国能源消耗、碳排放及其世界份额变化

资料来源:根据全球贸易分析数据库计算得到。

综上所述,研究期间中国对外贸易政策促进了经济发展,与此同时伴随着巨大的能源消耗及碳排放增加。研究中国对外贸易的能源消耗、碳排放的区域转移效应,可以有效地识别中国参与国际贸易的能源环境压力,更好地权衡参与对外贸易的经济收益和环境成本,为中国的贸易政策、低碳发展等提供参考。本章基于全球贸易分析数据库构建多区域投入产出模型,从最终需求角度测算和分析全球生产网络下附件Ⅰ国家与非附件Ⅰ国家之间的碳排放区域转移效应,并重点考察中国贸易转移排放及其影响因素。第一,如彼得斯等(Peters 等,2011)和阿托等(Arto 等,2014)所述,全球贸易分析数据库具有更高程度的区域和部门划分,以此数据库构建多区域投入产出模型能够更为细致地分析附件Ⅰ国家与非附件Ⅰ国家的贸易碳排放转移效应,并突出中国在其中扮演的角色。第二,从最终需求角度出发,识别生产侧和消费侧引致的碳排放,以及国际贸易伴随的碳排放转移,对于在国际气候谈判中探讨中国等发展中国家减排责任的公平性具有重要意义。第三,从中国贸易碳排放转移效应角度,区分中国与附件Ⅰ国家、非附件Ⅰ国家贸易碳排放转移变化趋势、影响因素和部门特点,有助于揭示中国在与发达经济体、新兴经济体贸易中所处的碳排放地位,寻求实现减排目标的国际贸易途径。第四,将中国贸易排放"净转入"分解为贸易差额效应、污染贸易条件效应,区分贸易规模、生产技术和贸易结构影响。该分解方式与科普兰和泰勒(Copeland 和 Taylor,1994)"三效应理论"分析相吻合,有助于中国从促进内需、调整对外贸易结构等角度,实现低碳经济转型。另外,采用定量方法识别碳排放视角下中国双边贸易模式,不仅有助于检验污染避难所和要素禀赋理论,而且可以与中国贸易转移排放影响分解结合,为中国双边贸易减排提供参考。

第一节　模型方法与数据来源

一、多区域投入产出模型框架下贸易转移排放测算及其分解

相较于单区域投入产出模型而言,多区域投入产出模型不仅包含了

各国生产技术水平的差异,而且清晰地描绘了国家间的产业和贸易联系,能够很好地刻画全球生产网络体系下国际贸易对中国的能耗、碳排放影响。利用投入产出模型的基本等式,推出包含 m 个地区的多区域投入产出模型,具体表达形式为:

$$
\begin{pmatrix} x_1 \\ x_2 \\ \vdots \\ x_m \end{pmatrix} = \begin{pmatrix} A_{11} & A_{12} & \cdots & A_{1m} \\ A_{21} & A_{22} & \cdots & A_{2m} \\ \vdots & \vdots & \ddots & \vdots \\ A_{m1} & A_{m2} & \cdots & A_{mm} \end{pmatrix} \begin{pmatrix} x_1 \\ x_2 \\ \vdots \\ x_m \end{pmatrix} + \begin{pmatrix} \sum_i y_{1i} \\ \sum_i y_{2i} \\ \vdots \\ \sum_i y_{mi} \end{pmatrix} \tag{3.1}
$$

其中,x_i 表示地区 $i(i=1,2,\cdots,m)$ 的总产出向量;y_{ir} 表示 i 地区满足 r 地区最终需求出口 $(i,r=1,2,\cdots,m)$,若 $i=r$ 即为地区 i 满足国内最终需求部分,A_{ii} 为 A 矩阵对角线上的子矩阵,表示 i 地区国内中间投入系数矩阵;若 $i \neq r$,A_{ir} 为全球生产网络下 i 地区对 r 地区中间投入系数矩阵。

为区分全球生产网络下最终需求引致的各地区生产及排放,可将地区 i 总产出分成 m 个部分,即 $x_i = x_{ii} + \sum x_{ir} (r \neq i)$。$x_{ii}$ 表示地区 i 满足本国最终需求的产出;$x_{ir} (i \neq r)$ 表示地区 i 为满足地区 r 最终需求的产出。多区域投入产出模型可以将各地区最终需求引致的产出表示如下:

$$
\begin{pmatrix} x_{11} & x_{12} & \cdots & x_{1m} \\ x_{21} & x_{22} & \cdots & x_{2m} \\ \vdots & \vdots & \ddots & \vdots \\ x_{m1} & x_{m2} & \cdots & x_{mm} \end{pmatrix} = \begin{pmatrix} L_{11} & L_{12} & \cdots & L_{1m} \\ L_{21} & L_{22} & \cdots & L_{2m} \\ \vdots & \vdots & \ddots & \vdots \\ L_{m1} & L_{m2} & \cdots & L_{mm} \end{pmatrix} \begin{pmatrix} y_{11} & y_{12} & \cdots & y_{1m} \\ y_{21} & y_{22} & \cdots & y_{2m} \\ \vdots & \vdots & \ddots & \vdots \\ y_{m1} & y_{m2} & \cdots & y_{mm} \end{pmatrix} \tag{3.2}
$$

其中,$L = (I-A)^{-1}$ 为里昂惕夫逆矩阵。式(3.2)刻画了全球生产网络下各地区最终需求引致的产出关系,基于此,可以对全球生产网络下最终需求引致的地区 i 碳排放[①]定义如下:

---

① 贸易转移能耗和转移排放的指标构建类似,差别在于左乘能耗强度矩阵或排放强度矩阵,为了方便起见,下文以贸易转移排放进行说明。

$$PBE_i = f_i^t \sum_r x_{ir} = \underbrace{f_i^t x_{ii}}_{EE_{ii}自给排放} + \underbrace{f_i^t \sum_{r \neq i} x_{ir}}_{EE_{ir}转入排放} \tag{3.3}$$

$$CBE_i = \sum_r f_r^t x_{ri} = \underbrace{f_i^t x_{ii}}_{EE_{ii}自给排放} + \underbrace{\sum_{r \neq t} f_r^t x_{ri}}_{EE_{ri}转出排放} \tag{3.4}$$

其中,地区 i 的排放强度向量为 f_i。参见彼得斯和赫特威奇(Peters 和 Hertwich,2008),式(3.3)、式(3.4)分别从生产者责任和消费者责任角度,考察全球生产网络下各地区最终需求引致的地区 i 的生产侧排放(PBE_i)、消费侧排放(CBE_i)。前者从"生产者责任"角度核算各国的碳排放,在该核算体系下,各国生产产生的碳排放责任完全由该国承担,并不对产品的最终流向(国内销售或出口)作出区分。后者从"消费者责任"出发,一国承担其消费引致的碳排放责任。在生产分散化和贸易自由化背景下,生产和消费实现了地理分割,"发达国家消费,发展中国家生产"已经成为国际贸易的重要特点,因此国际贸易带来的碳排放转移主要通过区分生产、消费活动的国内销售、出口、进口的碳排放得到。式(3.3)将生产侧排放区分为满足国内最终需求生产带来的"自给排放(EE_{ii})",以及满足其他地区最终需求的出口引致的"转入排放(EE_{ir})",式(3.4)将消费侧排放区分为"自给排放(EE_{ii})",以及从其他地区进口满足本国最终需求引致的"转出排放(EE_{ri})"。"转入排放"与"转出排放"差额等于生产侧排放与消费侧排放差额,表示地区 i 在国际贸易中的碳排放"净转入"。值得说明的是,转移排放遵循消费者责任原则,以最终需求所在地为分配基准对贸易内涵碳排放进行重新分配,这不同于已有研究以双边贸易流向为基础测算的贸易内涵排放。

结合式(3.2)、式(3.3)可以将 i 地区转入排放($i \neq r$)分解如下:

$$EE_{ir} = f_i^t \sum_{r \neq i} x_{ir} = f_i^t \sum_s L_{is} y_{sr} = \underbrace{f_i^t L_{ii} y_{rr}}_{最终品出口的转入排放} + \underbrace{f_i^t \sum_{s \neq i} L_{is} y_{sr}}_{中间品出口的转入排放} \tag{3.5}$$

式(3.5)将转入排放分解为地区 i 对地区 r 最终产品和中间产品出口引致的碳排放。结合收入和减排责任差异,世界各地区可分为附件 I 国家(包括美国、欧盟、日本、其他附件 I 国家 RoA I)、非附件 I 国家(包括东欧、能源净出口国 EEx、中国、印度、俄罗斯)、世界其他地区(RoW),

结合式(3.5)将附件Ⅰ国家对非附件Ⅰ国家的转入排放表示为：

$$EE_{A Ⅰ-NA Ⅰ} = \underbrace{\sum_{i \in A Ⅰ} \sum_{r \in NA Ⅰ} f_i L_{ii} y_{ir}}_{\text{最终品出口的转入排放}} + \underbrace{\sum_{i \in A Ⅰ} f_i \sum_{r \in NA Ⅰ} L_{is} y_{sr}}_{\text{中间品出口的转入排放}} \quad (3.6)$$

其中，$A Ⅰ$、$NA Ⅰ$分别表示附件Ⅰ国家和非附件Ⅰ国家。类似地，地区 i 的转出排放 EE_{ri}、附件Ⅰ国家对非附件Ⅰ国家转出排放 $EE_{NA Ⅰ-A Ⅰ}$ 可分解为进口最终品和中间品引致的碳排放。

由前可知，全球生产网络下 i 地区国际贸易的"净转入排放"可以表示为：

$$NEET_{ir} = EE_{ir} - EE_{ri} \quad (3.7)$$

若 $NEET_{ir} > 0$，表明地区 i 与地区 r 贸易将带来地区 i 碳排放"净转入"。根据"三效应理论"可知，贸易开放对一国(地区)的环境影响可以分解为规模效应、结构效应、技术效应，即贸易对经济体碳排放总量的净影响可以归结为开放对经济规模、产业结构和生产技术的变化。类似地，贸易带来的"净转入排放($NEET$)"会受贸易差额、生产技术和贸易结构三者的影响(彭水军和张文城，2016)[1]，而污染贸易条件指标剔除贸易规模差异的影响，综合体现了生产技术和贸易结构的影响。此处，参考安特韦勒(Antweiler，1996)的研究，地区 i 对地区 $r(i \neq r)$ 的污染贸易条件[2]可表示为：

$$PTT_{ir} = \frac{EE_{ir} / \sum_k L_{ik} Y_{ki}}{EE_{ri} / \sum_k L_{rk} Y_{kr}} = \frac{EE_{ir} / EX_{ir}}{EE_{ri} / EX_{ri}} = \frac{F_{ei}}{F_{er}} \quad (3.8)$$

其中，$\sum_k L_{ik} Y_{ki} = EX_{ir}$ 表示为满足 r 地区最终需求 i 地区的总出口；$\sum_k L_{rk} Y_{ki} = EX_{ri}$ 表示为满足地区 i 最终需求引致的 r 地区总出口。为考察贸易顺差和污染贸易条件影响，将 $NEET_{ir}$ 分解为：

$$NEET_{ir} = EE_{ir} - EE_{ri} = F_{ei} EX_{ir} - F_{er} EX_{ri} = F_{ei}(EX_{ir} - EX_{ri}) +$$

$$\left(\frac{F_{ei}}{F_{er}} - 1\right) F_{er} EX_{ri} = \underbrace{F_{ei}(EX_{ir} - EX_{ri})}_{\text{贸易差额效应}} + \underbrace{(PTT_{ir} - 1) F_{er} EX_{ri}}_{\text{污染贸易条件效应}} \quad (3.9)$$

---

① 彭水军、张文城：《贸易差额、污染贸易条件如何影响中国贸易内涵碳"顺差"——基于多国投入产出模型的分析》，《国际商务研究》2016年第1期。

② Antweiler，W.，"The Pollution Terms of Trade"，*Economic Systems Research*，Vol.8，No.4，1996，pp.361-366.

其中，$F_{ei}(EX_{ir}-EX_{ri})$、$(PTT_{ir}-1)F_{er}EX_{ri}$ 分别表示地区 i 对地区 r 的贸易差额效应、污染贸易条件效应引起的碳排放净转入。类似地，$NEET$ 还可以分解为：

$$NEET_{ir} = \underbrace{F_{er}(EX_{ir} - EX_{ri})}_{\text{贸易差额效应}} + \underbrace{(PTT_{ir} - 1)F_{er}EX_{ir}}_{\text{污染贸易条件效应}} \tag{3.10}$$

本书采用取两种分解方式的平均值，反映两种效应对碳排放净转入影响，即：

$$NEET_{ir} = \frac{1}{2}\Big[\underbrace{(F_{er} + F_{ei})(EX_{ir} - EX_{ri})}_{\text{贸易差额效应}} + \underbrace{F_{er}(EX_{ir} + EX_{ri})(PTT_{ir} - 1)}_{\text{污染贸易条件效应}}\Big]$$
$$\tag{3.11}$$

二、数据来源及处理

如导论所述，除明确标注之外，本书的实证分析数据都来自全球贸易分析数据库。全球贸易分析数据库是基于经济系统框架下对国际经济事务的量化分析，其包含了国家（地区）间的投入产出关系、双边贸易联系，以及各国（地区）的贸易保护水平等相关数据。但由于年份以及各国的部门信息等存在差异性，全球贸易分析数据库官方指出：若使用者需要提取全球贸易分析数据库中的部分，如用于构建社会核算矩阵或者世界投入产出表，可能面临一定的风险。然而，阿托等（Arto 等，2014）曾指出，由于全球贸易分析数据库对区域和部门的细分程度十分细致，且在碳足迹分析中运用全球贸易分析数据库和世界投入产出数据库构建多区域投入产出模型的结果差异并不明显。因此，利用全球贸易分析数据库构建多区域投入产出模型分析贸易过程中的环境问题的研究并不少见。本节将具体介绍如何将全球贸易分析数据库转化为世界投入产出表，以及全球贸易分析数据库中能源、碳排放账户与多区域投入产出模型相应账户的匹配问题。

全球贸易分析数据库作为衡量整个经济系统的平衡表，隐含了投入产出的平衡关系，以全球贸易分析数据中的相关变量衡量投入产出表的收入平衡（行平衡）和投入平衡（列平衡），具体可以表示为式（3.12）、式（3.13）：

$$vom_i^r = \underbrace{\sum_j vdfm_{ij}^r}_{\text{国内中间使用}} + \underbrace{vdpm_i^r + vdgm_i^r + vdkm_i^r}_{\text{国内最终使用}} + \underbrace{vst_i^r}_{\text{运输}} + \underbrace{\sum_s vxmd_i^{rs}}_{\text{出口}}$$

$$\underbrace{}_{\text{产出}}$$

$$(3.12)$$

$$vom_j^r = \underbrace{\sum_i vdfm_{ij}^r}_{\text{国内中间品}} + \underbrace{\sum_i vifm_{ij}^r}_{\text{进口中间品}} + \underbrace{\sum_i (vfm_{ij}^r + ftrv_{ij}^r - fbep_{ij}^r - isep_{ij}^r) - osep_j^r}_{\text{增加值}}$$

$$\underbrace{}_{\text{投入}}$$

$$(3.13)$$

其中，式(3.13)中"增加值"等于要素投入(vfm)、要素税($ftrv$)之和减去要素补贴($fbep$)、中间投入补贴($isep$)、产出补贴($osep$)。

由此，将全球贸易分析数据库转化为外生国际运输①的多区域投入产出表可以表示如下：

$$\underbrace{X_r}_{r\text{地区产出}} = \underbrace{Z_{rr}}_{\text{国内中间投入}} + \underbrace{Y_{rr}}_{\text{国内最终需求}} + \underbrace{t_r}_{\text{国际运输}} + \underbrace{\sum_s EX_{rs}}_{r\text{地区出口}}$$

$$= \underbrace{Z_{rr}}_{\text{国内中间投入}} + \underbrace{Y_{rr}}_{\text{国内最终需求}} + \underbrace{t_r}_{\text{国际运输}} + \underbrace{\sum_s (Z_{rs} + Y_{rs})}_{r\text{地区出口}}$$

$$(3.14)$$

式(3.12)-(3.14)大致描绘了全球贸易分析数据库构建世界投入产出表的平衡关系，然而由于国际贸易中相关变量采取的价格不同，导致全球贸易分析数据库中 $vxmd$ 衡量的 r 地区对 s 地区的出口值并不等于 $vims$ 衡量的 s 地区从 r 地区的进口值②，详见式(3.15)：

$$\underbrace{vims_i^{rs}}_{s\text{地区从}r\text{地区进口}} = \underbrace{vxmd_i^{rs}}_{r\text{地区对}s\text{地区出口}} + \underbrace{\sum_k vtwr_{ki}^{rs}}_{\text{国际运输}} + \underbrace{frv_i^{rs}}_{\text{进口关税}} +$$

$$\underbrace{(adrv_i^{rs} + mfrv_i^{rs} + purv_i^{rs} + vrrv_i^{rs} + xtrv_i^{rs})}_{\text{其他各种国际税收}}$$

$$(3.15)$$

$$= \underbrace{vxmd_i^{rs}}_{r\text{地区对}s\text{地区出口}} + \underbrace{M_i^{rs}}_{\text{余额}}$$

---

① 外生国际运输，指将国际运输以最终需求的形式存在于多区域投入产出表中，而不是内嵌于中间投入产出结构中，详见彼得斯等（Peters 等，2011）的研究。由于全球贸易分析数据库中运输服务包括两个部分：作为中间投入部分内生于生产网络中的运输服务；与生产网络联系不大，作为独立运输服务往来于国家之间的国际运输服务，因此在构建多区域投入产出表时，将国际运输以最终需求形式外生表示是合理的。

② $vxmd$ 以出口地区的市场价格衡量，而 $vims$ 以进口地区的市场价格估算。

因此,为了保证多区域投入产出表中双边贸易数据平衡,彼得斯等(Peters 等,2011)特将双边出口(以生产国价格衡量)按照进口地区的进口结构①(以消费国价格衡量)进行分配,该方法既能保证产出平衡,也避免了添加平衡项。具体平衡方法表示如下:

$$Z_{ij}^{rs} = \frac{vifm_{ij}^{s}}{vim_{i}^{s}} e_{i}^{rs} \tag{3.16}$$

$$Y_{i}^{rs} = \frac{vipm_{i}^{s} + vigm_{i}^{s} + vikm_{i}^{s}}{vim_{i}^{s}} e_{i}^{rs} \tag{3.17}$$

式(3.16)的左边表示 r 地区 i 部门对 s 地区 j 部门的中间投入,等于 s 地区 i 部门总进口中对 j 部门中间投入的占比乘以 r 地区对 s 地区 i 部门的总出口;式(3.17)表示 r 地区 i 部门对 s 地区的最终品出口,等于 s 地区 i 部门总进口中最终品需求的占比乘以 r 地区对 s 地区 i 部门的总出口。

由此,全球贸易分析数据库转化为世界投入产出表并以此作为数据基础构建多区域投入产出模型(具体数据库结构见表0-4),并研究中国对外贸易转移能耗、碳排放影响。

全球贸易分析数据库包含能源和碳排放账户,其中能源账户数据来自国际能源署,碳排放账户数据由能源数据推算而来。具体来说,全球贸易分析第5版数据首次引入能源账户,并将其分为中间投入能源消耗、最终消费能源消耗以及能源进出口数据;全球贸易分析第7版数据进一步将中间投入能耗区分为国内能源、进口能源,将最终消费分为家庭消费、政府消费并区分进出口来源。随着全球温室效应被广泛关注,全球贸易分析第8版数据首次将碳排放账户列入其核心数据,并对碳排放产生环节(中间投入或最终消费)、含碳产品的国家来源(国内或进口)进行区分。多区域投入产出模型考察全球生产网络下能耗、碳排放足迹,因此多区域投入产出模型中涉及的能耗、碳排放数据即为全球贸易分析数据库中中间投入的能源消耗、碳排放,可称为"直接能耗(碳排放)",最终消费引致的能源消耗、碳排放称为"最终消耗(碳排放)","贸易转移能耗(碳排放)"则是在"直接

---

① 这里的进口结构,指进口国总进口中中间投入进口与最终需求进口的份额结构。

能耗（碳排放）"基础上利用多区域投入产出模型测算得到。

第二节　研究结果分析

一、附件Ⅰ国家对非附件Ⅰ国家的贸易转移排放

从贸易转移总量来看，附件Ⅰ国家对非附件Ⅰ国家的转入（转出）排放，即为非附件Ⅰ国家对附件Ⅰ国家的转出（转入）排放。下面从附件Ⅰ国家对非附件Ⅰ国家的贸易排放转移出发，分析全球生产网络下附件Ⅰ国家与非附件Ⅰ国家的贸易碳排放转移，即附件Ⅰ国家与非附件Ⅰ国家以国际贸易为"媒介"带来的"弱碳泄漏"问题，并考察中国在其中的重要性。

如表 3-1 所示，2004—2011 年附件Ⅰ国家对非附件Ⅰ国家的"转出排放"呈现先上升、后下降的变化趋势，这说明为满足附件Ⅰ国家最终需求而引致的非附件Ⅰ国家的转入排放在 2004—2007 年增加、在 2007—2011 年下降，可能与 2008 年全球金融危机后附件Ⅰ国家从非附件Ⅰ国家进口规模下降有关。研究期间，附件Ⅰ国家对非附件Ⅰ国家"转入排放"始终保持上升趋势，由 2004 年的 365.65 百万吨上升至 2011 年的 598.21 百万吨，这从侧面说明非附件Ⅰ国家最终需求对附件Ⅰ国家进口依赖性增强。可以发现，2004—2011 年间，附件Ⅰ国家对非附件Ⅰ国家的"转出排放"规模远远大于"转入排放"，附件Ⅰ国家对非附件Ⅰ国家的"净转出排放"规模较高，但呈现下降趋势。

从附件Ⅰ国家对非附件Ⅰ国家的贸易转移排放来看，2004—2011 年间美国、欧盟对非附件Ⅰ国家的"转出排放"变化趋势，与研究期间附件Ⅰ国家对非附件Ⅰ国家"转出排放"变化趋势一致，表现为 2004—2007 年上升、2007—2011 年下降。研究期间，日本对非附件Ⅰ国家"转出排放"始终保持下降，从 2004 年的 250.85 百万吨下降为 2011 年的 222.89 百万吨；其他附件Ⅰ国家（RoAⅠ）对非附件Ⅰ国家"转出排放"始终保持上升，从 2004 年的 117.87 百万吨上升至 2011 年的 147.11 百万吨。此

外,2004—2011 年美国、欧盟、日本、其他附件Ⅰ国家对非附件Ⅰ国家"转入排放"的变化趋势,与附件Ⅰ国家对非附件Ⅰ国家"转入排放"整体变化趋势同步,始终保持上升。从附件Ⅰ国家对非附件Ⅰ国家净转出排放来看,2004—2011 年美国、欧盟、日本始终是非附件Ⅰ国家转入排放流向的最主要经济体,分别约占非附件Ⅰ国家转入排放的 37%、45%、13%。

表 3-1 2004 年、2007 年、2011 年附件Ⅰ国家对非附件Ⅰ国家的贸易转移排放

(单位:百万吨)

	年份	附件Ⅰ国家（地区）	美国	欧盟	日本	RoAⅠ
转出排放	2004	1810.03	658.94	782.37	250.85	117.87
	2007	1934.52	709.70	858.12	224.46	142.24
	2011	1822.22	655.60	796.62	222.89	147.11
转入排放	2004	365.65	121.33	151.43	41.03	51.86
	2007	483.87	151.90	203.33	61.60	67.05
	2011	598.21	202.57	233.72	62.34	99.58
净转出排放	2004	1444.38	537.61	630.94	209.82	66.01
	2007	1450.65	557.80	654.79	162.87	75.19
	2011	1224.01	453.03	562.9	160.55	47.53

注:表中列出附件Ⅰ国家,如美国、欧盟、日本、其他附件Ⅰ国家(RoAⅠ)对非附件Ⅰ国家整体的贸易转移排放。

资料来源:利用基于全球贸易分析数据库构建的多区域投入产出模型测算得到。

另外,图 3-3 描绘了附件Ⅰ国家对非附件Ⅰ国家各地区的转移排放份额。可以看出,2004—2011 年附件Ⅰ国家转出排放主要流向能源净出口国(EEx)、中国、俄罗斯,所占比重分别为 21.8%—22.8%、49.4%—54.7%、10.26%—14.5%,同时附件Ⅰ国家对印度转出排放的比重逐渐上升,由 2004 年的 5.05%增长为 2011 年的 7.16%。这说明附件Ⅰ国家通过从非附件Ⅰ国家进口中间产品和最终产品,引致非附件Ⅰ国家大量的碳排放"转入",其中中国承担了约 50%由于附件Ⅰ国家消费带来的碳排放责任。与此同时,附加Ⅰ国家(地区)转入排放主要流向能源净出口国(EEx)、中国、印度、俄罗斯,其中对能源净出口国(EEx)的转入排放呈现下降趋势,对中国、印度、俄罗斯三大新兴经济体的转入排放份额整体呈现上升趋势。

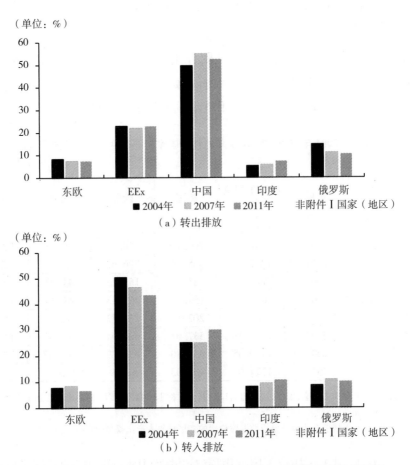

图3-3 2004年、2007年、2011年附件 I 国家对非附件 I 国家的转移排放份额

全球生产网络下国际分工逐渐从产品间分工发展至产品内分工，中间产品贸易成为附件 I 国家与非附件 I 国家国际贸易转移排放的主要载体。如图3-4（a）所示，研究期间，在附件 I 国家对非附件 I 国家的转出排放中，中间产品进口引致的转出排放始终大于最终产品进口造成的转出排放。2004年、2007年、2011年中间产品进口占附件 I 国家对非附件 I 国家转出排放比重分别为66%、64%、64%，呈现略微下降趋势。与此同时，如图3-4（b）所示，2004、2007年、2011年附件 I 国家对非附件 I 国家中间产品出口，同样是附件 I 国家对非附件 I 国家转入排放的主要载体。2004年、2007年、2011年中间产品出口占附件 I 国家对非附件 I 国家转入排放比重分别为 57%、57%、58%,呈现略微上升趋势。近年来,附件 I 国家对非附件 I 国家贸易排放转移主要由中间产品贸易引起,这与全球生产网络下国际分工深化、非附件 I 国家参与国际分工的程度加深和范围扩大密切相关。

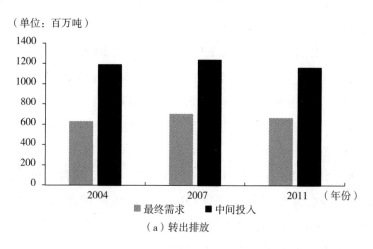

（a）转出排放

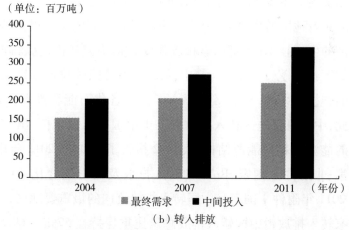

（b）转入排放

图 3-4　2004 年、2007 年、2011 年附件 I 国家对非附件 I 国家中间品和最终品的贸易转移排放

二、中国贸易碳排放转移的国家（地区）流向

2004—2011 年,中国对附件 I 国家的转入排放、转出排放,占非附件

Ⅰ国家对附件Ⅰ国家的转入排放、转出排放比重分别为49.4%—54.7%、25%—30%，在国际贸易的碳排放区域转移中具有重要作用。分析中国贸易转移排放及其变化趋势发现，转入排放份额在2004—2007年上升，在2007—2011年下降，转出排放份额则相反。由图3-5可知，2004—2011年中国转入排放由1283.26百万吨上升至1676.62百万吨，占生产侧排放份额在2004—2007年间由31.99%上升至32.21%，在2007—2011年间由32.21%下降为24.89%。与此同时，2004—2011年中国转出排放由280.38百万吨上升至501.43百万吨，占消费侧排放份额在2004—2007年间由9.32%下降至8.96%，2011年上升为9.02%。因此，2004—2011年中国转入排放远远高于转出排放，表明中国为了满足外国需求而引致贸易排放净转入。2004年、2007年、2011年中国净转入排放总量分别为1002.88百万吨、1317.20百万吨、1175.19百万吨，超过相应年份日本、东欧、其他附件Ⅰ国家（RoAⅠ）的生产侧排放（如日本2004年、2007年、2011年的生产侧排放分别为897.73百万吨、919.39百万吨、919.37百万吨），接近俄罗斯和印度的生产侧排放。

中国对各地区转入排放，取决于中国对各地区的出口规模、出口结构以及中国的生产技术（各部门碳排放强度），而中国各部门碳排放强度可以表示如下：$F_i = \sum_e \varphi_e X_{ei}/X_i$。其中，$F_i$表示各部门碳排放强度，$\varphi_e$为各化石能源的碳排放系数，$X_{ei}$、$X_i$分别表示$i$部门各化石能源投入和$i$部门产出。由此，中国对各地区转入排放取决于中国的出口规模、出口结构、生产过程的能源消耗及能源结构，表3-2报告了2004—2011年中国对附件Ⅰ国家、非附件Ⅰ国家、RoW的转入排放及其份额变化。可以看出，2004—2011年附件Ⅰ国家是中国转入排放流向的最重要地区，中国对附件Ⅰ国家转入排放占中国转入排放总量比重保持在57%—69.6%，且呈现下降趋势。与此同时，中国对非附件Ⅰ国家、RoW的转入排放比重逐渐上升。从中国转入排放流向的贸易伙伴来看，中国转入排放主要流向美国、欧盟和日本三大发达经济体，这三大经济体为中国最重要的出口国，2011年中国对美国、欧盟、日本的出口额占中国出口总额的比重分别为22%、21.4%、9%。2004—2007年，中国对美国和欧盟的转入排放量上

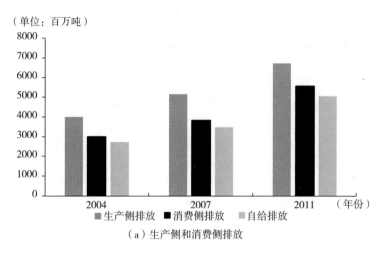

（单位：百万吨）

（a）生产侧和消费侧排放

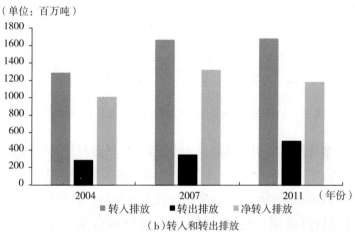

（单位：百万吨）

（b）转入和转出排放

图 3-5　2004 年、2007 年、2011 年中国贸易转移排放量及其变化趋势

资料来源：利用基于全球贸易分析数据库构建的多区域投入产出模型测算得到。

升,分别从 358.03 百万吨、309.81 百万吨上升至 421.24 百万吨、404.32 百万吨。2007—2011 年受 2008 年全球金融危机影响,中国对美国、欧盟的转入排放出现下降,分别降至 2011 年的 374.97 百万吨、358.33 百万吨。另外,2004—2011 年中国对日本的转入排放量持续下降。研究期间,中国对美国、欧盟、日本转入排放占中国转入排放总量的份额呈现下降趋势,与此同时 2004—2011 年中国对印度和俄罗斯的转入排放及其份额都呈现上升趋势,其中转入排放量分别增长 2.52 倍、2.06 倍,份额分别增长 1.69 倍、1.25 倍。

表 3-2　2004 年、2007 年、2011 年中国贸易转移排放的国家（地区）流向

（单位：百万吨）

	年份	附件 I 国家（地区）	美国	欧盟	日本	非附件 I 国家（地区）	印度	俄罗斯	RoW
转入排放	2004	894.45 (69.6)	358.03 (27.9)	309.81 (24.1)	164.49 (12.8)	147.01 (11.4)	16.85 (1.3)	14.82 (1.2)	241.81 (18.8)
	2007	1057.77 (63.7)	421.24 (25.4)	404.32 (24.3)	145.52 (8.8)	284.51 (17.2)	40.56 (2.4)	45.89 (2.8)	319.2 (19.2)
	2011	954.56 (57.0)	374.97 (22.4)	358.33 (21.4)	137.85 (8.2)	350.28 (20.8)	59.39 (3.5)	45.37 (2.7)	371.78 (22.2)
转出排放	2004	91.9 (32.8)	26.58 (9.5)	26.94 (9.6)	22.39 (8.0)	79.96 (28.5)	10.75 (3.8)	21.77 (7.8)	108.53 (38.7)
	2007	121.09 (35.2)	32.78 (9.5)	34.04 (9.9)	31.15 (9.1)	94.78 (27.5)	17.29 (5.0)	19.17 (5.6)	128.41 (37.3)
	2011	179.59 (35.9)	52.41 (10.5)	51.86 (10.3)	33.38 (6.7)	157.54 (31.4)	27.71 (5.5)	28.09 (5.6)	164.3 (32.8)

注：括号内数值是中国对各地区转出（转入）排放占中国转出（转入）排放总量的比重。

资料来源：利用基于全球贸易分析数据库构建的多区域投入产出模型测算得到。

　　中国对各地区转出排放取决于中国的进口规模、进口结构和进口来源国的生产技术，表 3-2 描述了中国对不同国家类型（附件 I 国家、非附件 I 国家、RoW）以及重要贸易伙伴的转出排放及其份额。研究期间，中国对附件 I 国家、非附件 I 国家（地区）的转出排放份额分别为 32.8%—35.9%、27.5%—31.4%，基本呈现上升趋势。从中国转出排放的贸易伙伴来看，中国对美、欧、日转出排放规模呈现上升趋势，这三大经济体占中国转出排放总量的比重在 27.1%—27.5% 之间。具体来说，2004—2011 年中国对美国、欧盟转出排放及其份额呈现上升趋势，如中国对美国、欧盟的转出排放量分别从 2004 年的 26.58 百万吨、26.94 百万吨，上升至 2011 年的 52.41 百万吨、51.86 百万吨。2004—2011 年，中国对日本转出排放保持上升趋势，但份额在 2004—2007 年上升、2007—2011 年下降。与此同时，1997—2011 年间，中国对印度和俄罗斯的转出排放规模及其份额逐渐上升，这主要因为中国国内制造能力提升，中国对发达国家最终产品的依赖性下降，

而更多地从印度和俄罗斯等发展中国家进口能源和原材料以满足国内生产。如表 3-2 所示,中国对印度和俄罗斯的转出排放规模分别由 2004 年的 10.75 百万吨、21.77 百万吨,上升至 27.71 百万吨、28.09 百万吨。

由表 3-2 中国转出和转入排放比较可知,2004—2011 年中国对外贸易导致大量的碳排放"净转入",图 3-6 显示研究期间中国对各地区的净转入排放。可以看出,2004—2011 年中国对美国、欧盟、日本净转入排放为正,且中国对美国、欧盟的净转入排放规模在 2004—2007 年间快速上升,分别由 331.45 百万吨、282.87 百万吨增加至 388.46 百万吨、370.28 百万吨,在 2007—2011 年间有所下降,分别降为 322.56 百万吨、306.47 百万吨,而中国对日本的净转入排放呈现小幅下降。其他附件 I 国家(RoA I)包括澳大利亚、新西兰、加拿大等发达国家,2004—2011 年间中国对其他附件 I 国家(RoA I)净转入排放变化趋势与美国、欧盟一致。此外,中国对非附件 I 国家的净转入排放量远小于附件 I 国家,2004—2011 年中国对能源净出口国(EEx)、印度的净转入排放为正,且快速增加。中国对俄罗斯净转入排放在 2004 年为负,2007—2011 年为正。

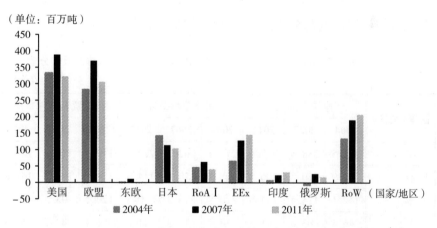

图 3-6　2004 年、2007 年、2011 年中国净转入排放的国家(地区)流向

三、中国对各地区净转入排放分解及贸易模式识别

为深入探讨中国与贸易伙伴间的贸易转移排放,需要对中国净转入排

放进行分解,分析其主要影响因素(见表3-3)。可以发现,中国贸易排放"净转入"主要来自与美国、欧盟、日本三大发达经济体之间的贸易,另外中国对其他附件I国家(RoAI)、能源净出口国(EEx)、印度等地区也存在贸易排放"净转入"。以2011年为例,中国对美国、欧盟、日本的净转入排放分别为332.6百万吨、306.5百万吨、104.5百万吨,分别占2011年中国净转入排放总量的27.4%、26.1%、8.8%。中国对其他附件I国家(RoAI)、能源净出口国(EEx)、印度、俄罗斯的净转入排放分别为41.5百万吨、146.2百万吨、31.6百万吨、17.3百万吨,共占2011年中国净转入排放总量的20%,其中中国对俄罗斯贸易转移排放在2004年为"净转出"状态,2007为"净转入"。净转入排放可以分解为贸易差额效应和污染贸易条件效应,其中贸易顺差效应是解释中国对美国、能源净出口国(EEx)贸易排放"净转入"的最主要原因,如2011年贸易顺差效应解释了中国与美国净转入排放的68.4%;对于其他地区而言,污染贸易条件效应则是解释中国净转入排放的最主要原因。事实上,2004年、2007年中国与东欧、俄罗斯的贸易差额效应为负,即中国与东欧、俄罗斯的贸易规模导致中国碳排放下降,但污染条件效应导致中国碳排放增加,完全抵消了贸易差额效应的下降影响,导致中国与这两个地区仍存在贸易排放"净转入"。

表3-3 2004年、2007年、2011年中国对各国家(地区)净转入排放及其分解

(单位:百万吨)

国家(地区)	净转入排放			贸易差额效应			污染贸易条件效应		
	2004	2007	2011	2004	2007	2011	2004	2007	2011
美国	331.5	388.5	322.6	212.4	262.2	220.7	119.1	126.3	101.9
欧盟	282.9	370.3	306.5	128.2	170.8	114.9	154.7	199.5	191.6
日本	142.1	114.4	104.5	20.8	13.3	0.8	120.7	98.3	101.6
RoAI	46.1	63.6	41.5	13.7	19.9	-11.8	32.4	43.7	53.3
东欧	1.8	10.9	-2.4	-4.5	1.3	-23.8	6.3	9.6	21.3
EEx	66.1	128.9	146.2	29.8	80.6	92.8	36.4	48.3	53.4
印度	6.1	23.3	31.7	0.5	14.9	33.0	5.6	8.4	-1.3
俄罗斯	-7.0	26.7	17.3	-12.0	15.9	-2.8	5.0	10.9	20.1

续表

国家(地区)	净转入排放			贸易差额效应			污染贸易条件效应		
	2004	2007	2011	2004	2007	2011	2004	2007	2011
RoW	133.3	190.8	207.5	-18.7	12.0	11.2	152.0	178.8	196.3

注:地区分为三组:美国、欧盟、日本、其他附件Ⅰ国家(RoAⅠ)为附件Ⅰ国家;东欧、能源净出口国(EEx)、印度、俄罗斯为非附件Ⅰ国家;RoW。

资料来源:利用基于全球贸易分析数据库构建的多区域投入产出模型测算得到。

　　安特韦勒等(Antweiler 等,2001)认为国际贸易对各地区环境影响依赖于贸易模式,而贸易模式由比较优势决定。从贸易的环境影响角度来看,一地区的比较优势又是由环境规制和要素禀赋共同决定的。为分析贸易模式对碳排放的影响,本书在迪特森巴赫和默克派地埃(Dietzenbacher 和 Mukhopadhyay,2007)[①]和张友国(2015)[②]基础上,定量地分析中国国际贸易中环境影响的贸易模式。具体将环境影响的贸易模式分为五种:(1)中国污染避难所模式占主导,满足 $g_r>g_c$,同时 $\Delta fc_r<0$ 且 $\Delta fc_c>0$;(2)中国要素禀赋模式占主导,满足 $k_r<k_c$,同时 $\Delta fc_r<0$ 且 $\Delta fc_c>0$;(3)中国污染避难所模式和要素禀赋模式并存,满足 $g_r>g_c$ 且 $k_r<k_c$,同时 $\Delta fc_r<0$ 且 $\Delta fc_c>0$;(4)环境双赢模式,满足 $\Delta fc_r<0$ 且 $\Delta fc_c<0$;(5)"反比较优势"模式,不属于上面四种情形。其中,r 表示中国的贸易伙伴,c 表示中国;g 是人均国内生产总值,用来衡量地区收入水平及其代表的环境规制程度;k 是人均物质资本存量,用来衡量地区的要素禀赋;Δfc_r、Δfc_c 分别表示中国贸易伙伴和中国的净转入排放强度。

　　表3-4 显示了研究期间中国与贸易伙伴的边际净转入排放、人均物质资本存量及人均国内生产总值差异。由此识别出中国与其贸易伙伴间的贸易模式,并将其与表3-3 中净转入排放影响相结合。可以发现,研究期间中国贸易模式可分为两种情形:(1)中国与美国、欧盟、日本、其他

---

　　① Dietzenbacher,E.,Mukhopadhyay,K.,"An Empirical Examination of the Pollution Haven Hypothesis for India:Towards a Green Leontief Paradox?",*Environmental and Resource Economics*,Vol.36,No.4,2007,pp.427-449.

　　② 张友国:《碳排放视角下的区域间贸易模式:污染避难所与要素禀赋》,《中国工业经济》2015 年第8 期。

附件Ⅰ国家(RoAⅠ)、能源净出口国(EEx)的贸易中，这几个地区边际净转入排放为负，中国边际净转入排放为正，同时这五个地区人均国内生产总值高于中国。由此说明，中国与这五个地区的贸易中，污染避难所模式占主导；也说明研究期间，中国与发达经济体的贸易对中国造成了一定程度的"碳泄漏"。(2)中国与印度的贸易中，2004年、2007年印度的边际净转入排放为负，而中国边际净转入排放为正，且中国人均物质资本存量高于印度。这说明2004年、2007年中国与印度贸易中要素禀赋模式占主导，但由表3-3可知，中国与印度贸易对中国碳排放净转入影响较小。结合表3-3关于中国净转入排放分析可知，2004年、2011年中国与附件Ⅰ国家贸易导致中国存在大量"弱碳泄漏"。

表3-4　2004年、2007年、2011年中国双边贸易环境影响的贸易模式

国家(地区)		美国	欧盟	日本	RoAⅠ	东欧	EEx	印度	俄罗斯	RoW
Δfc_r	2004	−	−	−	−	−	−	−	−	−
	2007	−	−	−	−	−	−	−	−	−
	2011	−	−	−	−	−	−	+	−	−
Δfc_c	2004	+	+	+	+	+	+	+	+	+
	2007	+	+	+	+	+	+	+	+	+
	2011	+	+	+	+	+	+	−	+	+
$\Delta k_r = k_r - k_c$	2004	+	+	+	+	+	+	+	+	+
	2007	+	+	+	+	+	+	+	+	+
	2011	+	+	+	+	−	+	+	+	+
$\Delta g_r = g_r - g_c$	2004	+	+	+	+	+	+		+	+
	2007	+	+	+	+	+	+		+	+
	2011	+	+	+	+	−	+		+	+

注:地区分为三组:美国、欧盟、日本、其他附件Ⅰ国家(RoAⅠ)为附件Ⅰ国家;东欧、能源净出口国
　　(EEx)、印度、俄罗斯为非附件Ⅰ国家;RoW;表中"+""−"表示正负号。
资料来源:根据定量识别贸易模式方法,基于全球贸易分析数据库计算而来。

四、中国净转入排放的部门结构

识别贸易转移排放的部门特点有助于指导减排政策的制定。这部分主要考察两个方面:一方面,测算 2004—2011 年中国各部门净转入排放及其分解的部门特点,从整体上把握中国对外贸易过程中各部门实际承担的碳排放转入情况,并将其分解为贸易差额效应和污染贸易条件效应;另一方面,以 2011 年为例,区分中国与其主要贸易伙伴的净转入排放及其分解的部门结构,有助于识别中国贸易排放转移的区域流向及其影响因素,促进中国有的放矢地调整贸易结构、改进生产技术。

表 3-5 汇总了 2004—2011 年中国净转入排放及其分解的变化趋势。可以发现:第一,从整体来看,中国净转入排放在 2004—2007 年呈现上升趋势,由 1003.1 百万吨上升至 1317.5 百万吨;在 2007—2011 年呈现下降趋势,降至 1175.0 百万吨。研究期间,贸易差额效应的变化趋势与净转入排放的变化趋势一致,而污染贸易条件效应在 2004—2011 年始终保持上升趋势,同时是中国净转入排放的最主要原因。第二,在 2004—2011 年间,中国净转入排放主要集中在煤炭、电力、化学制品、非金属矿物、有色金属、其他制造业。同净转入排放总量变化趋势一致,大多数部门净转入排放在 2004—2007 年呈现上升趋势,在 2007—2011 年呈现下降趋势。但在研究期间,原油、天然气、金属矿物三个部门的净转入排放始终保持下降趋势,这主要由贸易差额效应为负且持续下降导致,说明 2004—2011 年这三个部门相对更依赖从国外进口,这可能与中国产业结构和能源结构调整有关。电力的净转入排放在 2004—2011 年始终保持上升趋势,从 2004 年的 583.6 百万吨上升至 2011 年的 822.9 百万吨,这是由贸易差额效应和污染条件效应共同决定的。第三,从各部门净转入排放分解来看,2004—2011 年中国农业、金属矿物、非金属矿物的净转入排放主要由贸易差额效应决定,其中金属矿物的净转入排放及贸易差额效应在 2007—2011 年为负。研究期间,煤炭、天然气、电力、化学制品、金属制品、运输业和其他服务业的净转入排放主要由污染贸易条件效应主导。这七个部门集中在能源生产部门和能源密

集型部门,以及运输业和其他服务业部门①,同时污染条件效应显著为正,说明相较于同类进口品中国各部门生产供应链需要更多化石能源投入。

表3-5 2004年、2007年、2011年中国净转入排放及其分解的部门特点

(单位:百万吨)

部门	净转入排放			贸易差额效应			污染贸易条件效应		
	2004	2007	2011	2004	2007	2011	2004	2007	2011
C1	13.9	14.9	9.9	16.0	17.5	13.9	-2.0	-2.7	-4.0
C2	40.9	44.9	40.1	18.5	19.8	8.9	22.4	22.8	29.4
C3	4.2	3.0	-6.4	-10.6	-14.1	-21.6	14.1	16.6	14.9
C4	2.2	1.6	-11.3	-14.2	-18.1	-43.5	16.4	19.6	32.2
C5	10.6	11.1	4.7	4.4	9.0	4.5	6.2	2.1	0.2
C6	583.6	809.8	822.9	218.5	342.4	225.7	365.1	467.4	597.3
C7	2.3	-2.9	-17.7	1.5	-1.9	-10.8	0.9	-1.0	-6.9
C8	52.7	75.1	63.3	18.2	35.7	43.5	34.4	39.4	19.8
C9	78.2	86.3	73.5	40.0	53.0	56.8	38.2	33.3	16.7
C10	72.7	105.7	101.8	26.7	54.8	71.5	45.9	51.0	30.3
C11	16.6	18.3	12.9	7.5	7.6	7.6	9.1	10.7	5.3
C12	99.3	106.4	82.8	45.8	58.9	61.8	53.5	47.5	21.1
C13	15.7	30.3	-11.9	-0.4	25.9	16.1	16.1	4.4	-28.0
C14	0.0	0.1	-0.2	-0.2	-0.2	-0.3	0.2	0.2	0.1
C15	10.2	12.9	10.6	-1.4	0.6	0.8	11.6	12.3	9.8
合计	1003.1	1317.5	1175.0	370.3	590.9	434.9	632.1	723.6	738.2

注:为简化表格,表中部门名称以符号表示,下同。具体对应关系如下:农业C1、煤炭C2、原油C3、天然气C4、成品油C5、电力C6、金属矿物C7、化学制品C8、非金属矿物C9、有色金属C10、金属制品C11、其他制造业C12、运输业C13、建筑业C14、其他服务业C15。

资料来源:利用基于全球贸易分析数据库构建的多区域投入产出模型测算得到。

---

① 运输服务需要大量化石能源投入,如成品油;其他服务业碳排放主要来自生产供应链的中间投入。

　　为了识别中国净转入排放及其分解的部门特点,以 2011 年为例,选取中国与美国、欧盟、日本、印度、俄罗斯贸易的净转入排放进行分解分析。美国、欧盟、日本三大发达经济体是中国净转入排放的主要经济体,印度、俄罗斯两大新兴经济体与中国的贸易往来逐渐密切,在中国净转入排放比重有所上升。因此,本书以美国、欧盟、日本三大经济体,印度、俄罗斯两大新兴经济体为例,分析中国净转入排放及其分解的部门结构。

　　表 3-6 汇总了 2011 年中国对美国、欧盟、日本三大发达经济体净转入排放及其分解的部门结构。可以看出,2011 年中国对美国、欧盟、日本的净转入排放分别为 322.5 百万吨、306.5 百万吨、102.8 百万吨,其中中美净转入排放主要来自贸易差额效应,占比为 68%,中欧、中日净转入排放由污染贸易条件效应主导,比重分别为 63%、99%。从部门特点来看,中美净转入排放主要集中在煤炭、电力、化学制品、非金属矿物、有色金属、其他制造业、运输业,这与表 3-5 中国净转入排放的部门特点相似。中美煤炭部门的净转入排放 57.5% 由污染贸易条件效应决定,电力、化学制品、非金属矿物、有色金属、其他制造业、运输业的净转入排放很大程度由贸易差额效应主导,其中运输业污染贸易条件为负。中欧净转入排放主要体现在煤炭、电力、化学制品、非金属矿物、有色金属、其他制造业,大致与中美净转入排放的部门特点相同。中欧煤炭、电力、化学制品由污染贸易条件效应造成的净转入排放比重分别为 51%、70%、59%,非金属矿物、有色金属、其他制造业由贸易差额效应造成的净转入排放比重分别为 53%、54%、50%。中日贸易的净转入排放主要集中在电力、化学制品、非金属矿物、有色金属、其他制造业、运输业,所占比重分别为 68%、5%、5%、6%、7%、3%。中日双边贸易造成中国碳排放“净转入”的六个部门,其净转入排放都是由于中日生产技术、贸易结构差异引致的污染贸易条件效应决定,其中电力、有色金属部门贸易差额效应为负。从 2011 年中国净转入排放的两项分解来看,大多数部门贸易差额效应和污染贸易条件效应为正,体现了中国出口大国地位,以及生产技术相对落后和贸易结构亟须转型的基本事实。

表3-6　2011年中国对美国、欧盟、日本三大发达经济体各部门净转入排放及其分解

（单位：百万吨）

部门	净转入排放			贸易差额效应			污染贸易条件效应		
	美国	欧盟	日本	美国	欧盟	日本	美国	欧盟	日本
C1	2.4	3.3	1.5	4.2	4.4	1.4	-1.9	-1.1	0.1
C2	8.5	8.3	1.8	3.6	4.1	1.8	4.9	4.3	0.0
C3	0.7	1.2	0.3	0.3	0.8	0.3	0.4	0.3	0.0
C4	-0.3	0.7	0.3	-1.8	-0.6	0.1	1.5	1.3	0.1
C5	2.2	3.5	1.0	3.2	1.8	-0.2	-1.0	1.7	1.2
C6	207.8	198.7	69.7	121.0	58.8	-1.6	86.8	139.9	71.2
C7	1.6	1.7	0.7	1.7	1.1	0.8	-0.1	0.5	-0.1
C8	18.0	17.5	4.8	12.3	7.2	0.8	5.7	10.2	4.0
C9	16.3	16.8	5.4	10.6	8.9	2.2	5.7	7.9	3.2
C10	25.4	23.8	5.8	16.4	12.9	-2.0	9.1	10.9	7.7
C11	4.1	3.6	1.5	2.6	1.7	0.3	1.5	1.9	1.2
C12	22.6	19.8	6.8	19.4	9.8	1.6	3.2	10.0	5.1
C13	9.9	4.5	2.6	25.7	3.6	-3.9	-15.9	0.9	6.5
C14	0.0	0.0	0.0	0.0	0.0	0.0	0.0	0.1	0.0
C15	3.3	3.1	0.6	1.4	0.3	-0.6	1.9	2.8	1.2
合计	322.5	306.5	102.8	220.6	114.8	1.0	101.8	191.6	101.4

资料来源：利用基于全球贸易分析数据库构建的多区域投入产出模型测算得到。

2011年中国对美国、欧盟、日本三大发达经济体的净转入排放占中国净转入排放比重为62.4%，中国对印度、俄罗斯的净转入排放占中国净转入排放比重仅为4.2%。印度、俄罗斯作为新兴经济体国家，在国际贸易和中国双边贸易中的地位日渐显现，分析中印、中俄净转入排放及其分解的部门特点具有重要现实和政策意义。表3-7描绘了2011年中国对印度、俄罗斯的净转入排放及其分解的部门结构。可以看出，2011年中国对印度、俄罗斯的净转入排放分别为31.67百万吨、17.29百万吨，其中中印贸易差额效应、污染贸易条件效应引致的中国净转入排放分别为32.99百万吨、-2.83百万吨，中俄贸易差额效应、污染贸易条件效应分别为-1.28百万吨、20.11百万吨。这说明中印双边贸易以中国净出口

为主且中国生产技术和出口结构更为清洁,中俄双边贸易中中国为净进口国,同时中国生产技术和出口结构更为肮脏。从部门特点来看,同美国一样,中印净转入排放主要集中在煤炭、电力、化学制品、非金属矿物、有色金属、其他制造业、运输业,这部分由中国各部门在国际贸易中比较优势决定。中印煤炭、电力部门净转入排放中分别52%、60%,由污染贸易条件效应决定,化学制品、非金属矿物、有色金属、其他制造业、运输业的净转入排放完全由贸易差额效应主导,并且这五个部门污染贸易条件效应为负。中俄净转入排放主要体现在电力和能源密集型部门,如化学制品、非金属矿物、有色金属、其他制造业,中俄净转出排放集中在能源生产部门,如原油、天然气、成品油,以及金属矿物部门和运输业部门。中俄电力净转入排放完全由污染贸易条件效应决定,此时贸易差额效应为-6.85百万吨,中俄化学制品、非金属矿物、有色金属、其他制造业的净转入排放主要由贸易差额效应决定。值得注意的是,中俄能源生产部门,如原油、天然气、成品油,以及金属矿物部门的净转入排放主要由贸易差额效应引致,污染贸易条件效应始终为正,这说明中俄能源生产部门双边贸易中,中国是净进口国,并且能源生产技术更为落后。从2011年中国净转入排放两项分解来看,大多数部门贸易差额效应为正,体现了中国出口大国地位;中印大多数部门污染贸易条件效应为负,中俄农业、化学制品、有色金属、金属矿物、运输业污染贸易条件效应为负,体现了中国与印度、俄罗斯贸易中的生产技术和贸易结构差异。

表3-7 2011年中国对印度、俄罗斯的部门净转入排放及其分解

(单位:百万吨)

部门	净转入排放		贸易差额效应		污染贸易条件效应	
	印度	俄罗斯	印度	俄罗斯	印度	俄罗斯
农业	0.36	0.23	0.29	0.69	0.08	-0.46
煤炭	1.48	0.68	0.71	-0.46	0.78	1.14
原油	0.15	-0.44	0.24	-2.18	-0.08	1.74
天然气	-0.14	-0.11	-0.37	-3.96	0.23	3.85
成品油	0.06	-0.15	0.32	-0.65	-0.25	0.49

部门	净转入排放		贸易差额效应		污染贸易条件效应	
	印度	俄罗斯	印度	俄罗斯	印度	俄罗斯
电力	19.48	9.12	7.70	−6.85	11.78	15.97
金属矿物	−1.94	−0.68	−0.84	−0.24	−1.10	−0.44
化学制品	3.26	1.43	4.32	2.39	−1.06	−0.96
非金属矿物	2.51	2.28	4.81	2.16	−2.31	0.12
有色金属	2.02	2.38	9.93	2.67	−7.91	−0.29
金属制品	0.52	0.51	0.99	0.01	−0.46	0.49
其他制造业	2.46	2.56	3.3	2.24	−0.84	0.33
运输业	1.17	−0.8	1.32	1.23	−0.15	−2.03
建筑业	0	0.01	0	0	0	0.01
其他服务业	0.28	0.27	0.27	0.12	0.01	0.15
合计	31.67	17.29	32.99	−2.83	−1.28	20.11

资料来源:利用基于全球贸易分析数据库构建的多区域投入产出模型测算得到。

五、转移排放的国际比较

由基于全球贸易分析数据库构建的多区域投入产出模型测算可知，2004—2011 年间，全球贸易转移排放由 5107.2 百万吨上升至 5948.4 百万吨，且 2004—2011 年间全球贸易转移排放占全球生产侧排放接近 1/4。由此说明，国际贸易对全球碳排放的区域结构具有重要作用。接下来选择以转移排放为指标，比较中国与世界其他国家（地区）在国际贸易中的环境转移。表3-8 报告了各地区贸易转移排放在全球贸易转移排放总量中的地位。可以看到，2004—2011 年间中国转入排放份额保持上升趋势，由 2004 年的 25.13%上升为 2011 年的 28.19%，始终保持世界第一，中国转出排放的世界份额也始终保持前列。研究期间，美国、欧盟、日本的转入排放份额始终低于其转出排放份额，这与发达经济体的出口规模、出口结构以及生产技术更加低碳化密切相关。印度、俄罗斯属于金砖国家，转入排放份额较高且始终高于转出排放份额，如 2011 年印度、俄罗斯的转入排放份额分别为 4.74%、5.38%，而转出排放份额分别为

3.49%、2.72%。综上所述,中国对外贸易过程中的碳排放成本巨大,且远高于其他贸易大国如美国、日本等。

表3-8　2004年、2007年、2011年各国家(地区)对外贸易转移排放的世界份额

(单位:%)

国家(地区)	转入排放份额			转出排放份额		
	2004	2007	2011	2004	2007	2011
美国	10.21	9.92	10.83	22.96	21.04	17.84
欧盟	10.40	10.26	10.64	26.49	25.10	22.27
日本	3.27	3.60	3.01	8.31	6.65	6.43
RoA I	7.38	6.88	6.39	6.59	6.66	6.49
东欧	5.01	4.37	4.51	2.02	2.22	1.88
EEx	11.82	11.33	11.95	8.79	10.47	12.00
中国	25.13	29.34	28.19	5.49	6.08	8.43
印度	3.14	3.64	4.74	1.81	2.65	3.49
俄罗斯	8.10	6.16	5.38	1.92	2.88	2.72
RoW	15.54	14.48	14.36	15.61	16.25	18.45

综上所述,本章基于全球贸易分析数据库构建的多区域投入产出模型,测算和分析全球生产网络下附件Ⅰ国家与非附件Ⅰ国家的碳排放区域转移效应,并重点考察中国贸易转移排放的(国别)区域流向、部门特点。此外,本章对中国净转入排放进行分解分析,将其与环境的贸易模式相结合,得到的主要结论有:

第一,2004—2011年附件Ⅰ国家对非附件Ⅰ国家的"净转出排放"规模较高,这意味着全球生产网络下为满足附件Ⅰ国家最终需求,引致非附件Ⅰ国家存在大量的"净转入排放"。其中,中国是附件Ⅰ国家转出排放的最主要经济体,约承担附件Ⅰ国家对非附件Ⅰ国家转出排放的49.4%—54.7%。此外,附件Ⅰ国家对非附件Ⅰ国家贸易转移排放主要以中间品贸易为载体,这与全球生产网络下国际分工深化、非附件Ⅰ国家参与国际分工程度加深和范围扩大密切相关。

第二,研究期间,中国转入排放占生产侧排放比重为24.89%—

32.21%,这说明中国生产排放中约 1/4 甚至 1/3 为满足外国最终需求所致。此外,2004—2011 年中国转入排放远远高于转出排放,这表明中国为满足外国需求而引致大量的碳排放"净转入"。其中,中国对美国、欧盟、日本的净转入排放比重为 62%—75%,呈现下降趋势;中国对发展中国家的净转入排放量远小于发达经济体,但呈现上升趋势。

第三,进一步地,为了分析中国净转入排放的影响因素,将中国与其贸易伙伴的净转入排放分解为贸易差额效应和污染贸易条件效应。分解结果发现,贸易差额效应是中国对美国、能源净出口国(EEx)净转入排放的最主要原因;对于其他国家而言,污染贸易条件效应则是解释净转入排放的最主要原因。从碳排放影响的贸易模式来看,中国与美国、欧盟、日本、其他附件 I 国家(RoA I)、能源净出口国(EEx)的贸易中污染避难所模式占主导,2004—2007 年中国与印度的贸易中,要素禀赋模式占主导。

第四,2004—2011 年间,中国净转入排放主要集中在煤炭、电力、化学制品、非金属矿物、有色金属、其他制造业。从各部门净转入排放分解来看,2004—2011 年中国农业、金属矿物、非金属矿物的净转入排放主要由贸易差额效应决定。煤炭、天然气、电力、化学制品、金属制品、运输业和其他服务业的净转入排放主要由污染贸易条件效应主导,这说明相较于同类进口品中国这七个部门生产供应链中需要更多化石能源投入。

第五,比较各地区贸易转移排放在全球贸易转移排放总量中的地位,发现 2004—2011 年间中国转入排放份额保持上升趋势,始终保持世界第一,中国转出排放的世界份额也始终保持前列。研究期间,美国、欧盟、日本的转入排放份额始终低于其转出排放份额,印度、俄罗斯转入排放份额较高且始终高于转出排放份额。总之,中国对外贸易过程中的碳排放成本巨大,且远高于其他贸易大国如美国、日本等。

第四章　包含贸易政策和减排政策
扩展的全球贸易分析模型

从第三章研究结果可知,国际贸易作为媒介将促使碳密集型产业由附件Ⅰ国家向非附件Ⅰ国家转移,其中中国承担了附件Ⅰ国家转出排放的 49.4%—54.7%(见图3-3)。此外,2004—2011 年中国对外贸易过程中存在大量的净转入排放,这从"历史评估"角度说明中国贸易自由化历史进程中无法忽视的碳排放影响及其区域转移效应。贸易自由化进程呈现动态发展趋势,全面分析贸易自由化的碳排放影响,不仅需要对历史进程伴随的贸易转移排放进行实证评估,而且应该考察未来贸易自由化趋势对碳排放的潜在影响。能源环境拓展的全球贸易分析模型属于多区域多部门可计算一般均衡模型,包含贸易模块、能源和碳排放模块,在此基础上可将其扩展为包含贸易政策、减排政策的全球环境可计算一般均衡模型,并将其运用于未来贸易自由化进程对碳排放影响的"预测模拟"分析。具体来说,本书在能源环境拓展的全球贸易分析模型框架下扩展贸易政策和减排政策,首先对不同贸易自由化政策的碳排放影响进行预测模拟(见第五章),接着将贸易自由化政策与减排政策相结合,综合考察两项政策协同作用对低碳经济发展的潜在影响(见第六章)。

本书主要研究贸易自由化和全球气候变化背景下,贸易自由化进程带来的经济—能耗—碳排放影响。结合第一章国内外相关研究可知,能源环境拓展的全球贸易分析模型是研究贸易自由化政策、贸易政策和减排政策对碳排放影响的重要预测模拟工具。在进行政策预测前,本章首先从能源环境拓展的全球贸易分析模型的发展和基本结构对该方法进行说明,并结合本书研究目的对全球贸易分析数据库进行处理并对模型进行校准。其次,根据能源环境拓展的全球贸易分析模型经济系统的平衡性、价格齐次性、模拟结果平衡性、模拟结果可信性,检验模型的有效性和准确性。再次,基于不同外生冲击和弹性值对能源环境拓展的全球贸易分析模型进行敏感性检验。最后,结合研究内容对能源环境拓展的全球贸易分析模型框架下,贸易自由化政策和减排政策对经济—环境影响的传导机制进行梳理。

第一节　模型描述

一、能源环境拓展的全球贸易分析模型的发展

能源环境拓展的全球贸易分析模型是新古典贸易框架下的静态多区域多部门的环境可计算一般均衡模型,该模型是伯尼奥和特龙(Burniaux和Truong,2002)在全球贸易分析模型基础上,通过在生产模块新增能源替代性等特征构建,并由麦克杜格尔和古卢布(McDougall和Golub,2007)进一步在算法、数据、福利分解等方面进行了修改。全球贸易分析模型由美国普渡大学教授赫特尔所在的团队于1993年正式构建出来。该模型是在新古典经济理论框架下构建的多区域多部门的可计算一般均衡模型,详细描述了各地区生产者、消费者等经济主体的行为,并通过国际贸易将各地区的子模型连接成多区域多部门的一般均衡模型。全球贸易分析模型可以通过情景模拟对政策的可能影响进行定量分析且效果良好,能够对政策选择和决策提供比较准确的参考,因此该模型被广泛应用于对国际经济的分析。随着全球性环境问题日益突出,考察各地区政策对全球的经济和环境影响十分迫切,能源环境拓展的全球贸易分析模型应运而生。

能源环境拓展的全球贸易分析模型与全球贸易分析模型的区别在于生产模块的设计,前者在后者基础上将生产模块中的能源投入与其他非能源中间投入进行了区分,考虑了能源投入与其他基本生产要素(如劳

动力、资本等)的替代。此外,为了与其他环境可计算一般均衡模型相区别,能源环境拓展的全球贸易分析模型的能源投入部分有两个重要特点①:第一,能源的供需系统以"自下而上"方式实现局部均衡,经济系统以"自上而下"方式构建,两个子系统通过"桥接"方式连接实现整个经济系统均衡;第二,从理论与经济研究角度得出,能源—资本在短期是互补关系、长期是替代关系。在此基础上,能源环境拓展的全球贸易分析模型可以更准确地追溯生产过程中的能源消耗,以考察经济政策(如贸易政策等)和环境政策(如减排、排放许可、排放交易、碳税等)产生的"经济—能源—碳排放"影响。介绍完能源环境拓展的全球贸易分析模型的发展过程之后,下面将对能源环境拓展的全球贸易分析模型的基本结构和特点进行说明。

二、能源环境拓展的全球贸易分析模型的基本结构

能源环境拓展的全球贸易分析模型的基本结构同全球贸易分析模型相同,通过经济主体之间的关系,描述了多区域开放型经济系统内的基本互动关系。具体地说,经济系统内部各经济主体的行为构成能源环境拓展的全球贸易分析模型的各个子模块,如生产者在技术约束下追求利润最大化构成生产模块、消费者在预算约束下追求效用最大化构成消费模块等,最后各个模块通过市场机制在一定的闭合准则下实现经济系统均衡。如图4-1所示,以价值流角度描绘了各经济主体、各模块如何通过价格传导机制实现经济系统的均衡。

能源环境拓展的全球贸易分析模型的经济主体包括家庭、政府、生产者,以及世界或世界其他地区相关的组织机构。假定 r 地区的私人家庭和政府合称为"r 地区家庭",则 r 地区的家庭总支出包括家庭消费、政府消费以及储蓄三个部分,其最重要的收入源自生产者对要素的投入需求。其中,家庭消费和政府消费都包括国内产品、进口产品两个部分,国内产品需求是 r 地区生产者在要素投入、中间投入(国内及进口)基础上生产

---

① 详见第一章关于环境 CGE 模型的技术拓展。

产出的重要部分。由此,家庭总支出根据效用最大化理论,在私人消费、政府消费以及储蓄之间分配;生产者基于成本最小化在中间投入、要素之间取舍,国内产品、进口产品无论是用于最终消费或中间投入,都根据相对价格差异实现国际收支平衡,而国内产出的去向同样根据相对价格差异以不变转换弹性进行分配。

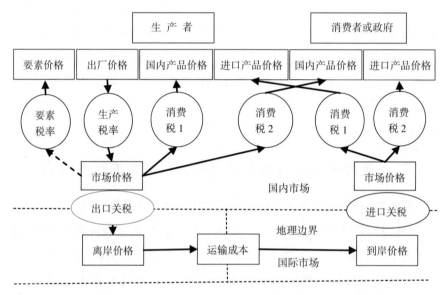

图 4-1 能源环境拓展的全球贸易分析模型结构的价格传导

注:图中消费税 1 和消费税 2 分别指工业消费税率、私人或政府消费税率。

前面描述了经济主体之间的互动关系,同时也初步说明了各个市场的局部均衡以及整个经济系统的一般均衡都主要依赖于产品及要素的价格传导。图 4-1 以更加细致的方式,从各个经济主体、各个模块涉及的价格因素,详细地刻画了经济系统如何通过价格传导机制实现均衡。从生产者角度来说,其生产过程需要要素投入、中间产品投入,要素投入完全来自国内市场、中间产品投入则来自国内市场以及国际市场。要素投入者以市场价格定价,由于存在要素税率生产者将以纳入要素税率的代理者价格购买,要素的供给和需求根据价格变化实现平衡,要素市场达到局部均衡状态。消费者或政府部门主要涉及产品的最终需求,两者的产品消费都来自国内市场和国际市场两个部分,结合生产者的中间产品投入需求,可以发现:国内经济主体对产品的最终需求可以分为中间产品需求以及最终产品需求,并且这两部分需求都涉及国内产品以及进口产品两个来源。因此,生产者对国内产品的中间投入需求、消费者或政府对国内产品的最终需求,构成了国内市场对国内产品的总需求,但是三个经济主体购买国内产品的价格则分别是在市场价格基础上,纳入工业消费税、私人消费税、政府消费税得到,且根据相对购买价格的差异,总需求在三者之间进行分配。国内产品的供给是生产者产出的一部分,出口是生产者产出的另一个重要去向,其中国内产品的供给价格是国内产品的国内市场价格,出口产品的价格则是世界出口价格包括出口关税、运输成本的价格,利用国内供给价格与出口价格的相对价格差异实现国内产品的分配。进口市场类似,国内市场的各个经济主体根据国内产品与进口产品的相对价格差异进行选择,从而实现效用最大化、利润最大化。根据瓦尔拉斯均衡法则,整个经济系统在价格传导机制下实现均衡。分析完能源环境拓展的全球贸易分析模型的基本结构及价格传导机制,下面将结合本书的研究目标具体对能源环境拓展的全球贸易分析模型的生产模块、消费模块、国际贸易、碳排放模块以及市场均衡及闭合规则进行描述。

(一)生产模块

本书采用能源环境拓展的全球贸易分析模型,其部门总产出由资本、劳动、能源和其他中间投入的多层嵌套的不变替代弹性生产函数描述,同时假设生产者追求成本最小化以实现最优的要素投入组合。生产模块包括五种基本的生产要素:土地、技术劳动力、非技术劳动力、资本和自然资源,以及中间产品投入,其中将能源投入与其他中间投入分离是能源环境拓展的全球贸易分析模型区别于全球贸易分析模型的关键(见图4-2和图4-3)。

具体来说,能源环境拓展的全球贸易分析模型的生产模块涉及两个重要部分:一个是产品的生产结构,另一个是资本—能源的复合结构。图4-3所示为能源环境拓展的全球贸易分析模型的生产结构,说明经济系统的产出共包括三层不变替代弹性生产函数的嵌套:第一层是"增加值—能源束"与非能源中间投入的嵌套,这一层的替代弹性为0,说明"增

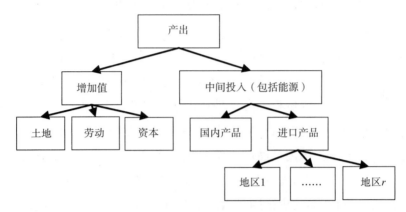

图 4-2　全球贸易分析模型的生产结构图

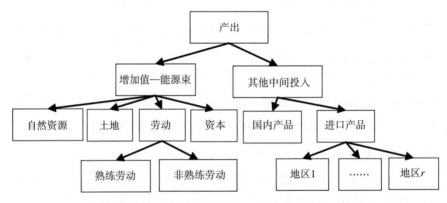

图 4-3　能源环境拓展的全球贸易分析模型的生产结构图

加值—能源束"与非能源中间投入产品之间不存在替代性,属于不变替代弹性生产函数的特殊情形。第二层的左边模块描述各生产要素与能源中间投入的复合,这部分将其他生产要素与能源相分离,而资本、能源以一定的方式构成"资本—能源"投入;第二层的右边模块描述非能源中间投入是由国内产品、进口产品以不变的替代弹性嵌套构成。第三层嵌套同样以不变替代弹性生产函数形式说明了劳动力、资本—能源、进口产品来源的嵌套方式,其中"资本—能源"复合是生产模块的重点。图 4-4 描述了资本与能源中间投入聚合形成"资本—能源"投入束的结构,这部分不仅说明了资本、能源存在一定的替代性,而且假设了各种能源投入之间可以相互替代。"资本—能源"由资本、能源合成束通过不变替代弹性函数构成,其中资本、能源合成束的替代弹性以 σ_{KE} 表示。资本、能源合成束之间存在替代关系,意味着资本、能源的相对价格变化将引起生产过程中能源产品的投入变化,这一假设能够更加准确地分析政策变化导致的能耗、碳排放影响。此外,能源合成束的形成结构中将区分电力、非电力能源束,并在非电力能源部分将煤炭与其他能源投入分离;同时所有的能源产品投入都是国产品与进口品的复合,且能源产品之间存在一定的替代性。能源束的结构,通过将不同污染密集度的能源进行区分,有助于考察经济系统的能源结构变化。生产模块中涉及的所有替代弹性,均以全球贸易分析第9版数据库(2011年)提供的数据为准。

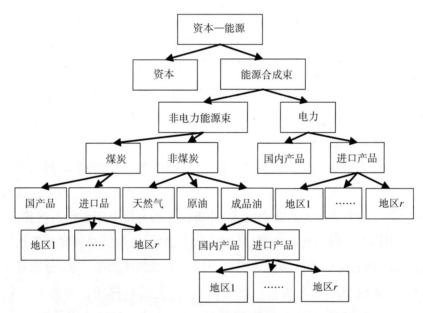

图4-4　能源环境拓展的全球贸易分析模型的资本—能源复合结构

从能源环境拓展的全球贸易分析模型的生产结构可知,不变替代弹性生产函数①贯穿整个生产模块。根据生产者成本最小化的最优投入组合,可以将生产模块中每一层级的生产决策表示如下:

---

① 里昂惕夫生产函数属于替代弹性为0的不变替代弹性生产函数形式。

$$\min\ (PVAEN_{i,r}VAEN_{i,r} + PN_{i,r}ND_{i,r})$$
$$\text{s.t.}\ XP_{i,r} = A_{i,r}(a_{vaeni,r}VAEN_{i,r}{}^{\rho_{aveni,r}} + a_{ndi,r}ND_{i,r}{}^{\rho_{aveni,r}})\ 1/\rho_{aveni,r} \tag{4.1}$$

式(4.1)表示生产结构第一层级的最优化决策。其中,$XP_{i,r}$表示r地区i部门的国内总产出;$VAEN_{i,r}$、$ND_{i,r}$分别表示为了实现最优产出所需投入的"增加值—能源"投入合成束,以及非能源中间合成束[①];$PVAEN_{i,r}$、$PN_{i,r}$分别表示满足成本最小化时"增加值—能源"投入合成束、非能源中间合成束的价格;$a_{vaeni,r}$、$a_{ndi,r}$表示生产中"增加值—能源"投入合成束、非能源中间合成束的投入价值占总成本的份额,在模型中利用基准数据进行校准,并且作为外生系数而保持不变;$A_{i,r}$表示r地区i部门的总生产技术变动,这是由地区技术变动、各层级技术变动等加权得到;$\rho_{vaeni,r}$表示替代弹性指数,$1/(1-\rho_{vaeni,r})$表示生产过程中两种投入的替代弹性。通过构造拉格朗日函数求解非线性方程,但由于整个模型涉及繁杂的非线性方程组以及整个系统均衡。为了能源环境拓展的全球贸易分析模型的应用和实现,模型涉及的方程都进行线性化处理(见附录4-1),因此本章接下来的模型介绍都以线性化结果进行说明。

(二)消费模块

能源环境拓展的全球贸易分析模型(GTAP-E)对消费模块的处理沿袭全球贸易分析模型,假设每个区域存在一个代表性的家庭,该家庭通过其拥有的生产要素等方式获得收入,并将收入的一部分用于私人消费,剩余部分则用于政府消费和储蓄,且假设私人消费、政府消费和储蓄的比例是既定不变的,此即为消费模块的第一层。消费模块的第二层,分别对全球贸易分析模型中私人消费与政府消费、储蓄进行描述。如图4-5所示,政府消费结构以柯布—道格拉斯(Cobb-Douglas,CD)效用函数表示,并且将能源消费、非能源消费相分离,同时假设能源、非能源的替代弹性小于能源之间的替代弹性。如图4-5所示,私人消费结构以固定差异替代(Constant-Difference of Elasticities,CDE)的支出函数表示,这意味着如

---

① 根据能源环境拓展的全球贸易分析模型设定,非能源中间合成束由各种非能源中间投入通过里昂惕夫生产函数合成。

果固定差异弹性函数中所有的能源产品具有相同的收入弹性、替代弹性，那么这些能源产品的每个部分将以同样的参数复合成"能源束"。固定差异弹性效用函数描述了私人消费中对能源束、非能源束的需求结构，而私人消费关于能源束中各能源产品的复合采用不变替代弹性结构描述。综上所述，替代弹性的大小对于描述经济主体的行为十分重要，本书所涉及的所有弹性值参见全球贸易分析第 9 版数据库（2011 年）的参数值部分。

具体地说，政府消费和私人消费都遵循"效用最大化"原则，但政府消费的效用函数以柯布—道格拉斯效用函数为主，线性化求解出的 r 地区 i 部门的政府消费需求见式（4.2）。类似地，私人消费为了保证对能源产品具有相同的收入弹性和替代弹性，采用固定差异弹性支出函数，线性化求解出 r 地区 i 部门的私人消费需求见式（4.3）。

$$qg(i,r) - pop(r) = ug(r) - ELGUG(r) \times \left[pg(i,r) - pgov(r) \right]$$

$$(4.2)$$

$$qp(i,r) - pop(r) = sum\left[k, UP\_COMM, EP(i,r,k) \times pp(k,r) \right] + EY(i,r) \times \left[yp(r) - pop(r) \right]$$

$$(4.3)$$

其中，式（4.2）、式（4.3）都表示政府消费和私人消费最上层的消费结构。$qg(i,r)$、$qp(i,r)$ 分别表示 r 地区 i 部门的政府消费和私人消费变化百分比；$ug(r)$ 表示每单位政府消费对效用影响的百分比变化；$pop(r)$ 表示 r 地区人口变化百分比；$pg(i,r)$、$pgov(r)$ 分别表示 r 地区 i 部门政府消费的价格指数，以及 r 地区政府消费的平均价格指数；$pp(k,r)$、$yp(r)$ 分别表示 r 地区 k 部门的私人消费价格百分比变化，以及 r 地区家庭总收入变化；$ELGUG(r)$、$EP(i,r,k)$、$EY(i,r)$ 分别表示政府消费第一层的替代弹性，私人消费的替代弹性、收入弹性。上述两式说明 r 地区 i 部门政府消费量与该地区人口变动、该部门产品与其他产品的替代性及其价格变化相关；而私人消费不仅与人口变化、价格变化相关，还与收入、收入弹性等相关。

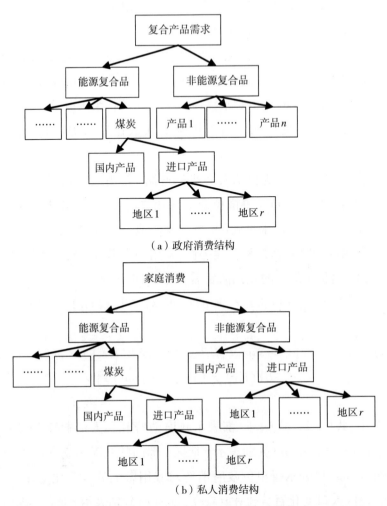

（a）政府消费结构

（b）私人消费结构

图 4-5 能源环境拓展的全球贸易分析模型的政府消费和私人消费结构

（三）国际贸易

模型中商品来自不同的国家（地区），因此在考虑一国商品的供给和需求结构时需要区分国内产品和进口产品，能源环境拓展的全球贸易分析模型根据阿明顿（Armington）假设，认为国内产品、进口产品之间存在不完全替代关系（见图 4-6）。因此，特定国家（地区）对某种产品的总需求是国内产品与进口产品的不变替代弹性函数加总，而该国或地区关于某种产品的总产出则以常转换弹性函数（Constan Elasticity of Transformation，CET）

在国内市场与世界市场之间进行分配。最后,总需求的不变替代弹性函数仍追求效用最大化,总供给的常转换弹性函数遵循成本最小化假设,实现商品在国内市场和世界市场之间的最优分配关系。值得一提的是,能源环境拓展的全球贸易分析模型中的各地区都遵循"小国"假设,初级要素的世界价格外生给定。

进口产品与国内产品之间的替代性采用不变替代弹性函数表示,这与生产模块相同,线性化之后可以得到 s 地区对 r 地区 i 部门产品的进口需求为:

$$qxs(i,r,s) = - ams(i,r,s) + qim(i,s) - ESUBM(i) \times$$
$$[pms(i,r,s) - ams(i,r,s) - pim(i,s)] \tag{4.4}$$

其中,$qxs(i,r,s)$ 表示 s 地区对 r 地区 i 部门的进口需求;$ams(i,r,s)$ 表示技术进步;$qim(i,s)$ 表示 s 地区 i 部门的总进口变化;$pms(i,r,s)$、$pim(i,s)$ 表示 s 地区进口 r 地区 i 部门产品的价格指数变化,以及 s 地区 i 部门进口平均价格指数变化;$ESUBM(i)$ 表示 s 地区进口 i 部门产品不同国家来源之间的替代弹性。

出口结构的常转换弹性函数及其求解(构造拉格朗日函数)、线性化过程也大致相似,但值得注意的是,在不变替代弹性函数中,替代弹性与替代弹性指数之间的关系为:$\sigma = 1/(1-\rho)$,而不变转换弹性函数中不变转换弹性与其对应指数之间关系为:$\sigma = 1/(\rho-1)$。

(四)碳排放模块

能源环境拓展的全球贸易分析模型在计算经济系统中碳排放时,直接地将碳排放与能源消耗联系,通过生产和消费各环节的能耗计算碳排放。具体来说,如伯尼奥和特龙(Burniaux 和 Truong,2002)所述,能源环境拓展的全球贸易分析模型中 r 地区能源产品 e 的碳排放可以表示如下:

$$CO_2(r,e) = \left| \frac{C(e)}{V(e)} \right| \left| \frac{V(e)}{Q(e)} \right| \{ \sum_j [QFD(e,j,r) + QFM(e,j,r)] +$$
$$QPD(e,r) + QPM(e,r) + QGD(e,r) + QGM(e,r) \} \tag{4.5}$$

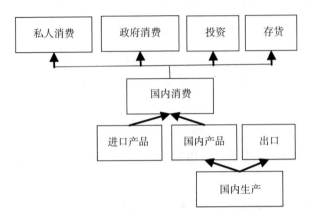

图4-6 能源环境拓展的全球贸易分析模型中的商品基本供需关系

其中,j 表示商品种类,(C/V) 衡量能源的单位碳排放,(V/Q) 表示每单位产出中能源 e 的投入量,$(C/V)(V/Q)$ 将能源产品的实物量转化为碳排放量。大括号中包括了经济系统所有涉及能源消耗的环节,如国内外中间投入 $\sum_j [QFD(e,j,r)+QFM(e,j,r)]$、私人消费 $[QPM(e,r)+QPD(e,r)]$ 以及政府消费 $[QGD(e,r)+QGM(e,r)]$ 涉及的能源消耗。

麦克杜格尔和古卢布(McDougall 和 Golub,2007)则完全从产品使用的不同环节计算碳排放,并且假设产品在不同使用环节的碳排放强度不同,且在同一使用环节的产品也会由于来自不同国家而导致碳排放强度不同。因此,r 地区 i 部门的碳排放可以表示如下:

$$
\begin{aligned}
CO_2(r,i) = &\sum_j INTFD(i,j,r)QFD(i,j,r) + \\
&\sum_j INTFM(i,j,r)QFM(i,j,r) + \\
&INTPD(i,r)QPD(i,r) + INTPM(i,r)QPM(i,r) + \\
&INTGD(i,r)QGD(i,r) + INTGM(i,r)QGM(i,r)
\end{aligned}
$$

$$(4.6)$$

其中,$INTFD(i,j,r)$、$INTFM(i,j,r)$ 表示国内外中间投入产品的碳排放强度,$INTPD(i,r)$、$INTPM(i,r)$ 表示国内外私人消费产品的碳排放强度,$INTGD(i,j,r)$、$INTGM(i,r)$ 表示国内外政府消费产品的碳排放强度。

r 地区 i 部门碳排放量的百分比变化可表示为：

$$CO_2(r,i) \times gCO_2(r,i) = \sum_j CO_2DF(i,j,r) \times gCO_2fd(i,j,r) +$$
$$\sum_j CO_2IF(i,j,r) \times gCO_2fm(i,j,r) +$$
$$CO_2DG(i,r) \times gCO_2gd(i,r) + CO_2IG(i,r) \times$$
$$gCO_2gm(i,r) + CO_2DP(i,r) \times gCO_2pd(i,r) +$$
$$CO_2IP(i,r) \times gCO_2pm(i,r) \tag{4.7}$$

其中，$gCO_2(r,i)$ 表示 r 地区 i 部门碳排放量的百分比变化，CO_2DF (i,j,r)、$CO_2IF(i,j,r)$ 表示 r 地区 i 部门国内外中间投入产品的碳排放，$CO_2DP(i,r)$、$CO_2IP(i,r)$ 表示 r 地区 i 部门国内外私人消费的碳排放，$CO_2DG(i,r)$、$CO_2IG(i,r)$ 表示 r 地区 i 部门国内外政府消费的碳排放。$gCO_2fd(i,j,r)$、$gCO_2fm(i,j,r)$、$gCO_2gd(i,r)$、$gCO_2gm(i,r)$、$gCO_2pd(i,r)$、$gCO_2pm(i,r)$ 表示各个消费环节碳排放量的百分比变化。

除了考察各地区碳排放量变化，第六章还假设全球各地区形成统一的碳排放交易市场，通过市场机制影响全球碳减排。为了说明碳排放交易，首先需要确定交易市场的范围，即将世界所有参与到碳排放权交易的地区映射至某个集合（$block$）。在存在碳排放权交易情形下，各地区 r 实际碳排放量 [$gCO_2t(r)$] 与该地区的碳排放许可量 [$gCO_2q(r)$] 可能存在差异，但是整个碳交易权市场所有地区实际碳排放总量 [$gCO_2tb(b)$]，与该交易市场总碳排放许可量 [$gCO_2qb(b)$] 必须相等。整个碳交易市场的均衡，通过市场内部统一的碳税率（$NCTAXB$）实现。为了便于对各地区 r 实施碳排放限制，能源环境拓展的全球贸易分析模型从碳交易市场角度定义了可供购买的碳排放量：

$$pempb(b) = gCO_2tb(b) - gCO_2qb(b) \tag{4.8}$$

在此基础上，我们可以通过假设可供购买的碳排放量（$pempb$）外生得到内生的碳税率，以施加碳排放量限制，接着将碳税率外生、可供购买的碳排放量内生放松对碳排放量的限制。一旦限制碳减排量，各地区 r 碳排放许可量外生，并通过市场内所有地区加总决定碳市场的碳排放许可量。若不实施限制，则碳排放配额就没有意义，然而为了求解模型必须以另一种方式决定配额量，为此引入式(4.9)：

$$pemp(r) = gCO_2t(r) - gCO_2q(r) \tag{4.9}$$

通过地区 r 可供购买的碳排放量$[pemp(r)]$将地区 r 碳排放配额与该地区的实际碳排量相联系。若对地区 r 实施碳排放限制，将碳排放配额外生同时可供购买的碳排放量内生决定，于是各地区碳排放量与该地区碳排放配额相分离。若地区 r 不存在碳排放限制，则将碳排放配额内生、可供购买的碳排放量外生，此时该地区碳排放量与该地区碳排放配额密切相关。无论是哪种情形，碳交易市场的配额量都由市场内部所有地区的碳配额加总决定。

如前所述，能源环境拓展的全球贸易分析模型可以通过假设碳交易市场中可供购买的碳排放量外生、名义碳税率($NCTAXB$)外生，模拟不存在碳排放限制的经济系统，然而，若假设名义碳税率外生，那么经济系统初始的碳税率将是非零的，则此时模型不满足"价格齐次性"。因此，为了实施非减排限制下的"价格齐次性"闭合，能源环境拓展的全球贸易分析模型定义了碳交易市场层面的实际碳税率($RCTAXB$)，以及地区层面的实际碳税率$[RCTAX(r)]$，且实际碳税率是由名义碳税率通过收入指数($PIND$)及其百分比变化$[p(r)]$平减而来：

$$RCTAX(r) = [1/PIND(r)] \times NCTAXB[REGTOBLOC(r)] -$$
$$[1/PIND(r)] \times 0.01 \times NCTAXLEV(r) \times p(r) \tag{4.10}$$

在这个闭合准则下，碳交易市场的实际碳税率外生、碳交易市场的名义碳税率和地区层面的实际碳税率内生。由于能源环境拓展的全球贸易分析模型有两种商品价格：市场价格和代理商价格，于是碳税对应的"影子价格"也有两种。因此，地区 r 国内企业中间投入产品价格$[pfd(i,j,r)]$可以表示为：

$$pfd(i,j,r) = SHVDFANC(i,j,r) \times [pm(i,r) + tfd(i,j,r)] + 100 \times$$
$$CO_2DFVDFA(i,j,r) \times NCTAXB[REGTOBLOC(r)] \tag{4.11}$$

其中，$SHVDFANC(i,j,r)$表示国内企业购买中间投入品的（不含碳税)价值[$VDFANC(i,j,r)$]占(含碳税)价值[$VDFA(i,j,r)$]的份额,CO_2 $DFVDFA(i,j,r)$表示国内企业购买中间投入的碳密集度。经济初始状态时,$SHVDFANC(i,j,r)=1$、$NCTAXB$ 为 0,国内企业中间投入品价格 $pfd(i,j,r)=pm(i,r)+tfd(i,j,r)$。

(五)市场均衡及闭合规则

模型中的供给和需求模块,明确地反映出生产者追求利润最大化和消费者追求效用最大化的行为,最后瓦尔拉斯一般均衡理论决定资源的配置方式,并且通过商品价格和要素价格实现经济系统的均衡(见图4-1)。经济系统均衡包括以下几个条件:商品市场出清、要素市场出清、投资储蓄平衡、政府收支平衡以及国外账户平衡,全球可计算一般均衡模型中的均衡状态不仅意味着各地区经济系统均衡,还要求各地区形成的全球经济系统实现稳态。不同的均衡条件即为不同的闭合规则,如:商品市场出清,意味着商品市场的供需平衡。上述描述经济均衡的闭合情形,属于能源环境拓展的全球贸易分析模型标准的闭合准则。此外,关于是否存在碳排放的"灵活机制"(Flexibility Mechanisms),能源环境拓展的全球贸易分析模型还存在三种闭合准则:(1)附件Ⅰ国家实施碳排放限制,且不存在碳排放的"灵活机制";(2)实施碳排放限制,同时附件Ⅰ国家内部存在碳排放权交易;(3)实施碳减排,同时建立世界范围内的碳排放权交易。简单地说,不同的闭合准则意味着选择不同的外生变量,从而满足经济系统均衡以及"可计算"。

第二节　数据基础和模型求解

一、构建能源环境拓展的全球贸易分析数据基础

全球贸易分析数据库将经济系统各经济主体纳入系统,涉及产业间的生产联系(IO 数据库)、收入分配、多区域的互动关系等。表4-1 描述了标准全球贸易分析数据库的基本结构,类似于投入产出数据库,全球贸易分析数据库基本结构中列表示支出、行表示收入,字母 r、e、g、h 分别表

示地区、生产要素、商品和行业。从列来看，一国生产投入包括国内中间投入（加税收）、进口中间投入（加税收）、增加值（劳动力、资本、土地）及其税收，以及其他成本（如进口税等）；从行来看，一国的产出收入来自产品的中间投入需求以及最终需求（投资、家庭消费、政府消费、出口）。由此可以看出，标准全球贸易分析数据库的基本结构与全球贸易分析模型的结构（见图4-1）类似，主要描述了产品在经济系统各经济主体之间的流向。结合研究需要，在利用能源环境拓展的全球贸易分析模型进行预测模拟时，同样将全球贸易分析数据库的区域、部门进行了合并处理，具体合并方式参见导论的"数据来源及基本处理"。

表4-1　标准全球贸易分析数据库的基本结构

		国内行业	最终需求			
			投资	家庭消费	政府消费	出口
国内产品		$g×h×r$	$g×1×r$	$g×1×r$	$g×1×r$	$g×1×r$
进口产品		$g×h×r$	$g×1×r$	$g×1×r$	$g×1×r$	$g×1×r$
税收	国内产品	$g×h×r$	$g×1×r$	$g×1×r$	$g×1×r$	$g×1×r$
	进口产品	$g×h×r$	$g×1×r$	$g×1×r$	$g×1×r$	
	劳动力	$e×h×r$				
	资本					
	土地					
税收	劳动力	$e×h×r$				
	资本					
	土地					
其他成本，如：进口税		$1×h×r$				

注：表中 r、e、g、h 分别表示地区、生产要素、商品和行业；"国际运输服务"没有在表中单独列出。

为了实现能源环境拓展的全球贸易分析模型的系统均衡，除了各国家各行业的经济数据外，全球贸易分析数据库还有一系列经济参数、贸易保护数据，以及环境相关的能源和碳排放数据。经济参数主要指经济主体的行为参数，如反映消费者偏好、生产者决策的外生变量，以及技术变化参数等。外生参数设定将在一定程度上影响经济系统的内生变量,因此设定合理的模型参数对经济体均衡的合理性十分重要,同时对外生参数的敏感性分析也是可计算一般均衡模型应用的重要部分。此外,国际能源署为全球贸易分析数据库的能源、碳排放账户提供了数据基础,且这两类数据都细化到能耗(碳排放)的来源国及用途,构成了能源环境拓展的全球贸易分析模型的资源环境账户,为本书研究贸易政策、环境政策产生的经济—能耗—碳排放影响奠定了数据基础。

二、参数设定

从能源环境拓展的全球贸易分析模型的模块介绍可知,同其他可计算一般均衡模型一样,能源环境拓展的全球贸易分析模型涉及种种参数,如生产模块的投入替代弹性、需求模块的产品替代弹性、国际贸易模块的替代及转换弹性等。因此,以替代弹性为基础的行为参数是全球贸易分析数据库的重要数据构成。全球贸易分析数据库的行为参数可分为五个类型:来源替代或阿明顿替代弹性、要素替代弹性、要素转换弹性、投资灵活性参数以及消费者需求弹性(见表4-2),全球贸易分析数据库的行为参数以文献参考方式得到。

表4-2　能源环境拓展的全球贸易分析模型的参数介绍

参数名称	维度	参数描述
ESBD	t	国内产品与进口产品之间的替代弹性
ESBM	t	进口产品不同地区来源之间的替代弹性
ESBT	t	中间投入品的替代弹性(合成中间投入品内部及外部)
ESBV	t	生产要素之间的替代弹性(合成增加值)
ETRE	s	黏性生产要素在行业间的转换弹性
SLUG	e	要素黏性或流动的转换参数
RDLT	1	投资分配的二元系数
RFLX	r	资本存量预期回报率关于投资的灵活性参数
SUBP	$t×r$	固定差异弹性支出函数:消费者需求系统中的替代弹性

续表

参数名称	维度	参数描述
INCP	$t×r$	固定差异弹性支出函数：消费者需求系统中的支出参数

注：e 表示要素禀赋的种类数；r 表示地区数；s 表示行业间不完全流动的要素数；t 表示可贸易的商品或行业数。

资料来源：Narayanan, G., Badri, Angel Aguiar and Robert McDougall, Eds, *Global Trade, Assistance, and Production*；*The GTAP* 9 *Data Base*, Center for Global Trade Analysis, Purdue University, 2015。

　　全球贸易分析数据库包括两个来源替代弹性的集合（ESBD、ESBM），其中 ESBD 表示国内产品与进口产品之间的替代弹性，由能源环境拓展的全球贸易分析模型结构可知，一国对国内产品与进口产品的需求包括中间投入需求以及最终需求，同时模型假设各经济主体、各地区在国内产品、进口产品之间选择的替代弹性相同，因此国内产品与进口产品之间的替代弹性是关于贸易商品的 t 维参数。ESBM 是一国或地区对其进口产品来源之间的替代弹性，该参数也是关于贸易商品的 t 维参数。来源替代弹性主要从总需求角度出发，而要素替代弹性则从生产投入的替代性入手，以便通过生产过程中中间投入品与增加值的替代弹性、中间投入品之间的替代弹性、生产要素之间的替代弹性实现成本最小化。由能源环境拓展的全球贸易分析模型生产模块可知，中间投入合成束与增加值合成束之间不存在替代关系，同时中间投入合成束由各种中间投入以里昂惕夫生产函数形式生成，因此中间投入品与增加值的替代弹性衡量了中间投入品的内部及外部结构的替代弹性且都为 0。全球贸易分析数据库中共包括五种生产要素：土地、非熟练劳动、熟练劳动、资本和自然资源，其中非熟练劳动、熟练劳动和资本在全球贸易分析模型中被认为是完全流动的，土地和自然资源被认为是生产的特定要素、不可流动，SLUG参数是关于要素流动性的 0-1 变量，即 SLUG＝1 表示特定要素，SLUG＝0 表示流动要素。由于特定要素不可流动，ETRE 参数衡量特定要素在不同行业之间的转换弹性。投资灵活性参数指地区投资的灵活性程度，全球贸易分析模型假设全球投资在地区间分配与各地区的资本回报率相关（RDLT＝1），且 RFLX 值越小，国际投资关于地区 r 的投资回报率变动反应越大。最后,由于全球贸易分析模型采用固定差异弹性支出函数描绘消费者的支出行为,根据固定差异弹性支出函数的形式可知,消费者需求系统包括替代弹性(SUBP)和支出参数(INCP),且两者都是关于贸易商品和地区($t×r$)的二维参数。

三、能源环境拓展的全球贸易分析模型的程序结构和运行

本书能源环境拓展的全球贸易分析模型的实现借助于 Run GTAP 软件,涉及的程序包括:集合声明和定义、数据读入和检验、参数声明和定义、变量声明和初始化、方程模块声明和定义、闭合条件、外生冲击设置、求解方法、结果报告等部分。为了更直观地分析能源环境拓展的全球贸易分析模型的实现,将其涉及的程序结构表示如图 4-7 所示。

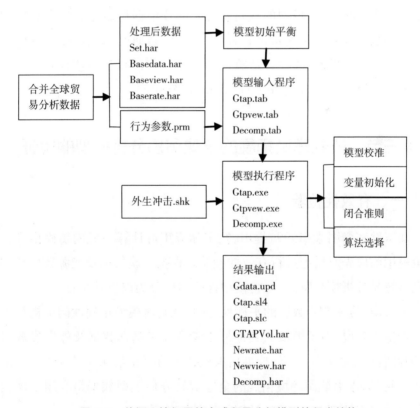

图 4-7　能源环境拓展的全球贸易分析模型的程序结构

资料来源:笔者整理。

首先,在运行能源环境拓展的全球贸易分析模型程序前,需要对模型对应的数据进行处理,可以分为两个步骤:一是根据需求对全球贸易分析数据库的区域和部门进行合并;二是将合并后的数据与能源环境拓展的全球贸易分析模型进行对接,得到初始状态的模型均衡。处理好的数据包括集合数据(sets.har)、核心数据(basedata.har)、宏观数据(baseview.har)、税率数据(baserate.har)以及行为参数(.prm),其中集合数据指对区域和部门的划分,核心数据包括产出、消费、贸易等基本数据,宏观数据是对国内生产总值、贸易、投资、储蓄等宏观变量的汇总,税率数据包括要素补贴、要素税率、进口关税、消费税率等,行为参数则是模型中涉及的替代弹性等数据。其次,当模型程序开始运行,模型的输入程序(.tab)将会读入所有相关数据(.har),完成参数声明和定义、变量声明和初始化、方程模块声明和定义,继而模型的执行程序(.exe)根据初始经济均衡对模型的份额参数等其他外生变量进行校准。最后,将研究的政策变量以外生冲击形式(.shk)读入,选择合适算法并利用模型的可执行程序(.exe)进行求解,所得结果以多种形式(.slc、.har等)输出。

第三节　能源环境拓展的全球贸易分析模型的验证

一、有效性检验

郑玉歆和樊明太(1999)提出,在实际应用可计算一般均衡模型进行政策模拟前应先对模型进行有效性检验。根据检验目标及能源环境拓展的全球贸易分析模型特点,可将模型检验程序分为以下几步:

第一步,验证初始数据的平衡性,该步骤是对模型正确性的最初步检验。理论上来说,由于模型的其他外生参数通过基期数据及外生参数得到,因此若外生参数不变,将校准后参数代入将得到基期变量的数值。由图4-7可知,本书能源环境拓展的全球贸易分析模型数据是利用全球贸易分析数据库处理而来,已满足相关的平衡关系。

第二步,检验价格的齐次性,这是由能源环境拓展的全球贸易分析模型的理论基础决定的。能源环境拓展的全球贸易分析模型建立在新古典框架下,价格齐次性是其重要性质之一,即经济体的行为主体只受到相对价格影响而不被绝对价格变动左右。为了进行价格齐次性检验,可以将模型中初级要素的实际价格(pfactwld)变动100%,求解模型并检查模拟结果。若求解结果中所有的价格和价值变量都变动100%,而实际变量不受影响(变动为0),则说明该模型满足价格齐次性;否则模型不满足价格齐次性,需要对方程和数据进行检查及修改。

第三步,检验模拟结果的平衡性,包括国内生产总值的收入法和支出法所得结果是否相同,以及模型是否实现系统均衡两方面。根据第五章至第六章模拟结果可知,本书的能源环境拓展的全球贸易分析模型在各种政策冲击情形下,支出法国内生产总值与收入法国内生产总值同步变动。此外,瓦尔拉斯(Walras)均衡是能源环境拓展的全球贸易分析模型的理论基础,因此如果初始均衡状态的瓦尔拉斯变量(walraslack)等于0,且各种政策模拟结果的变量非常接近0,那么模拟结果满足平衡性检验。通过本书第五章至第六章模拟结果可知,能源环境拓展的全球贸易分析模型的模拟结果满足平衡性。

第四步,检验模拟结果的可信性,主要指结果中变量值应该与现实经济相符或在可接受范围内。如果出现异常解,则意味着模型的参数设置或其他方面存在问题。该项检验并没有成熟的技术手段,主要通过经验判断,如根据国际货币基金组织(International Monetary Fund,IMF)、世界银行或政府以及其他相关结构,提供的关于宏观经济、产业结构等相关数据的预测进行判断。

上述检验能够在一定程度规避错误,但能源环境拓展的全球贸易分析模型是涉及多区域多部门的可计算一般均衡模型,结构复杂、数据量较大,在应用过程中仍需要仔细检查、排查错误,以得到更为准确可信的模拟结果。

二、系统敏感性检验

经济模拟的结果往往十分依赖外生变量值(外生参数、外生冲击)的选取,而外生变量值的选取并不一定精确,因此考察外生变量值变化对模拟结果的影响,对判断模拟结果可靠性十分重要。系统敏感性检验利用统计学原理,通过考察外生变量值变动得到的内生变量的均值和方差,根据切比雪夫不等式判断内生变量模拟结果对外生变量值的敏感性。具体说来,系统敏感性分析一般需要三个步骤:(1)选取外生冲击并求解模型,得到系统敏感性检验的基准模拟,这个过程中涉及的外生变量取值即为其均值。(2)假定外生变量值服从均匀分布或三角分布,并根据研究需要设置外生变量值的范围,利用高斯正交法(Gaussian Quadrature Methods)进行模拟,求解出内生变量的均值和标准差。(3)根据切比雪夫不等式判断内生变量对外生变量值的敏感性,以及政策模拟的可靠性。

本书的能源环境拓展的全球贸易分析模型主要用于研究贸易政策和减排政策的能耗、碳排放影响,因此在做系统敏感性检验前,选择各地区各种产品的进口关税(tm)和附件 I 国家减排(gCO_2t)作为外生冲击变量。① 另外,系统敏感性检验将重点分析与能源消费、碳排放最为相关的弹性参数:国产品与进口产品的替代弹性(ESBD),生产过程中能源束与增加值束的替代弹性(EFVE)、能源束与资本的替代弹性(EFKE),其中国内产品与进口产品的替代弹性是关于 15 种贸易产品的集合,而能源束与增加值束的替代弹性、能源束与资本的替代弹性是关于 10 个地区、16 种生产产品的二维参数。由于系统敏感性检验过程中选择 N 个外生参数值的变化,求解过程需要模拟 2N 次,为了简化计算并区分地区、产品的影响,本书系统敏感性检验分别考察 15 种贸易品国内产品与进口产品的替代弹性变化、16 种生产产品的能源束与增加值束替代弹性和能源束与资本替代弹性的变化(地区不变)、10 个地区的能源束与增加值束替代弹性和能源束与资本替代弹性的变化(产品不变),对模型中重要变量的影响,如全球碳排放(gCO_2tw)。

表 4-3、表 4-4 汇总了外生参数以及外生冲击值变动对全球碳排放

① 假设所有地区所有产品进口关税增加 5%;附件 I 国家减排指第六章中美国、欧盟、日本、其他附件 I 国家(RoA I)根据《哥本哈根协议》实施碳排放总量限制。

量变动的影响,其中参考值表示外生变量值为均值时的全球碳排放量变动,均值、标准差分别表示在外生变量值变动的影响下全球碳排放量变动的均值、标准差。直观看来,表4-3、表4-4中任一外生参数或外生冲击的变动,得到的全球碳排放量变动的均值与基准模拟的结果几乎没有差别,且大多数情况下所得标准差均小于0.10,只有贸易政策冲击时国内产品和进口产品的替代弹性变动的标准差为0.1246,附件Ⅰ国家减排政策时美国和欧盟减排冲击变动的标准差分别为0.1538、0.1142。利用切比雪夫不等式知,这三项模拟得到的全球碳排放变动数据中至少有75%数据位于平均数两个标准差范围内。尽管全球碳排放量对国内产品与进口产品的替代弹性、美国或欧盟减排的敏感性相对较高,但从均值及置信水平看,该参数值结果仍具有较高的准确性。由此,模型中相关参数及冲击值变动对模型内生变量准确性影响并不大,可以在此基准上进行政策模拟和分析。

表4-3　贸易政策的系统敏感性分析结果

全球碳排放	国内产品与进口产品替代弹性变化	能源束与增加值束的替代弹性变化		能源束与资本的替代弹性变化		关税冲击	
	贸易品	生产产品	地区	生产产品	地区	贸易品	地区
参考值	−0.235	−0.235	−0.235	−0.235	−0.235	−0.235	−0.235
均值	−0.240	−0.232	−0.234	−0.234	−0.232	−0.234	−0.234
标准差	0.1246	0.0349	0.0251	0.0485	0.0531	0.1055	0.0670

表4-4　减排政策的系统敏感性分析结果

全球碳排放	国内产品与进口产品替代弹性变化	能源束与资本的替代弹性变化		能源束与增加值束的替代弹性变化	
	贸易品	生产产品	地区	生产产品	地区
参考值	−8.4639	−8.4636	−8.4637	−8.4638	−8.4638
均值	−8.4638	−8.4638	−8.4638	−8.4638	−8.4638
标准差	0.0104	0.0061	0.0039	0.0039	0.0071

续表

全球碳排放	美国减排冲击	欧盟减排冲击	日本减排冲击	其他附件Ⅰ国家的减排冲击	/
参考值	−8.4638	−8.4635	−8.4637	−8.4638	/
均值	−8.4638	−8.4638	−8.4638	−8.4638	/
标准差	0.1538	0.1142	0.0451	0.0210	/

资料来源：系统敏感性检验的模拟结果。

第四节　贸易和减排政策对经济—环境影响的传导机制：基于能源环境拓展的全球贸易分析模型

一、贸易自由化对经济—环境影响的传导机制

科普兰和泰勒（Copeland 和 Taylor，1994）、安特韦勒等（Antweiler 等，2001）最早在一般均衡框架下探讨贸易开放对环境影响的理论机制，为可计算一般均衡模型关于贸易与环境关系的研究奠定了理论基础。上述研究都基于新古典框架下，且都是从"贸易开放—相对价格变化—比较优势变化—贸易模式"的路径去阐释贸易开放政策对经济—环境的潜在影响。由前面对能源环境拓展的全球贸易分析模型分析可知，该模型的生产模块将能源中间投入与其他非能源中间投入区分，并假设能源中间投入与增加值之间存在替代性，因此能源环境拓展的全球贸易分析模型的能耗、碳排放内嵌于经济系统，政策变动在产生经济影响的同时会对能耗、碳排放产生影响。图4-8在已有理论研究基础上，结合能源环境拓展的全球贸易分析模型分析贸易开放政策对经济、环境影响的传导机制。

在实施贸易开放政策前，整个经济系统处于初始平衡状态，r 地区实施贸易开放政策必定会打破经济系统原有的稳定，继而在市场机制作用下通过价格传导实现经济系统新平衡。由能源环境拓展的全球贸易分析

模型可知,能源消耗涉及生产过程的中间投入、家庭消费、政府消费三个部分,碳排放与这三个环节的能耗直接相关,因此在考察政策冲击对能耗、碳排放影响前,必须先分析政策变动对经济的影响。

利用一般均衡模型分析政策产生的经济变化,通常借助于经济增长的决定方程,从相对价格变化分析经济体产出变化。能源环境拓展的全球贸易分析模型共涉及五种生产要素,其中只有劳动力和资本是完全流动的。根据生产要素的流动性分析,在短期假设劳动力可变、资本存量和名义工资固定,经济增长主要由实际就业水平决定,这意味着短期经济增长主要取决于工资与初级生产要素价格[见式(4.12)]。在长期假设资本进一步积累、实际就业水平和资本回报率不变,经济增长由资本存量决定,这意味着长期经济增长取决于资本租赁价格以及初级生产要素价格[见式(4.13)]。

$$\frac{WL}{PPRIM} = \frac{WL}{PCI} \times \frac{PCI}{PGNE} \times \frac{PGNE}{PGDPEXP} \times \frac{PGDPEXP}{PPRIM} \qquad (4.12)$$

$$\frac{WK}{PPRIM} = \frac{WK}{PCK} \times \frac{PCK}{PGNE} \times \frac{PGNE}{PGDPEXP} \times \frac{PGDPEXP}{PPRIM} \qquad (4.13)$$

其中,WL、WK 分别表示劳动力平均价格、资本平均价格,$PPRIM$、PCI、PCK 分别表示生产要素价格、消费者物价指数、每单位资本成本,$PGNE$、$PGDPEXP$ 分别表示国民生产总值价格指数、国内生产总值价格指数。

如图 4-8 所示,假设地区 r 实施贸易自由化政策,短期内,可以利用式(4.12)分析地区 r 以及世界其他地区(RoW)的经济变化。地区 r 通过削减进口关税促进贸易自由化,在国际市场的局部均衡中,贸易自由化政策将导致地区 r 进口价格下降同时出口价格保持不变。此时地区 r 贸易条件改善,即地区 r 每单位出口能够购买的进口产品数量增加,在式(4.12)中体现为等式右边第三项($PGNE/PGDPEXP$)衡量的国民生产总值价格指数相对于国内生产总值价格指数下降。在其他价格尚未调整的情形下,劳动力价格相对于初级要素价格指数($WL/PPRIM$)出现下降,生产者基于成本最小化原则将根据生产投入之间的替代弹性,减少其他要

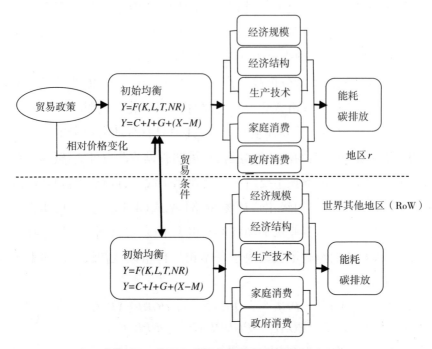

图4-8 贸易自由化政策的影响机制分析

素投入、增加劳动投入，带来地区 r 经济总量增加。由国内生产总值支出法核算可知，经济体国内生产总值由投资、家庭消费、政府消费和净出口四个部分构成，因此贸易自由化通过价格传导机制导致经济体国内生产总值变动，也将带来其各个构成部分的变动。相对价格变化通过市场机制影响各经济主体的行为，如国内产品价格指数相对于进口产品价格指数上升，将促使家庭、政府或投资者选择进口产品部分替代国内产品，在降低其消费价格指数的同时增加消费数量，提高消费者福利。但短期内贸易政策变动带来的劳动投入价格下降，将在一定程度上反映到生产者成本上，进而导致国内价格指数相对于政策前出现下降，同时要素价格下降也会导致家庭收入下降，因此并不能直接确定消费者是否更多选择用进口产品替代国内产品，也不能肯定消费者福利变化。总之，在政策冲击下，一般均衡模型是通过市场的价格传导机制实现均衡状态，同时政策冲击对各内生变量的影响是多个市场共同作用的结果，并不能依靠单个市场的局部均衡或价格的一次传递得到。

前面分析了贸易政策变动将通过价格传导机制对各经济体的经济产生影响,下面将分析贸易政策变动将如何影响各经济体的能耗、碳排放,仍然以地区 r 为例(见图4-8)。根据"三效应理论"可知,贸易开放政策对经济体的碳排放影响可以分解为规模效应、结构效应和技术效应,该理论对经济生产过程中的能源消耗影响同样适用。如前所述,地区 r 通过削减进口关税促进贸易自由化,将导致地区 r 经济产出上升,同时带来更多的能源中间投入,因此贸易开放政策将通过规模效应导致地区 r 能耗和碳排放增加。安特韦勒等(Antweiler 等,2011)认为贸易开放度变化对一国环境影响的结构效应受该国的贸易模式影响,即给定其他条件不变的情况下,对于污染产品出口国,贸易开放度提高会增加该国污染排放;对于污染进口国,贸易开放度提高会减少该国污染排放。若地区 r 是能源密集型产品出口国,那么根据比较优势理论,贸易开放政策将导致地区 r 更集中于能源密集型产品的生产和出口,加剧该国的能耗和碳排放。因此,地区 r 贸易开放将可能导致其能源密集型产品的生产更多地由世界其他地区(RoW)消费,造成地区 r 污染而世界其他地区(RoW)消费这种"为他人作嫁衣"的窘境。此外,贸易开放会通过技术转移等方式,对地区 r 生产过程中的能源投入量、能源利用率等产生变动,从而对地区 r 的能耗、碳排放产生影响,这被称为贸易开放对环境影响的"技术效应"。

在能源环境拓展的全球贸易分析模型框架下,经济系统的能源消耗不但来自生产过程中能源的中间投入,而且包括家庭和政府对能源的最终消费。因此,地区 r 以及整个经济系统的能耗、碳排放总量,既包括生产过程的能源中间投入及其碳排放,以及能源作为最终消费品消耗及其燃烧产生的碳排放。麦克杜格尔和古卢布(McDougall 和 Golub,2007)指出,同一种能源在不同使用环节的碳排放系数不同;换句话说,单位数量的同种能源(如煤炭)在生产过程中作为中间投入时产生的碳排放,与家庭、政府作为燃料直接使用时产生的碳排放量不同。

此外,结合第三章基于全球贸易分析数据库构建的多区域投入产出模型可知,生产过程产生碳排放包括直接排放、转移排放,其中直接排放与能源环境拓展的全球贸易分析模型的中间投入引致的排放一致,也同"三效应理论"的总排放一致。在多区域投入产出框架下,直接排放对应产出 X 直接中间投入部分 AX(A 为中间投入系数矩阵)产生的碳排放,转移排放则通过产业关联追溯最终需求引致的产出 L×Y(L 为里昂惕夫逆矩阵)带来的碳排放。[①]

为了更加仔细地考察贸易开放政策带来的能耗、碳排放影响,本书第五章和第六章将基于以下角度进行分析:(1)贸易开放政策带来的总能耗和碳排放变动,这基于能源环境拓展的全球贸易分析模型中各地区的能耗、碳排放变化;(2)总排放变动的能源消耗结构;(3)贸易开放政策对能耗、碳排放的"三效应理论"影响,该分析基于能源环境拓展的全球贸易分析模型模拟结果,通过对经济规模、部门结构、碳排放强度变化,讨论贸易政策的资源环境影响;(4)基于多区域投入产出视角分析贸易开放政策带来的碳排放转移。此时能源环境拓展的全球贸易分析模型生产过程的碳排放相当于多区域投入产出模型的直接排放,结合多区域投入产出模型对贸易排放转移的公式,计算贸易开放政策对中国贸易转移排放的潜在影响,以及伴随的"弱碳泄漏"问题。

二、减排政策对经济—环境影响的传导机制

本书考察的减排政策建立在《京都议定书》《哥本哈根协议》框架下,从减排方式来看可以分为两种:(1)碳减排"总量控制"(Emission Restrictions),各地区根据碳减排承诺以某一年份的碳排放目标为参照,在此基础上实现特定年份碳排放总量限制;(2)(全球)碳排放交易(Emission Trading),该方式属于《京都议定书》提出的灵活减排机制之一,即将碳排放许可作为商品,附件Ⅰ国家购买碳排放权以缓解减排压力,非附件Ⅰ国家出售碳排放权获取收入,在市场机制作用下实现全球低碳减排。两种方式综合起来被称为"总量管制与交易制度"(Cap-and-Trade)。结合减排政策的分析工具——能源环境拓展的全球贸易分析模型,下面将具体探讨两种

---

① 详见第三章模型介绍。

减排方式如何通过价格传导对经济、环境(碳排放)产生影响。

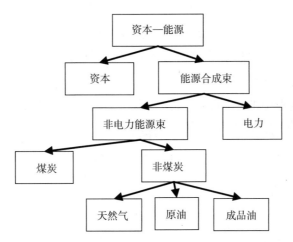

图4-9　能源环境拓展的全球贸易分析框架下资本—能源束的碳排放结构

由全球贸易分析数据库及能源环境拓展的全球贸易分析模型可知，经济系统中碳排放来自各个消费环节化石能源的消耗，图4-9描绘了能源环境拓展的全球贸易分析框架下各地区 r 各部门 i 生产过程中的碳排放结构。假设各地区 r 的碳减排"总量控制"为 $s(r)$，即地区 r 碳排放总量的上限为 $s(r)$。煤炭、原油、成品油、天然气作为中间投入消耗产生的碳排放分别表示为 $q_{cCO_2}^F(i,r)$、$q_{oCO_2}^F(i,r)$、$q_{pCO_2}^F(i,r)$、$q_{gCO_2}^F(i,r)$，四种能源消耗时产生的碳排放份额可以表示为 $CO_2shr(cCO_2)$、$CO_2shr(oCO_2)$、$CO_2shr(pCO_2)$、$CO_2shr(gCO_2)$。相应地，生产过程中四种能源消耗产生碳排放的价格可以依次表示为 $p_{cCO_2}^F(i,r)$、$p_{oCO_2}^F(i,r)$、$p_{pCO_2}^F(i,r)$、$p_{gCO_2}^F(i,r)$。以生产过程中碳排放考察碳排放总量限制的影响机制，消费环节的分析情况类似。

由于各能源含碳量[如 $CO_2shr(cCO_2)$]固定，因此 r 地区 i 部门生产过程中每种化石能源的碳排放量都可以用里昂惕夫函数表示，如下：

$$q_{cCO_2}^F(i,r) = \min\{\frac{q_{coal}^F(i,r)}{1 - CO_2shr(cCO_2)}, \frac{q_{coal}^F(i,r)}{CO_2shr(cCO_2)}\} \tag{4.14}$$

$$q_{oCO_2}^F(i,r) = \min\{\frac{q_{oil}^F(i,r)}{1 - CO_2shr(oCO_2)}, \frac{q_{oil}^F(i,r)}{CO_2shr(oCO_2)}\} \tag{4.15}$$

$$q_{pCO_2}^F(i,r) = \min\left\{ \frac{q_{petro}^F(i,r)}{1 - CO_2shr(pCO_2)}, \frac{q_{petro}^F(i,r)}{CO_2shr(pCO_2)} \right\} \tag{4.16}$$

$$q_{gCO_2}^F(i,r) = \min\left\{ \frac{q_{gas}^F(i,r)}{1 - CO_2shr(gCO_2)}, \frac{q_{gas}^F(i,r)}{CO_2shr(gCO_2)} \right\} \tag{4.17}$$

其中，$q_{coal}^F(i,r)$、$q_{oil}^F(i,r)$、$q_{petro}^F(i,r)$、$q_{gas}^F(i,r)$ 分别表示四种化石能源在生产过程中的中间投入量。"碳总量限制"将导致生产过程碳排放量限制，生产过程碳排放平衡应满足下式：

$$CO_2shr(cCO_2) \sum_i q_{cCO_2}^F(i,r) + CO_2shr(oCO_2) \sum_i q_{oCO_2}^F(i,r) +$$

$$CO_2shr(pCO_2) \sum_i q_{pCO_2}^F(i,r) + CO_2shr(gCO_2) \sum_i q_{gCO_2}^F(i,r) \leqslant$$

$$s^F \times s(r)$$

$$\tag{4.18}$$

其中，s^F 表示生产过程中碳排放占该地区总碳排放的份额。此时满足里昂惕夫生产函数以及碳排放限制，r 地区 i 部门各能源生产过程的碳排放价格可以表示为：

$$p_{cCOal}^F(i,r) = \left[1 - CO_2shr(cCO_2) \right] p_{coal}^F(i,r) + CO_2shr(cCO_2)\lambda(r)$$

$$\tag{4.19}$$

$$p_{ocoal}^F(i,r) = \left[1 - CO_2shr(oCO_2) \right] p_{oil}^F(i,r) + CO_2shr(oCO_2)\lambda(r)$$

$$\tag{4.20}$$

$$p_{pcoal}^F(i,r) = \left[1 - CO_2shr(pCO_2) \right] p_{petro}^F(i,r) + CO_2shr(pCO_2)\lambda(r)$$

$$\tag{4.21}$$

$$p_{gcoal}^F(i,r) = \left[1 - CO_2shr(gCO_2) \right] p_{gas}^F(i,r) + CO_2shr(gCO_2)\lambda(r)$$

$$\tag{4.22}$$

其中，$p_{coal}^F(i,r)$、$p_{oil}^F(i,r)$、$p_{petro}^F(i,r)$、$p_{gas}^F(i,r)$ 分别表示四种化石能源在生产过程的中间投入价格，$\lambda(r)$ 表示"总量限制"下的碳减排价格。

由此可见，碳减排"总量限制"将产生特定的碳价格，即能源环境拓展的全球贸易分析模型中的"碳税水平"，导致能源价格上升并传导至其他产品的生产和消费中，导致生产成本和消费价格上升。在国际市场上，将改变贸易条件并通过价格机制传导,最终实现新的经济均衡。

"碳排放权交易"最早可以追溯至"科斯定理(Coase,1960)[①]":只要产权明确,并且交易成本为零或很小,那么无论开始时财产权赋予谁,市场最终都是有效率的,能实现资源配置的"帕累托最优"。类似地,碳排放交易赋予各地区特定的碳排放权并允许其在市场上交易,试图解决减排造成的经济外部性问题。此时将碳排放总量限制$[s(r)]$看作地区r的碳排放许可权,并将地区碳排放量与碳排放许可的差额定义为"超额需求$\zeta(r)$":

$$\zeta(r) = CO_2 shr(cCO_2) \sum_i q_{cCO_2}(i,r) + CO_2 shr(oCO_2) \sum_i q_{oCO_2}(i,r) +$$
$$CO_2 shr(pCO_2) \sum_i q_{pCO_2}(i,r) + CO_2 shr(gCO_2) \sum_i q_{gCO_2}(i,r) - s(r)$$

$$(4.23)$$

将所有参与国际碳交易的地区定义为"区域集合$B(block)$",此时整个碳交易市场的排放许可价格设为$\lambda(r) = \lambda(B)(r \in B)$。碳交易市场出清的约束为:

$$\sum_{r \in B} \zeta(r) \leqslant 0 \qquad (4.24)$$

此时,市场均衡的碳排放许可价格$\lambda(r) > 0, r \in B$。

综上所述,碳排放"总量限制"和"碳排放交易权"政策将在能源环境拓展的全球贸易分析模型中内生实际碳税水平、碳排放许可价格,通过价格传导机制影响产品价格,尤其是碳密集型产品价格,导致经济系统生产规模、生产和贸易结构、生产技术等进行调整,从而影响经济和贸易中的能源消耗和碳排放。

三、贸易政策和减排政策的互动机制:基于一般均衡框架

前面分析了一般均衡框架下贸易自由化政策对能耗、碳排放的单向影响,并未考察全球减排政策对经济系统的反向影响。由于本书主要研究全球减排形势下,贸易自由化政策是否有助于低碳经济的实现,因此在

---

① Coase,T.H.,"The Problem of Social Cost",*Journal of Law and Economics*,Vol.3,1960,pp.1-44.

单向考察贸易自由化环境影响的基础上，结合全球碳减排的现实背景，本章将在一般均衡框架下考察贸易自由化基础上实施不同情形的碳减排政策，如何对全球各地区的经济、环境产生影响。

一般均衡框架下，贸易政策可以通过影响经济进而影响能耗、碳排放。同样地，减排政策可以通过改变经济体的国际竞争力并对经济和贸易状况产生影响。此外，从政策层面来说，贸易政策和减排政策之间也存在一定的联系，如世界贸易组织在促进全球贸易自由化、便利化的同时，将贸易发展问题、资源问题、环境问题作为一个有机整体纳入法律约束框架。图4-10简要刻画了贸易政策和减排政策之间的互动，以及贸易政策和减排政策对经济体中贸易和减排的影响。可以看出，一方面，实施贸易政策可以通过进出口相对价格变化直接影响经济体的贸易状况；另一方面，贸易政策将打破经济系统平衡，通过价格机制的传导作用影响经济体的经济和贸易活动，而贸易变化又可以通过规模效应、结构效应、技术效应和直接效应影响经济体的能耗、碳排放。其中，规模效应、结构效应和技术效应即贸易对环境影响的"三效应理论"，而直接效应指贸易自由化对国际运输服务（Internatinal Transport）的需求。在全球贸易分析数据库中国际运输服务独立于中间投入，且该部门涉及大量的直接能源投入及碳排放，故在本章的一般均衡模型中将贸易对国际运输服务的直接需求变化引致的能耗、碳排放变化单独列出。

一方面，减排政策可以形成对能耗、碳减排的直接约束，并通过物理效应影响经济体的经济和贸易状况，如：减排政策将影响大气中的碳浓度从而影响农业等部门的生产效率，进一步影响经济体的经济和贸易状况；另一方面，在一般均衡框架下减排政策将影响经济体的国际竞争力，从而影响经济体经济活动及贸易状况，继而通过规模效应、结构效应、技术效应及直接效应影响能耗、碳排放。在政策层面，减排政策和贸易政策相互影响，从而在一般均衡框架下影响经济、贸易和环境。结合本书考察的减排政策情形以及运用的能源环境拓展的全球贸易分析模型，第五章和第六章将具体讨论全球经济系统中，贸易自由化政策及减排政策对经济—环境的潜在影响。

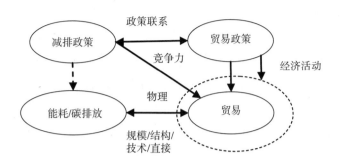

图 4-10　贸易政策和减排政策之间的联系

综上所述,本章主要介绍和说明本书的重要实证方法——能源环境拓展的全球贸易分析模型。一方面,梳理了模型的发展和基本结构,并对全球贸易分析数据库进行处理,以实现能源环境拓展的全球贸易分析模型的初始均衡;另一方面,对模型的有效性、准确性、敏感性进行检验,在此基础上分析能源环境拓展的全球贸易分析框架下贸易政策和减排政策对经济—环境影响的传导机制。研究得到的主要结论主要有:

第一,能源环境拓展的全球贸易分析模型是新古典框架下的静态多区域多部门的环境可计算一般均衡模型,该模型在全球贸易分析模型基础上考察了能源投入与资本之间的替代性,能够更为准确地刻画政策变化对经济系统能耗—碳排放的影响。此外,能源环境拓展的全球贸易分析模型包含国际贸易和碳排放模块,通过对相应内生变量和外生变量的转换,可以将其转换为包括贸易政策和减排政策扩展的能源环境拓展的全球贸易分析模型。

第二,通过对全球贸易分析数据库进行处理并引入相应的外生参数(主要指弹性参数),构建能源环境拓展的全球贸易分析模型的初始均衡。进一步地,根据瓦尔拉斯均衡理论、统计学原理等,对模型的有效性、准确性,以及外生冲击和外生参数的敏感性进行检验。

第三,在保证能源环境拓展的全球贸易分析模型的有效性、准确性的基础上,分别考察能源环境拓展的全球贸易分析模型框架下贸易政策、减排政策、贸易政策和减排政策结合在经济系统中的传导机制,以及如何对经济—能耗—碳排放产生影响。

从本章分析和检验结果来看，能源环境拓展的全球贸易分析模型无论从理论机制还是模拟现实的预测能力来说，都是用于考察贸易政策、减排政策对经济—环境影响的极佳工具，可用于本书第五章和第六章的研究。

第五章　贸易自由化政策对中国经济——
能耗—碳排放影响的预测模拟

　　如前所述,第三章在全球贸易分析数据库的基础上构建多区域投入产出模型,对中国贸易自由化历史进程中的转移排放进行"历史评估"。结合本书的特色,全面研究中国贸易自由化历史进程和未来趋势的碳排放影响,对于把握贸易自由化和全球气候变暖背景下中国如何参与全球气候治理、实现低碳经济发展更为准确。第四章构建了包含贸易政策和减排政策的能源环境拓展的全球贸易分析模型,并且对该模型运用于贸易政策、减排政策预测模拟的准确性和敏感性进行验证。在保证能源环境拓展的全球贸易分析模型模拟结果准确性和可靠性的基础上,第四章在能源环境拓展的全球贸易分析模型框架下,对贸易政策、减排政策在经济系统内的传导机制,以及贸易和减排政策的互动影响进行了定性分析。因此,包含贸易政策和减排政策的能源环境拓展的全球贸易分析模型,是研究贸易自由化政策、贸易政策和减排政策(第六章)对中国及世界主要经济体的经济—能耗—碳排放潜在影响(即"预测模拟")的最佳工具。

　　第三章主要对贸易自由化历史进程的碳排放影响进行转移效应评估,本章则针对贸易自由化可能趋势的碳排放影响进行预测模拟。具体来说,本章研究包括四个方面的重要内容:第一,政策方案的设计。能源环境拓展的全球贸易分析模型作为多区域多部门静态可计算一般均衡模型,属于比较静态分析工具,因此政策方案设计包含基准情形、政策方案两方面,以衡量引入外生政策产生的净影响。第二,贸易自由化政策的经济影响效应模拟。结合第四章关于能源环境扩展的全球贸易分析模型框架下贸易政策对碳排放影响的传导机制可知,贸易自由化政策大致沿着

"贸易开放—经济（三效应）—能耗—碳排放"的影响路径。因此，对贸易自由化政策可能产生的经济影响进行分析，成为进一步理解能耗—碳排放潜在影响的基础，也是综合权衡贸易政策潜在的经济收益、环境损失的关键。第三，贸易自由化政策的能耗—碳排放影响预测。在经济影响预测结果的分析基础上，结合经济总量（经济规模）、部门产出结构（经济结构）、部门碳排放强度（生产技术）等经济因素的调整，探讨贸易自由化政策对能源消耗规模、能源结构调整、碳排放量、碳排放强度产生的潜在影响。第四，贸易自由化政策伴随的贸易转移排放变化。将能源环境拓展的全球贸易分析模型的政策模拟结果作为数据基础，构建基于全球贸易分析数据库构建的多区域投入产出模型，预测评估贸易自由化政策能否改善中国对外贸易的碳排放"净转入"，是否有助于缓解附件Ⅰ国家与非附件Ⅰ国家的"弱碳泄漏"问题，此为第三章的拓展研究。

第一节　政策方案设计

一、基准情形

结合第二章可知，2009 年 11 月 25 日，中国首次以约束性指标方式宣布减排目标，即到 2020 年，中国单位国内生产总值的碳排放将比 2005 年下降 40%—45%，并将其纳入国民经济和社会发展的中长期计划。同年 12 月，中国在哥本哈根会议上也承诺到 2020 年，中国单位国内生产总值的碳排放将比 2005 年下降 40%—45%。尽管《哥本哈根协议》并未获得通过，但其提出按照国内生产总值大小承诺碳减排量为各地区碳减排目标制定提供了依据，也成为学术界研究碳减排的重要方向。本章贸易自由化的环境影响分析，第六章减排政策设计及其结果分析，均以哥本哈根承诺的减排目标为参考。因此，将 2020 年作为参考年份设计基准方案，这也是第六章政策模拟的基准方案。

由于全球贸易分析第 9 版数据库的最新参考年份为 2011 年，需要将其更新至 2020 年。基准方案的具体设计为，根据国际货币基金组织对各地区实际国内生产总值增长率、人口增长、劳动力增长率的预测(见表5-1),利用夏皮斯和沃尔姆斯利(Chappuis 和 Walmsley,2011)[1]方法模拟2020年各地区的国内生产总值、人口、劳动力(熟练劳动及非熟练劳动),并根据能源环境拓展的全球贸易分析模型的平衡关系将2011年全球贸易分析数据库更新至2020年,作为政策冲击的参考基准。

表5-1　2011—2020年世界各国家(地区)宏观经济指标的增加值预测

(单位:%)

国家(地区)	GDP增长率	人口增长率	劳动增长率	非熟练劳动	熟练劳动
美国	20.52	5.85	5.22	2.12	3.10
欧盟	15.75	1.53	0.63	0.26	0.37
日本	8.10	-3.60	-6.30	-2.98	-3.32
其他附件Ⅰ国家(RoAⅠ)	17.10	10.80	11.70	4.64	7.06
东欧	18.00	0.90	4.50	2.49	2.01
能源净出口国(EEx)	43.20	11.70	16.20	9.39	6.81
中国	63.00	4.23	2.07	1.47	0.60
印度	63.90	9.00	14.40	8.22	6.18
俄罗斯	9.54	-3.60	-8.10	-3.68	-4.42
世界其他地区(RoW)	29.70	6.30	10.80	5.62	5.18

资料来源:国内生产总值、人口、劳动力增长率数据由国际货币基金组织的相关数据计算而来;劳动力在熟练劳动力、非熟练劳动力间的分配根据沃尔姆斯利等(Walmsley 等,2005)[2]计算得到。

---

[1]　Chappuis,T.,Walmsley,T.,*Projections for World CGE Model Baselines*,Center for Global Trade Analysis,Department of Agricultural Economics,Prude University,2011.

[2]　Walmsley,T.,Ahmed,S.,Parsons,C. A.,*Global Bilateral Migration Data Base*:*Skilled Labor*,*Wages and Remittances*,Center for Global Trade Analysis,Department of Agricultural Economics,Purdue University,2005.

二、政策方案：以中国为起点

如第二章所述，全球化背景下世界各地区的贸易政策都在不断变化以适应全球经济的分工和发展，且大体上呈现出逐渐开放趋势。此外，由第三章关于全球生产网络下中国对外贸易碳排放转移效应评估，以及贸易自由化对经济—能耗—碳排放影响的传导机制可知，贸易开放政策将通过改变各地区的经济规模、经济结构、生产技术等方式，影响各地区以及全球的能耗、碳排放。在分析贸易自由化影响机制的基础上，本节将结合第二章关于全球贸易自由化的演进，设计合理的贸易自由化政策方案，利用能源环境拓展的全球贸易分析模型探讨贸易自由化可能带来的经济—能耗—碳排放影响。

本节贸易自由化政策以 2007 年和 2011 年世界各地区的进口关税和出口补贴数据为基础，在假定各地区按照 2007—2011 年的贸易自由化趋势，保持稳定的贸易开放政策，计算出各地区 2011—2020 年各部门进口关税的削减程度（见附表 5-1）。附表 5-1 总结的 2011—2020 年世界各地区各部门的关税削减是根据已有的贸易政策或贸易自由化协定等推算而来。此外，以欧美为核心的"跨大西洋贸易与投资伙伴协定"以及中日韩自由贸易协定，涉及了世界重要经济体之间的贸易和投资自由化战略，一旦达成并实施将对世界经济—能耗—碳排放产生深远影响。参考协定的谈判内容及相关研究，本书假定"跨大西洋贸易与投资伙伴关系协定"与中日韩自由贸易协定均能顺利达成，实现美国与欧盟之间农业部门关税税率削减 50%、其他部门双边关税为 0（如陈虹等，2013）[①]，长期看中日韩双边贸易关税为 0（如彭支伟和张伯伟，2012）[②]，具体关税削减程度见附表 5-2。

结合全球化背景下世界各地区的贸易自由化趋势（见附表 5-1），及世界主要经济体之间可能实施的区域合作协定（见附表 5-2），设计以中

[①] 陈虹、韦鑫、余珮：《TTIP 对中国经济影响的前瞻性研究——基于可计算一般均衡模型的模拟分析》，《国际贸易问题》2013 年第 12 期。

[②] 彭支伟、张伯伟：《中日韩自由贸易区的经济效应及推进路径——基于 SMART 的模拟分析》，《世界经济研究》2012 年第 12 期。

国为中心的贸易自由化政策方案。值得注意的是,以中国为中心设计贸易自由化方案主要出于以下考虑:(1)从经济规模和贸易地位来看,中国贸易政策变动必将对世界各地区的经济、环境造成影响。(2)中国平均关税水平较高,随着中国经济地位攀升,世界各国尤其是发达国家对中国贸易自由化的要求更高。从国家内部来看,中国经济严重依赖外需的形势迫切要求中国在更加开放的环境下,提升自身产业部门的国际竞争力。(3)从研究目标来看,本书主要关注全球化背景下不同贸易自由化政策对中国及世界主要经济体的经济、环境影响,并为中国的贸易政策、产业政策、低碳减排提供建议。因此,以中国为中心设计不同贸易自由化政策方案,不仅顺应经济和贸易发展形势,而且符合本书的研究目标。

具体贸易自由化政策方案分为"单边自由化""多边自由化""多边自由化+ TTIP""多边自由化+中日韩 FTA"四种情形①,表 5-2 中分别以政策 P1、政策 P2、政策 P3、政策 P4 表示。其中,"单边自由化"方案指只考察中国进一步贸易开放对中国及世界其他地区的经济、环境影响;"多边自由化"方案指世界各地区参照 2007—2011 年贸易自由化趋势,进一步实施贸易自由化政策的经济、环境影响;"多边自由化+TTIP"方案是在"多边自由化"方案基础上,假设以欧美为核心的"跨大西洋贸易与投资伙伴协议"正式实施,从而导致世界贸易自由化进程变动并对经济和环境产生影响;"多边自由化+中日韩 FTA"方案是在"多边自由化"方案基础上,假设以中日韩为核心的自由贸易协定正式实施,从而导致世界贸易自由化进程变动并对经济和环境产生影响。

表 5-2　全球化背景下贸易自由化的政策方案

政策方案	贸易自由化政策内容
P1	单边自由化:中国各部门按照附表 5-1 进行关税削减

---

①　不同贸易自由化政策方案下,各个地区各个部门具体的关税削减程度见附表 5-1、附表 5-2。需要说明的是,本书区域划分中明确了中国、日本为世界主要经济体,而韩国则归为世界其他国家(RoW),因此本书在模拟自由化政策效果时仅以中日双边贸易关税削减作为中日韩 FTA 的代表。

续表

政策方案	贸易自由化政策内容
P2	多边自由化:所有地区按照附表5-1进行关税削减
P3	多边自由化+TTIP:P2+欧美双边关税削减(见附表5-2)
P4	多边自由化+中日韩FTA:P2+中日双边关税削减(见附表5-2)

资料来源:笔者根据全球贸易分析数据库计算及相关资料整理。

第二节　贸易自由化政策的经济影响效应模拟

一、全球宏观变量的潜在影响

如前所述,贸易自由化将通过价格传导机制对经济产生影响,在本章第一节政策方案设计的基础上,利用能源环境拓展的全球贸易分析模型模拟贸易自由化的经济影响。首先结合本章第一节基准情形以及贸易自由化方案的模拟结果,分析在基准情形基础上,不同贸易自由化方案对世界宏观经济和碳排放影响(见表5-3)。直观地看,不同贸易自由化政策都将导致世界名义国内生产总值、世界贸易品价格指数下降,世界贸易规模、世界福利改善、全球碳排放量上升。此外,在任一政策模拟情形下,瓦尔拉斯变量变动均为0,由第四章关于可计算一般均衡模型的有效性检验可知,这说明本章的政策模拟结果能够保证能源环境拓展的全球贸易分析模型实现新的均衡状态。

由贸易政策对经济影响的机制分析可知,以进口关税削减表示的贸易自由化政策将首先调整各地区的进口商品价格,在一般均衡框架下市场机制作用将导致世界所有进口商品价格指数下降,即为世界贸易品的价格指数。相较于基准情形,"单边自由化"政策P1、"多边自由化"政策P2、"多边自由化+TTIP"政策P3、"多边自由化+中日韩FTA"政策P4情形下世界贸易品价格指数逐渐下降,分别下降0.015%、0.073%、0.130%、0.180%,同时世界贸易量逐渐上升,分别上升0.115%、0.722%、0.890%、0.990%(见表5-3)。

表5-3　贸易自由化对全球宏观经济和碳排放的潜在影响

（单位:%、百万美元）

变量	P1	P2	P3	P4
世界名义 GDP	−0.016	−0.095	−0.112	−0.124
世界贸易品价格指数	−0.015	−0.073	−0.130	−0.180
世界贸易量	0.115	0.722	0.890	0.990
世界福利变化	2639.9	14619.3	15581.9	19765.1
世界碳排放量	0.0116	0.0039	0.0200	0.0400
瓦尔拉斯变量	0	0	0	0

注:表中贸易政策模拟结果为基于基准方案比较后的变化,其中世界福利变化的单位为百万美元,其他变量的单位为百分比变化。

资料来源:世界名义国内生产总值的相关结果由笔者根据模拟结果计算而来,其余的变量则直接来自模拟结果。

　　从经济整体影响来看,贸易自由化政策将导致世界名义国内生产总值下降,世界福利改善。从影响机制分析来看,贸易自由化政策将带来生产要素价格下降,实现生产成本降低、经济产出上升。由于价格指数下降的程度超过经济总量上升程度,世界名义国内生产总值在贸易自由化政策情形下出现下降,且在"单边自由化"政策P1、"多边自由化"政策P2、"多边自由化+TTIP"政策P3、"多边自由化+中日韩FTA"政策P4情形下世界名义国内生产总值下降程度逐渐加深,分别为0.016%、0.095%、0.112%、0.124%。为了准确地说明贸易自由化政策对消费者福利影响,本书采用世界等价变化(WEV)[①]的绝对量变化衡量。与基准情形相比,贸易自由化不同政策下消费者福利逐渐改善。可以看出,较之单边自由化,多边自由化对消费者福利改善更为显著,具体地,"多边自由化"政策P2对消费者福利增加程度是"单边自由化"政策P1消费者福利改进的5.5倍以上。此外,在多边自由化基础上推进世界主要经济体之间的双边贸易自由化,

---

　　① 等价变化(Equivalent Variation,EV)指在原有价格基础上,需要增加多少收入,才能使消费者达到价格变动后的效用水平,可以表示为 $EV = P_0 \times (X_1 - X_0)$。因此,尽管等价变化是包括价格因素的名义变量,但是该变量通过将价格固定在基期,以收入的形式一定程度上反映了消费者消费量变化(福利变化)。

将进一步促进世界福利改善,其中中日韩贸易协定的效果更为显著。从全球碳排放量变化来看,"多边自由化"政策 P2 对碳排放增加的程度最低,"多边自由化+中日韩 FTA"政策 P4 对碳排放增加的幅度最大。

二、中国及世界主要经济体宏观经济的潜在影响

由前面分析可以看出,贸易自由化政策将导致世界实际经济总量上升、消费者福利改善,同时也会带来贸易和投资变化。但由于各地区要素禀赋、经济发展水平、国际竞争力以及贸易政策等差异,贸易自由化政策对各地区的经济影响也呈现不同特点。

关税削减形式的贸易自由化政策,将最直接影响贸易开放地区的进口价格,并在市场机制作用下影响各地区进出口相对价格,即贸易条件。如表5-4所示,从贸易条件变化来看,"单边自由化"政策 P1 情形下,中国贸易条件恶化 0.123%,美国、印度和俄罗斯的贸易条件有所改善,欧盟、日本的贸易条件有所恶化。"多边自由化"政策 P2 情形下,欧盟、俄罗斯的贸易条件有所改善,而其他世界主要经济体的贸易条件出现恶化。该政策下中国和美国的自由化程度相对较高,贸易条件分别下降 0.090%、0.009%(与基准方案相比)。欧盟作为中国和美国最重要的贸易伙伴,中美贸易条件恶化某种程度上可以改善欧盟贸易条件。较之"多边自由化"政策 P2,"多边自由化+TTIP"政策 P3 情形下美国贸易条件得到改善,"多边自由化+中日韩 FTA"政策 P4 情形下日本贸易条件得到改善,这说明进一步推进欧美双边自由化将促进美国出口相对价格提升、欧盟出口相对价格下降,而中日双边自由化则推动了日本出口相对价格提升、中国出口相对价格下降。

表5-4　贸易自由化对主要经济体贸易条件和 GDP 的潜在影响

(单位:%)

国家（地区）	贸易条件				实际 GDP			
	P1	P2	P3	P4	P1	P2	P3	P4
中国	−0.123	−0.090	−0.136	−0.218	0.028	0.030	0.024	0.078

续表

国家 (地区)	贸易条件				实际GDP			
	P1	P2	P3	P4	P1	P2	P3	P4
美国	0.010	−0.009	0.263	−0.132	0.000	0.001	0.007	−0.001
欧盟	−0.006	0.014	0.007	−0.019	−0.001	0.008	0.014	0.006
日本	−0.004	−0.073	−0.154	1.513	0.001	−0.002	−0.005	0.057
印度	0.002	−0.078	−0.104	−0.118	−0.002	0.011	0.005	0.006
俄罗斯	0.054	0.068	0.049	0.022	0	0.128	0.137	0.134

注:表中贸易政策模拟结果为基于基准方案比较后的变化。
资料来源:能源环境拓展的全球贸易分析模型的模拟结果。

从经济总量看,以实际国内生产总值变化率作为衡量指标,排除了价格变化影响。"单边自由化"政策 P1 情形下,只有中国实施单边关税削减,在价格传导机制作用下,中国要素价格逐渐下降并带来生产成本下降、经济总量增长。如表 5-4 所示,"单边自由化"政策 P1 情形下中国实际国内生产总值较之基准情形上升 0.028%。同样地,其他地区实际国内生产总值变化也是价格传导机制的结果,可以看出:"单边自由化"政策 P1 情形下,欧盟、印度的实际国内生产总值下降,日本的实际国内生产总值有所上升。"多边自由化"政策 P2 情形下,各地区都参与全球贸易自由化,此时除日本外,其他世界主要经济体的实际国内生产总值都呈现上升趋势,其中新兴经济体如中国、印度、俄罗斯的实际国内生产总值上升幅度最为明显,分别上升 0.030%、0.011%、0.128%(相较于基准方案)。"多边自由化"政策 P2 情形下,日本贸易自由化程度非常小,在其他地区更大程度削减关税时,日本实际国内生产总值不升反降。

相较于"多边自由化"政策 P2,"多边自由化+TTIP"政策 P3 情形下美国、欧盟、俄罗斯的实际国内生产总值出现上升,其他地区实际国内生产总值都呈现下降趋势,其中中国和印度的实际国内生产总值下降程度最为明显。"跨大西洋贸易与投资伙伴协议"是迄今为止美国和欧盟之间最大规模的经济合作协定,两大发达经济体之间进一步推进贸易自由化和便利化,将带来美国和欧盟的实际国内生产总值上升。中国作为欧美的重要贸易伙伴，"跨大西洋贸易与投资伙伴协议"达成的贸易合作将对中国形成贸易歧视，并导致中国实际国内生产总值较之"多边自由化"政策 P2 出现下降。俄罗斯并未受到"跨大西洋贸易与投资伙伴协议"影响，主要是因为俄罗斯作为能源大国，美国、欧盟等对其能源出口具有较高需求，同时"跨大西洋贸易与投资伙伴协议"规定的关税削减部门中波及俄罗斯经济的程度较小①，因此俄罗斯实际国内生产总值不降反升。

类似地，较之"多边自由化"政策 P2，"多边自由化+中日韩 FTA"政策 P4 情形下中国、日本和俄罗斯的实际国内生产总值均有所上升，其他地区实际国内生产总值呈现下降趋势。这同样说明进一步推进双边贸易自由化将有助于提高缔约方的实际国内生产总值，在价格机制传导下会对其他国家的经济总量产生负外部性，但俄罗斯凭借其在世界能源市场的重要地位，能够通过世界主要经济体双边贸易自由化带来的经济规模扩张而实现其经济总量上升。

等价变化(EV)将产品价格固定在基准情形，以收入变动衡量贸易自由化政策对消费者福利影响。表 5-5 结合贸易自由化的影响机制，将各地区消费者福利变化分解为"贸易条件效应"和"分配效率效应"。"贸易条件效应"指贸易自由化政策情形下各地区进出口相对价格变化对消费者实际消费变动的影响，与贸易条件变化方向基本一致。如表 5-5 所示，"单边自由化"政策 P1 情形下"贸易条件效应"导致中国、美国、欧盟、日本、印度、俄罗斯的消费者福利变化，与表 5-4 贸易条件变动基本一致(印度除外)。

"分配效率效应"对消费者福利变化的影响与经济系统各地区的要素价格传导相关，表明不同贸易自由化政策对各地区的资源配置作用。由表 5-5 可以看出，"单边自由化"政策 P1 情形下中国实施单边贸易自由化能够促进其分配效率改进，带来中国消费者福利提高 2582.2 百万美元；同时导致美国、欧盟、印度资源配置扭曲，消费者福利分别下降 54.6 百万美元、111.7 百万美元、47.0 百万美元。另外，"单边自由化"政策 P1

---

① "跨大西洋贸易与投资伙伴协议"中涉及能源生产部门的贸易自由化程度较小，而能源生产部门是俄罗斯最具比较优势的部门，因此"跨大西洋贸易与投资伙伴协议"对俄罗斯经济的负面影响十分微弱。

将通过"分配效率效应"对日本、俄罗斯的消费者福利有所改善。相较于"单边自由化"政策P1,"多边自由化"政策P2情形下日本由于资源配置损失带来消费者福利恶化,中国、美国、欧盟、印度、俄罗斯则由于资源配置效率改进带来消费者福利改善。"多边自由化+TTIP"政策P3在"多边自由化"政策P2基础上考察美国与欧盟之间的贸易合作,发现"多边自由化+TTIP"政策P3情形下美国、欧盟"分配效率效应"的消费者福利分别由"多边自由化"政策P2的102.3百万美元、1733.0百万美元上升至1325.8百万美元、3014.7百万美元。此时,资源配置导致中国、日本、印度消费者福利出现恶化。政策P4在"多边自由化"政策P2基础上考察了中日之间的双边贸易合作,发现政策P4情形下"分配效率效应"下中国、日本的消费者福利分别由"多边自由化"政策P2的2735.2百万美元、-137.8百万美元上升至7228.6百万美元、4257.3百万美元,此时资源配置扭曲导致美国、欧盟、印度的消费者福利恶化。俄罗斯情形比较特殊,"单边自由化"政策P1、"多边自由化"政策P2、"多边自由化+TTIP"政策P3和"多边自由化+中日韩FTA"政策P4情形下"分配效率效应"对消费者福利保持上升状态,这与俄罗斯能源大国地位密不可分。

有意思的是,不同贸易自由化政策方案通过"分配效率效应"对中国及世界主要经济体消费者福利的变化趋势,同不同贸易自由化政策方案对中国及世界主要经济体实际国内生产总值的变化趋势一致(见表5-4),这说明贸易政策带来的资源配置变化是决定经济总量和消费者福利的重要因素。

表5-5 贸易自由化对主要经济体消费者福利的分解效应

(单位:百万美元)

政策方案	福利	经济体	中国	美国	欧盟	日本	印度	俄罗斯
P1		福利	-239.3	111.5	-679.2	23.3	-54.8	324.7
	福利分解	贸易条件	-2976.2	270.1	-552.9	-49.9	-6.6	348.1
		分配效率	2582.2	-54.6	-111.7	71.3	-47.0	0.6

续表

政策方案	福利	经济体	中国	美国	欧盟	日本	印度	俄罗斯
P2	福利		115.7	-832.0	2719.0	-1048.5	-439.9	4884.6
	福利分解	贸易条件	-2217.6	-166.7	1221.7	-874.1	-434.1	381.9
		分配效率	2735.2	102.3	1733.0	-137.8	257.6	3083.9
P3	福利		-2329.2	9366.5	3044.5	-2351.4	-873.7	4924.4
	福利分解	贸易条件	-3384.1	6623.0	593.1	-1853.8	-549.6	227.5
		分配效率	2201.8	1325.8	3014.7	-393.9	116.8	3309.2
P4	福利		2012.9	-5301.6	-745.2	22716.3	-823.6	4828.7
	福利分解	贸易条件	-4971.1	-3363.7	-1603.5	18022.1	-587.8	25.8
		分配效率	7228.6	-269.7	1260.8	4257.3	136.6	3232.8

注：表中贸易政策模拟结果为基于基准方案比较后的变化。
资料来源：能源环境拓展的全球贸易分析模型的模拟结果。

贸易条件可以衡量特定时期内一地区出口相对于进口的盈利能力和贸易利益，反映该国的对外贸易状况（尤其是双边贸易）。从双边贸易角度而言，可以将净出口看作是贸易条件的函数，并且正常情形下贸易条件改善将导致净出口需求下降，贸易条件恶化会导致净出口需求上升。以"单边自由化"政策 P1 情形为例，美国贸易条件改善，实际出口增长率为 0.12%，实际进口增长率为 0.01%，实际进口量增长率高于实际出口量增长率。欧盟、中国贸易条件恶化，此时欧盟进出口增长率分别为-0.01%、0.04%，中国进出口增长率分别为 1.21%、0.61%。这说明多国贸易模型中贸易条件变化可以一定程度上反映地区的贸易状况但并不确定，主要由于以下两个原因：第一，贸易条件衡量对外贸易状况主要用于双边贸易，而在多国贸易情形下贸易条件刻画的是地区的平均进出口相对价格变动。举例来说，欧盟在"单边自由化"政策 P1 情形下贸易条件恶化是欧盟与其他 9 个地区贸易的总体结果，假设欧盟在与中国的双边贸易中贸易条件改善，且欧盟对中国的出口额占其总出口额的较大比重，此时中国对欧盟出口需求下降而欧盟对中国进口需求扩大，最终导致欧盟的出口增长率低于其进口增长率。第二,贸易条件可以一定程度上反映净出口变化,但是出口增长率与进口增长率的差距还取决于进出口规模。因此,不同贸易政策情形下,各地区的进出口规模变化率由贸易政策、贸易条件、基期进出口规模共同决定。通过比较不同贸易政策对进出口规模的潜在影响,不难发现:四种贸易自由化政策情形下,中国、俄罗斯的进口增长率始终高于其出口增长率,这一方面由于这两个地区贸易自由化程度最高,另一方面在基准情形下这两个地区都处于贸易顺差地位。

表 5-6　贸易自由化对主要经济体贸易规模的潜在影响

（单位:%）

国家（地区）	P1		P2		P3		P4	
	进口	出口	进口	出口	进口	出口	进口	出口
中国	1.21	0.61	1.35	0.99	1.23	1.07	3.7	2.83
美国	0.01	0.12	0.37	0.94	1.64	1.77	0.04	1.15
欧盟	-0.01	0.04	0.46	0.47	0.64	0.65	0.38	0.57
日本	0.05	0.18	0.09	0.85	-0.08	1.09	5.18	1.21
印度	0	0.09	0.37	0.91	0.28	0.93	0.27	1
俄罗斯	0.07	0.05	2.96	1.07	2.86	1.14	2.76	1.18

注:表中贸易政策模拟结果为基于基准方案比较后的变化。
资料来源:能源环境拓展的全球贸易分析模型的模拟结果。

三、中国及世界主要经济体部门经济的潜在影响

"单边自由化"政策 P1 情形下,中国对农业、煤炭、原油、成品油、金属矿物、化学制品、有色金属、非金属矿物部门的进口关税进行削减(见附表 5-1),通过价格传导机制调整经济系统的产出结构。如表 5-7 所示,中国实施单边贸易自由化将导致实施关税削减部门的产品价格下降,生产者基于利润最大化原则进行减产(有色金属部门除外)。一般来说,关税削减程度越高,在开放情形下该部门的产出下降程度越高;基准产出规模越大,自由化冲击对产出的影响程度越小。例如,中国农业、成品油以及化学制品业的关税削减程度最高、产出规模较大,自由化对其产出的影响程度将有所缓冲,但仍是单边自由化情形下中国产出下降程度最明显的部

门,分别下降0.474%、0.416%、0.631%(见表5-7)。有色金属是贸易自由化部门中唯一产出上升的部门,产出上升幅度为0.134%,这主要与该部门的国际竞争力有关。由第一章可知,有色金属部门的显示性比较优势大于1,关税削减时,一方面由于替代效应该部门产出将受到进口同类产品的冲击,另一方面由于该部门具有比较优势而导致其产出上升。

表5-7 "单边自由化"政策P1对世界主要经济体产出结构的潜在影响

(单位:%)

部门	中国	美国	欧盟	日本	印度	俄罗斯
农业	-0.474	0.303	0.073	0.021	0.036	0.089
煤炭	-0.145	0.028	0.044	0.149	0.044	0.012
原油	-0.199	0.052	0.064	0.07	0.052	0.037
天然气	0.711	0.045	0.108	0.085	0.067	0
成品油	-0.416	0.008	0.006	0.096	-0.014	0.108
电力	-0.088	0.004	0.014	0.016	0.014	0
金属矿物	-0.147	0.032	0.031	-0.005	0.128	0.033
化学制品	-0.631	0.085	0.066	0.249	0.005	0.029
非金属矿物	0.240	-0.026	-0.035	-0.031	-0.04	-0.046
有色金属	0.134	0.015	0.028	0.121	-0.012	-0.078
金属制品	-0.164	0.102	0.155	0.160	0.176	0.040
其他制造业	0.311	-0.047	-0.025	-0.046	-0.058	-0.078
运输业	0.109	0.012	0.053	0.032	0.003	0.007
建筑业	0.307	-0.053	-0.077	-0.075	-0.041	-0.043
其他服务业	0.006	0.001	0	-0.002	-0.003	0.002

注:表中贸易政策模拟结果为基于基准方案比较后的变化。

资料来源:能源环境拓展的全球贸易分析模型的模拟结果,其中数据以相对于基准情形变化百分比(%)表示。

单边贸易自由化对其他地区部门产出影响,与中国同其他地区的贸易紧密程度相关。从全球贸易分析第9版数据库可知,贸易自由化情形下中国产出下降的8个部门都属于净进口部门,此时美国、欧盟、日本、印度、俄罗斯的相应部门几乎都呈现产出上升状态。另外,单边自由化情形下中国非金属矿物、其他制造业、建筑业产出上升,且都是中国净出口部门,在国际贸易中具有一定的比较优势和竞争力,此时美国、欧盟、日本、印度、俄罗斯的对应部门产出下降。此外,单边自由化情形下,其他地区的运输业、天然气、有色金属、其他服务业的产出并不存在同方向变化,但都是价格传导机制作用下替代效应、收入效应调整的结果。总体而言,单边自由化政策将导致中国关税削减部门(有色金属除外)产出下降,其他地区相应部门产出上升;在价格传导机制作用下中国其他部门产出有所上升,其他地区部门产出调整与国际竞争力、同中国贸易紧密程度相关。

如表5-8所示,单边自由化政策将导致中国农业、煤炭、成品油、金属矿物、化学制品、非金属矿物、有色金属、金属制品、建筑业、其他服务业的进口增长率高于出口增长率,其中农业、煤炭、成品油、金属矿物、化学制品、金属制品的产出下降。这说明单边自由化将导致中国国内产出下降,更多地进口同类产品以满足本国需求。与此同时,美国、欧盟、日本、印度、俄罗斯各部门出口增长率几乎都高于其进口增长率。由于单边贸易自由化情形下,中国关税削减部门集中在能源生产部门、能源密集型部门,表5-7和表5-8说明单边贸易自由化导致中国生产和出口向非能源密集型部门转移。

表5-8 "单边自由化"政策 P1 对主要经济体贸易结构的潜在影响

(单位:%)

贸易 \ 部门 \ 经济体	中国	美国	欧盟	日本	印度	俄罗斯
出口 农业	2.48	1.54	0.30	0.81	1.83	1.44
煤炭	-0.07	0.16	0.10	0.11	0.21	0.01
原油	2.10	0.25	0.12	0.12	0.41	-0.04
天然气	3.75	0.39	0.24	0.77	0.42	-0.06
成品油	0.86	0.12	0.03	1.45	0.04	0.35
电力	-0.04	0.06	0.05	0.03	0.06	-0.16
金属矿物	0.07	0.11	0.06	0.16	0.21	0.07
化学制品	1.24	0.33	0.11	0.92	0.21	0.22
非金属矿物	0.06	0.03	-0.01	0.03	-0.04	-0.13
有色金属	0.33	0.27	0.07	0.63	0.29	-0.11

续表

贸易 \ 部门	经济体	中国	美国	欧盟	日本	印度	俄罗斯
出口	金属制品	0.70	0.32	0.23	0.58	0.87	0.15
	其他制造业	0.61	−0.08	−0.03	−0.05	−0.14	−0.27
	运输业	0.21	0.12	0.15	0.23	0.17	0.08
	建筑业	−0.11	−0.01	0.01	0.00	−0.05	−0.13
	其他服务业	−0.38	0.04	0.05	0.04	0.04	−0.10
进口	农业	8.89	0.22	−0.06	−0.17	−0.09	0.09
	煤炭	0.35	−0.06	−0.03	0.05	−0.03	0.11
	原油	−0.53	−0.02	0.00	0.09	−0.03	0.14
	天然气	−0.47	−0.06	−0.02	0.02	−0.08	0.13
	成品油	6.93	−0.01	0.01	0.13	0.04	0.10
	电力	−0.05	−0.03	0.00	0.01	0.01	0.07
	金属矿物	0.24	0.01	0.00	0.13	−0.03	0.01
	化学制品	4.02	0.06	0.01	0.20	0.07	0.08
	非金属矿物	0.18	−0.05	−0.05	−0.03	−0.02	0.03
	有色金属	3.53	−0.05	−0.02	0.05	−0.02	0.01
	金属制品	2.27	−0.03	0.00	0.08	0.04	0.06
	其他制造业	−0.10	0.02	−0.02	0.04	0.05	0.07
	运输业	0.06	−0.01	0.00	−0.01	−0.02	0.03
	建筑业	0.33	−0.10	−0.10	−0.10	−0.05	0.00
	其他服务业	0.24	−0.03	−0.02	−0.02	−0.03	0.06

注：表中贸易政策模拟结果为基于基准方案比较后的变化。

多边贸易自由化情形下，世界各地区同时对特定部门实施关税削减，相较于单边自由化政策，多边贸易自由化将对世界各地区经济进行直接冲击，对中国经济冲击则有所缓冲。如表5-9所示，多边贸易自由化情形下，美国、欧盟、日本、印度、俄罗斯各部门产出变化基本呈现一个特点：在"单边自由化"政策P1产出上升的部门，在"多边自由化"政策P2产出将进一步上升;在"单边自由化"政策 P1 产出下降的部门,在"多边自由化"政策 P2 产出将进一步下降;但是也出现一些逆转,即在"单边自由化"政策 P1 产出上升部门,在"多边自由化"政策 P2 出现产出下降。

较之"单边自由化"政策 P1,"多边自由化"政策 P2 情形下美国部门产出变动可分为三个类型:产出上升部门,包括农业、煤炭、原油、天然气、成品油、电力、金属矿物、化学制品、有色金属、金属制品、运输业;产出下降部门,包括非金属矿物、其他制造业、建筑业;以及产出变动方向出现逆转的部门—其他服务业。部门产出变动方向及变动程度,与美国及其贸易伙伴该部门的自由化程度、美国该部门的国际竞争力密切相关。在多边贸易自由化政策中,欧盟、日本的自由化程度较低,且都集中在能源密集型部门,这一方面与其自身贸易开放程度较高有关,另一方面也是因为欧盟、日本的能源消耗主要依靠能源进口。多边贸易自由化情形下,欧盟 6 个部门的产出变动方向出现了逆转,包括煤炭、天然气、化学制品、非金属矿物、其他制造业、其他服务业,而日本只有其他制造业产出变动方向出现了逆转,这是多边贸易政策情形下各地区在国内外形势变化下调整的结果。印度、俄罗斯的自由化程度较高,印度的自由化部门集中在能源生产部门,俄罗斯的自由化不仅涉及能源生产部门还涉及能源密集型产品部门。印度的产出变动方向基本与"单边自由化"政策 P1 一致,只有煤炭和其他制造业产出变动方向出现逆转。煤炭是印度净进口部门并且净进口规模较大,在印度对其实施关税削减时煤炭部门产出下降;而其他制造业并没有实施自由化政策,在其他国家进行关税削减情形下,由于印度其他制造业具有一定的国际竞争力,因此"多边自由化"政策 P2 将导致印度其他制造业产出上升。俄罗斯产出变动出现逆转的部门较多,但整体上仍然是国内外自由化程度,及自身国际竞争力共同调整的结果。

与此同时,中国在"单边自由化"政策 P1 产出下降部门,在多边贸易自由化情形下部门(除了非金属矿物)的产出有所上升。此外,相较于"单边自由化"政策 P1,"多边自由化"政策 P2 情形下中国天然气、非金属矿物、建筑业、其他服务业产出下降,而有色金属、其他制造业、运输业产出上升。中国各部门产出变化不仅与其自身的贸易自由化程度相关,还与其主要贸易伙伴的贸易自由化程度密切相关。例如，"单边自由化"政策 P1 情形下产出下降的 7 个部门：农业、煤炭、原油、成品油、电力、金属矿物、化学制品，在多边贸易自由化情形下中国重要的贸易伙伴，如美国、俄罗斯等，在这 7 个部门实施了关税削减，"多边自由化"政策 P2 可能会通过贸易创造、贸易转移导致中国这些部门产出上升。

表 5-9 "多边自由化"政策 P2 对主要经济体产出结构的潜在影响

（单位:%）

部门	三大发达经济体			三大新兴经济体		
	美国	欧盟	日本	中国	印度	俄罗斯
农业	0.194	0.063	0.105	0.037	0.082	-0.086
煤炭	0.101	-0.079	0.13	0.03	-1.421	0.222
原油	0.149	0.056	0.178	0.116	0.104	0.204
天然气	0.019	-0.362	0.081	-0.38	0.019	0.149
成品油	0.211	0.046	-0.07	0.089	-0.234	-0.045
电力	0.011	0.023	0.025	0.019	0.005	-0.187
金属矿物	0.045	0.036	-0.142	0.007	0.032	0.015
化学制品	0.188	-0.089	0.047	0.002	0.284	-0.487
非金属矿物	-0.076	0.087	-0.084	-0.065	0.037	0.311
有色金属	0.273	0.243	0.342	0.078	-1.914	0.34
金属制品	0.022	0.155	0.092	-0.054	0.119	-0.167
其他制造业	-0.033	0.039	0.122	0.016	0.142	-1.806
运输业	0.041	0.081	0.09	0.02	0.051	0.146
建筑业	-0.113	0.066	-0.361	-0.152	-0.067	1.042
其他服务业	-0.004	-0.021	-0.015	-0.003	0.014	0.045

资料来源:能源环境拓展的全球贸易分析模型的模拟结果,其中数据以基于"单边自由化"政策 P1 变化百分比(%)表示。

多边贸易自由化情形下,各地区同时实施以进口关税削减为对象的贸易自由化政策,通过影响国际市场进出口价格对各地区贸易结构进行调整。为了更清楚地说明多边贸易自由化与单边贸易自由化的差别,表5-10 以单边贸易自由化贸易结构为基准,汇总了多边自由化政策对世界主要经济体贸易结构相对于单边自由化政策的调整。可以发现以下几点:第一,相较于单边自由化政策,世界主要经济体各部门出口整体呈现增长趋势,只有欧盟的煤炭和电力部门、中国的天然气和金属制品部门出口有所下降。第二,相较于单边贸易自由化政策,美国的煤炭、电力、建筑业和其他服务业进口下降;日本的其他制造业、运输业、建筑业、其他服务业进口下降;中国的煤炭、建筑业、其他服务业进口下降;印度大多数部门的进口呈现下降趋势,只有农业、煤炭、成品油、化学制品、有色金属部门进口上升,其中煤炭、成品油、有色金属是印度关税削减部门;俄罗斯进口下降部门集中在农业、电力、金属矿物、有色金属、其他制造业、运输业、其他服务业。相较于单边贸易自由化政策,多边贸易自由化政策对世界主要经济体各部门进口变化与其关税削减、国际竞争力密切相关。第三,相较于单边贸易自由化政策,多边贸易自由化政策情形下世界主要经济体(欧盟除外)的出口增长率高于其进口增长率,且能源密集型部门表现更为明显。

表5-10　"多边自由化"政策P2对主要经济体贸易结构的潜在影响

(单位:%)

贸易	经济体 部门	三大发达经济体			三大新兴经济体		
		美国	欧盟	日本	中国	印度	俄罗斯
出口	农业	2.41	0.47	4.64	3.38	2.35	4.67
	煤炭	0.51	-0.29	0.57	0.14	1.3	1.09
	原油	0.97	0.14	1.42	1.49	2.84	0.48
	天然气	-0.21	-0.84	1.22	-1.39	0.80	1.55
	成品油	1.60	0.25	0.43	1.87	1.14	0.30
	电力	0.24	-0.08	0.23	0.02	1.40	0.69
	金属矿物	0.15	-0.01	0.12	0.08	0.18	0.35
	化学制品	0.71	-0.09	0.81	0.32	0.92	0.94
	非金属矿物	0.95	0.29	0.59	0.54	1.15	2.41
	有色金属	2.01	0.49	1.64	1.71	2.29	1.86
	金属制品	0.20	1.19	0.18	-0.31	0.84	0.78
	其他制造业	0.85	0.82	0.62	0.29	0.75	4.16
	运输业	0.36	0.25	0.73	0.53	0.66	0.77

贸易 \ 部门 \ 经济体		三大发达经济体			三大新兴经济体		
		美国	欧盟	日本	中国	印度	俄罗斯
出口	建筑业	0.27	0.02	0.43	0.16	0.56	0.96
	其他服务业	0.31	-0.10	0.46	0.13	0.37	0.69
进口	农业	2.82	0.23	0.09	0.32	0.74	-0.94
	煤炭	-0.04	0.19	-0.02	-0.01	0.95	3.24
	原油	0.25	0.05	-0.08	0.07	-0.29	1.09
	天然气	0.15	0.19	0.04	0.22	-0.22	1.40
	成品油	0.65	0.11	0.16	0.35	7.81	0.84
	电力	-0.01	0.09	0.01	0.17	-0.59	-0.52
	金属矿物	0.06	0.10	0.18	0.01	-0.04	-0.25
	化学制品	0.13	0.05	1.02	0.22	0.08	1.16
	非金属矿物	0.70	0.10	0.13	-0.05	-0.45	4.63
	有色金属	0.09	0.16	1.85	0.14	11.54	-0.43
	金属制品	0.06	0.88	0.12	0.18	-0.29	-0.60
	其他制造业	0.49	0.94	-0.17	0.18	-0.12	4.70
	运输业	0.02	0.11	-0.04	0.09	-0.18	-0.18
	建筑业	-0.22	0.14	-0.59	-0.12	-0.27	0.84
	其他服务业	-0.17	0.04	-0.21	-0.11	-0.17	-0.26

资料来源:能源环境拓展的全球贸易分析模型的模拟结果,其中数据以基于"单边自由化"政策P1变化百分比(%)表示。

相较于多边贸易自由化政策,"多边自由化+TTIP"政策 P3 增加了美国与欧盟之间的双边贸易合作,且双边自由化大致呈现如下特点:农业部门、能源生产中成品油部门自由化程度较高,能源密集型行业以及其他制造业也是美国与欧盟双边自由化程度非常高的部门(见附表5-2)。从表5-11 可以看出,相较于"多边自由化"政策P2,"多边自由化+TTIP"政策 P3 导致美国、欧盟的各部门产出进一步变化,同时世界主要经济体,如中国、日本、印度和俄罗斯的部门产出也受到了明显影响。与"多边自由化"政策 P2 相比,"多边自由化+TTIP"政策 P3 情形下美国有 10 个部门产出下降、5 个部门产出上升,且下降部门主要集中在农业、初级能源生产部门以及一些能源密集型部门;类似地,欧盟产出下降集中于农业、原油、天然气、电力、金属矿物、有色金属和金属制品业。可以看出,美欧双边贸易自由化将导致重点自由化部门的产出下降,其中美国产出下降程度更为明显,但美国其他行业的上升幅度也更为显著,如成品油、化学制品、金属制品、建筑业等。

中国、日本、印度和俄罗斯作为世界主要经济体,在国际经贸格局中与美国、欧盟之间的产业联系非常紧密,美欧双边贸易自由化势必会影响中国、日本、印度和俄罗斯的产出结构。直观地看,中国、日本的部门产出整体呈现上升趋势,且主要集中于美欧产出下降部门。这主要因为美欧作为世界主要发达经济体,其双边贸易自由化将直接导致世界贸易价格指数下降,提升对中国、日本相应部门的需求并扩大其产出规模。而印度、俄罗斯的产出结构受美欧双边贸易自由化的负面影响比较明显,这主要与其各部门的国际竞争力有关。在国际贸易中印度、俄罗斯处于能源密集型部门的进口国地位,而能源密集型部门正是美欧自由化的重点部门,世界价格指数下降将进一步促进印度、俄罗斯的产出下降。

类似地,中日双边贸易自由化("多边自由化+中日韩 FTA"政策 P4)将有助于两国进一步发挥各自的比较优势,并通过世界贸易价格指数调整各部门的平均价格,最终导致中国、日本部门产出整体呈现下降趋势,美国、欧盟、印度、俄罗斯的产出结构受世界平均价格影响但波动并不明显。

表 5-11 "多边自由化+"对主要经济体产出结构的潜在影响

(单位:%)

政策方案	部门	美国	欧盟	日本	中国	印度	俄罗斯
P3	农业	-0.12	-0.04	0.08	0.02	0.00	0.02
	煤炭	-0.19	0.01	0.12	0.01	-0.01	0.09
	原油	-0.16	-0.03	0.07	0.04	0.03	0.03
	天然气	-0.46	-0.16	0.18	0.07	0.03	0.04

续表

政策方案	部门 \ 经济体	美国	欧盟	日本	中国	印度	俄罗斯
P3	成品油	0.35	0.01	-0.05	-0.03	-0.07	-0.13
	电力	0.02	-0.01	0.00	0.01	-0.01	-0.02
	金属矿物	-0.05	-0.02	-0.09	0.01	-0.02	-0.06
	化学制品	0.24	0.04	0.05	0.00	-0.08	-0.14
	非金属矿物	-0.10	0.16	-0.07	-0.07	-0.08	-0.10
	有色金属	-0.36	-0.01	0.10	0.01	0.00	0.03
	金属制品	0.48	-0.08	0.08	0.04	-0.02	-0.19
	其他制造业	-0.01	0.01	0.08	0.02	-0.01	0.01
	运输业	-0.07	0.03	0.01	0.00	-0.01	0.01
	建筑业	0.26	0.03	-0.21	-0.09	-0.06	-0.13
	其他服务业	-0.01	0.00	-0.01	0.00	0.02	0.02
P4	农业	0.00	0.00	-1.33	0.11	0.00	0.01
	煤炭	0.04	0.04	-3.73	-0.07	0.03	0.09
	原油	0.07	0.06	-1.52	-0.09	0.04	0.05
	天然气	0.08	0.07	-6.59	-0.37	0.04	0.07
	成品油	-0.01	0.04	1.16	-0.03	-0.01	-0.01
	电力	0.01	0.02	0.24	-0.03	0.01	0.01
	金属矿物	-0.03	-0.02	0.68	-0.12	-0.06	0.04
	化学制品	0.19	0.17	-0.42	-0.43	0.05	-0.06
	非金属矿物	-0.10	-0.08	1.17	-0.01	-0.08	-0.16
	有色金属	0.18	0.12	-0.96	-0.03	0.08	0.16
	金属制品	0.20	0.11	-1.77	-0.12	-0.01	0.15
	其他制造业	0.05	0.01	-0.52	0.08	0.04	0.03
	运输业	0.06	0.12	-0.25	0.03	0.02	0.03
	建筑业	-0.24	-0.22	1.95	0.22	-0.10	-0.24
	其他服务业	0.00	0.00	0.10	-0.02	0.00	0.00

资料来源：能源环境拓展的全球贸易分析模型的模拟结果，其中数据以基于"多边自由化"政策P2变化百分比（%）表示。

与"多边自由化"政策 P2 相比，美欧之间进一步自由化（政策 P3）对世界主要经济体出口结构影响与产出结构变化类似，主要表现为美国的农业、初级能源生产部门和一些能源密集型部门的出口下降，欧盟出口下降的部门范围和程度更小；中国、日本各部门出口呈现上升趋势，印度、俄罗斯出口下降部门主要集中于美欧出口上升部门（见表 5-12）。类似地，中日之间双边贸易协定（"多边自由化+中日韩 FTA"政策 P4）将导致日本相对劣势部门的出口呈现明显下降趋势，尤其是能源生产部门，同时中国能源生产部门的出口呈现微弱下降趋势，而其他制造业部门出口有所上升；美国、欧盟各部门出口整体呈现上升趋势，而印度、俄罗斯在国际贸易格局中与中国地位相当，其出口下降部门集中于中国出口下降部门。

表 5-12　"多边自由化+"对主要经济体出口结构的潜在影响

（单位:%）

政策方案	部门＼经济体	美国	欧盟	日本	中国	印度	俄罗斯
P3	农业	-0.25	-0.06	0.19	0.21	0.21	0.13
	煤炭	-1.43	0.04	0.38	0.20	0.08	0.15
	原油	-1.73	0.01	0.18	0.23	0.18	0.21
	天然气	-4.76	-0.30	2.36	0.63	0.65	0.34
	成品油	1.45	0.26	-0.07	0.01	-0.16	-0.32
	电力	-1.67	-0.07	0.31	0.30	0.21	0.21
	金属矿物	-0.49	-0.07	0.05	0.06	-0.01	0.02
	化学制品	2.39	0.25	0.00	-0.16	-0.35	-0.37
	非金属矿物	2.18	0.96	-0.02	-0.30	-0.44	-0.33
	有色金属	-1.32	-0.01	0.28	0.22	0.14	0.15
	金属制品	2.90	0.09	0.07	0.02	-0.04	-0.37
	其他制造业	1.46	0.25	0.30	0.09	-0.01	-0.02
	运输业	-0.66	0.05	0.14	0.14	0.09	0.12
	建筑业	-1.30	-0.12	0.29	0.19	0.07	0.12
	其他服务业	-1.19	0.03	0.49	0.39	0.38	0.34

续表

政策方案 \ 部门 \ 经济体	美国	欧盟	日本	中国	印度	俄罗斯
P4 农业	-0.15	-0.03	-3.21	8.05	-0.06	-0.07
煤炭	0.23	-0.06	-8.74	-0.58	-0.14	0.16
原油	0.23	0.07	-5.09	-0.19	0.09	0.12
天然气	0.54	0.03	-47.49	-1.87	-0.14	0.40
成品油	0.02	0.03	3.53	0.04	0.02	0.03
电力	0.16	0.02	-7.21	-0.83	-0.12	-0.05
金属矿物	-0.04	0.00	-0.35	-0.32	-0.09	-0.01
化学制品	0.38	0.22	1.47	0.31	0.09	-0.20
非金属矿物	-0.47	-0.04	5.43	0.00	-0.29	0.00
有色金属	0.54	0.20	-2.45	0.23	0.23	0.45
金属制品	0.37	0.14	-2.13	0.39	0.04	0.25
其他制造业	0.03	0.01	1.68	2.32	0.13	-0.45
运输业	0.44	0.30	-2.28	0.13	0.29	0.32
建筑业	1.71	0.64	-6.73	-0.07	0.77	0.31
其他服务业	0.55	0.14	-7.56	-0.32	0.05	0.11

资料来源:能源环境拓展的全球贸易分析模型的模拟结果,其中数据以基于"多边自由化"政策P2变化百分比(%)表示。

与出口结构变化相反,在多边贸易自由化基础上进一步推进美欧或中日双边贸易自由化将促进美欧或中日各部门的进口,抑制世界其他主要经济体的进口(见表5-13)。

表5-13 "多边自由化+"对主要经济体进口结构的潜在影响

(单位:%)

政策方案 \ 部门 \ 经济体	美国	欧盟	日本	中国	印度	俄罗斯
P3 农业	0.56	0.11	-0.10	-0.16	-0.09	-0.02
煤炭	0.92	0.01	-0.03	-0.09	-0.02	-0.31
原油	0.69	0.01	-0.05	-0.07	-0.09	-0.20

续表

政策方案	部门\经济体	美国	欧盟	日本	中国	印度	俄罗斯
P3	天然气	1.51	0.07	−0.03	−0.02	−0.13	−0.31
	成品油	0.96	0.39	−0.03	−0.07	−0.05	−0.08
	电力	0.98	0.03	−0.24	−0.11	−0.18	−0.11
	金属矿物	0.28	0.04	0.08	−0.01	−0.05	−0.14
	化学制品	1.97	0.27	−0.17	−0.13	−0.08	−0.04
	非金属矿物	3.13	0.34	−0.24	−0.28	−0.06	−0.14
	有色金属	0.74	0.03	−0.06	−0.12	−0.09	−0.06
	金属制品	1.36	0.15	−0.02	−0.10	−0.02	−0.11
	其他制造业	1.47	0.28	−0.25	−0.15	−0.10	−0.11
	运输业	0.41	−0.01	−0.16	−0.11	−0.08	−0.04
	建筑业	0.98	0.06	−0.47	−0.16	−0.08	−0.28
	其他服务业	0.66	−0.03	−0.36	−0.15	−0.17	−0.16
P4	农业	−0.06	0.00	4.08	0.86	0.08	−0.03
	煤炭	−0.12	−0.02	1.11	0.38	−0.01	−0.03
	原油	−0.07	0.04	1.18	0.01	−0.02	−0.04
	天然气	−0.18	−0.01	1.52	0.06	0.01	−0.09
	成品油	−0.02	0.04	1.27	0.81	−0.03	−0.07
	电力	−0.07	0.02	4.01	0.40	0.07	0.03
	金属矿物	0.06	−0.02	−1.10	−0.01	−0.06	0.06
	化学制品	−0.21	0.00	3.87	2.25	−0.05	−0.04
	非金属矿物	−0.44	−0.20	5.34	11.40	−0.32	−0.30
	有色金属	−0.25	−0.01	3.76	3.24	−0.44	−0.29
	金属制品	0.00	0.02	1.88	0.93	0.03	−0.01
	其他制造业	−0.52	−0.15	9.79	4.44	−0.29	−0.29
	运输业	−0.10	0.01	3.09	0.23	−0.02	−0.04
	建筑业	−1.04	−0.60	6.09	−0.30	−0.57	−0.50
	其他服务业	−0.19	−0.06	4.12	0.24	−0.05	−0.02

资料来源:能源环境拓展的全球贸易分析模型的模拟结果,其中数据以基于"多边自由化"政策P2变化百分比(%)表示。

第三节 贸易自由化政策的能耗—碳排放影响预测

一、中国及世界主要经济体能耗—碳排放量的潜在影响

表5-14刻画了不同贸易自由化情形下,中国及世界主要经济体五种能源消耗量的变化率。由能源环境拓展的全球贸易分析模型可知,经济系统中各地区的能源消耗来自两方面:一方面能源作为中间投入用于生产过程,另一方面能源作为最终产品满足家庭和政府的最终消费。此外,贸易自由化背景下各地区的能源消耗还与贸易规模变化和贸易结构变化密切相关。"单边自由化"政策P1情形下,仅中国实施以关税削减为目标的贸易自由化政策,在此政策背景下,中国的煤炭、原油、天然气、电力的消耗量呈下降趋势,且下降幅度分别为0.073%、0.404%、0.160%、0.089%,而成品油的消耗量增加了0.127%。由本章第二节分析可知,中国实施单边贸易自由化政策将导致中国消费者福利恶化(-239.255百万美元),这意味着相对于基期而言,单边贸易自由化政策将导致中国的实际消费量下降,从而可能导致能源作为最终产品的消费量下降。此外,本章第二节说明单边贸易自由化政策将导致中国煤炭、原油、成品油、电力、金属矿物、化学制品、金属制品的部门产出分别下降0.145%、0.199%、0.416%、0.088%、0.147%、0.631%、0.164%,这七个部门的生产需要大量的能源中间投入,由此单边贸易自由化将可能导致能源作为中间投入的消费量下降。最终单边贸易自由化政策将影响能源的中间投入使用和能源的最终消费,从而导致能源消耗整体呈现下降趋势(成品油例外)。在中国其他能源消耗下降时,成品油的消耗量上涨了0.127%,可归结为中国的能源结构调整。根据全球贸易分析数据库计算可知,1997—2011年中国成品油消耗占中国能源消耗量的比重呈现上升趋势,由1997年的16.4%上升至2011年的20.1%。由此可见,单边贸易自由化政策将促进中国能源结构的调整,导致煤炭、原油、天然气、电力消耗量下降,成品油消耗量上升(见表5-14)。

表5-14 贸易自由化政策对主要经济体的能耗影响

（单位:%）

政策方案	部门 经济体	中国	美国	欧盟	日本	印度	俄罗斯
P1	煤炭	-0.073	0.002	0.004	0.049	-0.003	0.037
	原油	-0.404	0.007	0.005	0.088	-0.014	0.107
	天然气	-0.160	0.007	-0.005	0.020	0.013	0.012
	成品油	0.127	-0.015	-0.002	0.033	-0.023	0.011
	电力	-0.089	0.004	0.010	0.015	0.014	0.001
P2	煤炭	-0.051	0.022	0.066	0.031	0.065	-0.023
	原油	-0.319	0.216	0.049	0.013	-0.248	0.057
	天然气	-0.122	0.060	0.102	0.062	-0.056	-0.088
	成品油	0.125	-0.006	0.020	-0.034	0.009	-0.143
	电力	-0.069	0.014	0.041	0.040	0.016	-0.200
P3	煤炭	-0.061	0.089	0.073	0.003	0.048	-0.081
	原油	-0.346	0.565	0.056	-0.034	-0.317	-0.074
	天然气	-0.133	0.177	0.129	0.039	-0.083	-0.114
	成品油	0.092	0.215	0.090	-0.078	-0.038	-0.195
	电力	-0.064	0.045	0.040	0.042	0.007	-0.223
P4	煤炭	-0.053	0.019	0.081	1.117	0.071	-0.021
	原油	-0.348	0.203	0.088	1.184	-0.258	0.052
	天然气	-0.159	0.071	0.114	1.180	-0.026	-0.077
	成品油	0.156	-0.024	0.054	1.078	-0.009	-0.161
	电力	-0.099	0.019	0.060	0.283	0.029	-0.190

资料来源:能源环境拓展的全球贸易分析模型的模拟结果,其中数据以相对于基准情形变化百分比（%）表示。

如前所述,单边自由化情形下,在开放经济系统中中国削减关税将影响各地区的贸易条件,并通过价格传导机制影响各地区经济而进一步对能耗产生影响。美国、欧盟和日本三大发达经济体是中国最重要的贸易伙伴,中国实施单边自由化会导致美国、欧盟、日本的消费者福利分别变化111.531 百万美元、-679.2 百万美元、23.251 百万美元,并促进美国、欧盟、日本的能源生产部门及大部分制造业部门产出上升。由此,单边贸易自由化将可能导致美国、日本作为最终消费品的能耗量上升,欧盟作为最终消费品的能耗量下降,以及美国、欧盟、日本能源中间投入使用量上升。最终中国单边贸易自由化政策将导致美国、欧盟和日本的能耗总体呈现上升趋势,并促进其能源结构调整。此外,印度和俄罗斯同属于金砖国家,其经济发展和环境污染在全球范围内的作用日益凸显。单边自由化政策将导致印度、俄罗斯的消费者福利分别变化-54.7 百万美元、324.7 百万美元,同时对印度、俄罗斯各部门产出产生影响,最终单边贸易自由化政策导致印度、俄罗斯的五种能源(煤炭、原油、天然气、成品油和电力)消耗量变化。

相较于"单边自由化"政策 P1[1],"多边自由化"政策 P2 将导致美国、欧盟、日本的消费者福利分别变化-943.5 百万美元、3398.2 百万美元、-1071.8 百万美元,同时进一步调整其各部门产出变化,从而导致美国、欧盟、日本的能源中间投入和能源最终消费量变化,最终美国、欧盟的五种能源消耗量增加,日本的五种能源消耗量下降。其中美国原油、欧盟天然气的消耗量增加幅度最为明显,分别增加 0.209%、0.107%;日本原油消耗下降最为明显,降幅达到 0.075%。此外,多边自由化政策情形下,中国、印度和俄罗斯的消费者福利、各部门产出进一步变化,导致中国、印度和俄罗斯的能耗相较于单边贸易自由化进一步调整。相较于"单边自由化"政策 P1 情形下,中国煤炭、原油、天然气、电力的消耗量上升,成品油消耗量下降,这正好与"单边自由化"政策 P1 情形下能源消耗量变动相反,说明单边贸易自由化有助于减少中国能源消耗量并促使中国能源结构调整,多边贸易自由化政策对中国能源结构优化的促进作用不及单边贸易自由化情形。"多边自由化"政策 P2 情形下,印度的煤炭、成品油、电力消耗量比"单边自由化"政策 P1 情形有所上升,原油、天然气消

---

① 由于不同贸易自由化情形均以基准方案为参考,那么以"单边自由化"政策 P1 为参考,可以直接将"多边自由化"政策 P2 的变量变化与"单边自由化"政策 P1 的变量变化相减。

耗量呈现下降趋势。"多边自由化"政策 P2 将导致俄罗斯五种能源的消耗量下降。

相较于"多边自由化"政策 P2,"多边自由化+TTIP"政策 P3 将导致美国、欧盟的消费者福利改善,同时美国和欧盟的产出结构调整,贸易政策下消费和产出的两种变化力量最终导致美国、欧盟的五种能源消耗量上升,其中美国能耗的增长速度最为明显。相应地,较之多边贸易自由化,"多边自由化+TTIP"政策 P3 情形下中国、日本、印度的消费者福利恶化,俄罗斯消费者福利明显改善,同时中国、日本、印度和俄罗斯的部门结构有所调整(见表 5-11),消费和生产活动中能耗调整最终决定了中国、日本、印度和俄罗斯的能源结构变化。其中,中国仅成品油消耗有所上升,日本煤炭、天然气和电力消耗有所上升,印度的煤炭和电力消耗有所上升,而俄罗斯五种能耗量均下降。类似地,多边贸易自由化情形下进一步推进中日双边贸易自由化("多边自由化+中日韩 FTA"政策 P4),对世界主要经济体能耗的调整情况也取决于各国(地区)的消费者福利变化及产出结构调整。

表 5-15 贸易自由化政策下主要经济体碳排放及其能源结构变化

(单位:%)

碳排放		中国	美国	欧盟	日本	印度	俄罗斯
P1	煤炭	-0.040	0.002	0.007	0.016	0.026	0.001
	原油	-0.012	0.040	-0.027	-0.022	0.059	-0.024
	天然气	0.214	0.007	-0.004	0.010	0.029	0.006
	成品油	0.295	-0.022	0.001	0.003	-0.023	-0.003
	碳排放总量	0.029	-0.007	0.001	0.007	0.014	0.003
P2	煤炭	-0.027	0.016	0.062	0.036	-0.846	-0.207
	原油	0.001	0.076	-0.086	-0.148	0.052	-0.337
	天然气	0.059	0.038	0.103	0.062	-0.083	-0.070
	成品油	0.270	-0.037	0.055	-0.046	0.104	-0.082
	碳排放总量	0.029	0.0003	0.068	-0.005	-0.566	-0.103

续表

碳排放		中国	美国	欧盟	日本	印度	俄罗斯
P3	煤炭	-0.03	0.08	0.07	0.02	-0.86	-0.22
	原油	0.05	-0.27	-0.10	-0.20	0.08	-0.36
	天然气	0.06	0.08	0.13	0.04	-0.08	-0.08
	成品油	0.24	0.15	0.19	-0.10	0.06	-0.11
	碳排放总量	0.02	0.11	0.15	-0.04	-0.58	-0.12
P4	煤炭	-0.06	0.01	0.08	1.05	-0.82	-0.20
	原油	-0.15	0.15	-0.11	0.83	0.09	-0.35
	天然气	-0.06	0.05	0.11	1.34	-0.06	-0.05
	成品油	0.35	-0.07	0.09	1.11	0.08	-0.09
	碳排放总量	0.02	-0.01	0.09	1.14	-0.55	-0.09

资料来源:能源环境拓展的全球贸易分析模型的模拟结果,其中数据以相对于基准情形变化百分比(%)表示。

能源环境拓展的全球贸易分析模型中能源消耗产生碳排放可表示为: $C_e = \varphi_{in} \times INX_e + \varphi_p \times PX_e + \varphi_g \times GX_e$,每种能源产生碳排放(C_e)变化取决于能源在不同使用环节(中间投入或最终消耗环节)的碳排放系数变化(φ_{in}、 φ_p、 φ_g),以及每个使用环节的能源消耗变化(INX_e、 PX_e、 GX_e)。"单边自由化"政策 P1 情形下,各地区碳排放能源结构调整(见表 5-15)与各地区能源结构变化(见表 5-14)密切相关。如表 5-13、表 5-15 所示,美国煤炭、天然气的碳排放变化与其能源消耗量变化幅度相同,分别上升0.002%、0.007%,而相较于原油、成品油消耗量变化(0.007%、-0.015%),美国原油的碳排放量上升幅度更高(0.040%),成品油的碳排放量下降幅度更为明显(-0.022%)。欧盟煤炭、原油、天然气、成品油的碳排放比基准情形分别变化 0.007%、-0.027%、-0.004%、0.001%,相比这四种能源消耗变化,煤炭、成品油的碳排放增加幅度更高,原油、天然气的碳排放下降幅度更强。日本四种能源碳排放的变化幅度都低于其能源消耗变化幅度。由于短期内各地区能耗的碳排放系数难以发生较大改变,美国、欧盟、日本在单边自由化情形下各能源碳排放变化与各能源消耗量变化的差异,主要来自能源使用环节的调整,如美国原油可能更多地用于中间投入环节,成品油更多地运用于最终消费环节,由此美国原油碳排放的变化幅度高于原油消耗变化幅度,而成品油碳排放变化程度低于成品油消耗变化程度。同样地,单边自由化情形下,中国原煤碳排放下降幅度高于原煤消耗下降幅度,原油碳排放下降幅度低于原油消耗下降幅度,而天然气、成品油的碳排放增加幅度高于天然气、成品油消耗的增加幅度。印度、俄罗斯等国四种能源的碳排放也随着贸易政策的实施而有所调整,且变化方向和变化幅度与国家内部的能源消耗结构、生产效率变化密切相关。

多边自由化政策的不同情形下,各国能源消耗变化与能源引致的碳排放变化也不尽相同,这意味着贸易自由化政策通过调节经济结构改变各部门产出,从而导致各能源在中间投入、最终消费环节消耗量变化,最终引致各能源碳排放量变化。相较于“单边自由化”政策 P1,“多边自由化”政策 P2 情形下世界各地区同时实施贸易自由化政策,此时贸易成本进一步降低,各地区更加集中生产并出口具有比较优势产品,并导致各地区能源消耗及其引致碳排放进一步变化。相较于“单边自由化”政策 P1,“多边自由化”政策 P2 将导致美国煤炭、原油、天然气的碳排放量进一步增加,而成品油的碳排放进一步下降;欧盟煤炭、天然气、成品油的碳排放量增加,原油的碳排放量下降;日本煤炭、天然气的碳排放量上升,而原油、成品油碳排量下降;中国的天然气、原油碳排放量上升,天然气、成品油的碳排放量下降;印度煤炭、原油、天然气的碳排放量下降,而成品油的碳排放量下降;俄罗斯煤炭、原油、天然气、成品油的碳排放都呈下降趋势。政策 P3 和政策 P4 在“多边自由化”政策 P2 基础上进一步考察了美国和欧盟、中国和日本之间的贸易自由化,在此情形下世界主要经济体的能耗结构发生调整(见表5-14),而能耗变化引致的碳排放量变化则根据能源使用环节的调整而改变(见表5-15)。

不同贸易自由化政策对各地区能源消耗、碳排放变化影响并不相同,并且基准情形下各能源的消耗规模、碳排放规模也存在较大差异,因此贸易自由化政策对各地区碳排放总量变化是由基准情形碳排放规模和贸易自由化导致的碳排放变化共同决定的。如表 5-15 所示，单边贸易自由化情形下，中国碳排放总量增加 0.029%，美国碳排放量下降 0.007%，欧盟、日本、印度、俄罗斯碳排放量都有所上升，这不仅与各地区碳排放规模相关，同时与各地区同中国的贸易结构有着密切联系。"多边自由化"政策 P2 情形下，各地区同时实施贸易自由化政策，此时美国、欧盟、中国碳排放量增加，日本、印度、俄罗斯碳排放量下降。"多边自由化+TTIP"政策 P3 情形下，美国与欧盟进一步实施贸易自由化，导致美国、欧盟的碳排放量较之"多边自由化"政策 P2 进一步上升，其他地区碳排放量下降；而中日双边贸易自由化将导致欧盟和日本的碳排放量上升。此外，值得注意的是，与哥本哈根承诺减排目标[①]相比，贸易政策不仅不可能促进附件 I 国家实现其减排目标，而且一定程度上导致其碳排放增加。

二、中国及世界主要经济体碳排放强度的潜在影响

由贸易政策对碳排放影响的"三效应理论"可知，贸易自由化政策将通过影响经济规模、经济结构、生产技术对经济系统碳排放产生影响，此处生产技术变化主要指贸易政策对经济体碳排放强度、各部门碳排放强度的潜在影响。碳排放强度是衡量碳排放的相对指标，由碳排放总量与经济规模（产出规模）之比衡量。为了说明贸易政策对中国及世界主要经济体生产技术影响，下面分别考察经济体碳排放强度变化、经济体部门产出碳排放强度变化，前者利用经济体碳排放总量变化百分比与实际国内生产总值变化百分比之差衡量，后者用经济体各部门碳排放变化百分比与部门实际产出变化百分比之差表示[②]。

经济体碳排放强度包括生产和消费引致的碳排放，表 5-16 汇总了贸易自由化政策对中国及世界主要经济体碳排放及碳排放强度影响，可

---

① 结合哥本哈根承诺、国际货币基金组织和国际能源署相关数据，以及全球贸易分析数据库计算可知，为了实现哥本哈根减排目标，美国、欧盟、日本、其他附件 I 国家（RoA I）需要在 2020 年基准情形基础上，分别减排 21.9%、26.4%、35.5%、15%。

② 碳排放强度＝碳排放量/经济规模，那么碳排放强度变化率＝碳排放量变化率−经济规模变化率，其中经济规模用实际量表示，从而碳排放强度变化以基期价格为准衡量的生产技术变化，便于比较。

以发现:(1)随着贸易自由化政策推进(政策P1—政策P4)中国碳排放强度逐渐下降,并且碳排放强度变化趋势与碳排放变化趋势保持一致。这一方面说明贸易自由化政策对中国国内生产总值增加幅度,足以抑制经济体碳排放强度增加;另一方面从碳排放、碳排放强度、实际国内生产总值等综合来看,推进中日双边贸易自由化对中国都是有利的。(2)"单边自由化"政策P1和"多边自由化"政策P2有利于降低美国碳排放强度,提高了欧盟碳排放强度,而日本碳排放强度在"单边自由化"政策P1、"多边自由化"政策P2情形下分别呈现上升、下降。"多边自由化+TTIP"政策P3进一步考察美国与欧盟之间的贸易合作,将明显导致美欧的碳排放强度增加,此时日本碳排放强度下降;"多边自由化+中日韩FTA"政策P4进一步考察了中日之间的贸易合作,导致了日本和欧盟碳排放强度上升、美国碳排放强度下降。(3)贸易自由化政策对印度和俄罗斯的碳排放强度影响一致,"单边自由化"政策P1将导致印度、俄罗斯的碳排放强度上升,"多边自由化"政策P2、"多边自由化+TTIP"政策P3、"多边自由化+中日韩FTA"政策P4则促进印度、俄罗斯碳排放强度下降,且"多边自由化+TTIP"政策P3的效果更加明显。由于经济体碳排放强度涉及生产的中间投入、产品的最终消费两部分,因此碳排放强度变化是贸易自由化政策对产出结构、消费结构、贸易结构以及能源利用效率调整的综合结果。

表5-16　贸易自由化政策对主要经济体碳排放强度的潜在影响

(单位:%)

碳排放	中国	美国	欧盟	日本	印度	俄罗斯
P1	0.029	-0.007	0.001	0.007	0.014	0.002
P2	0.029	0	0.068	-0.005	-0.566	-0.103
P3	0.024	0.107	0.145	-0.040	-0.582	-0.117
P4	0.019	-0.010	0.090	1.142	-0.552	-0.094
碳排放强度	中国	美国	欧盟	日本	印度	俄罗斯
P1	0.001	-0.007	0.001	0.006	0.016	0.002
P2	-0.001	-0.001	0.060	-0.003	-0.577	-0.231

续表

碳排放强度	中国	美国	欧盟	日本	印度	俄罗斯
P3	0	0.100	0.132	−0.035	−0.587	−0.254
P4	−0.059	−0.009	0.084	1.085	−0.558	−0.228

资料来源：表中数据以相对于基准情形变化百分比（%）表示，其中碳排放变化来自能源环境拓展的全球贸易分析模型的模拟结果，排放强度变化利用碳排放变化和国内生产总值变化相减得到。

　　贸易自由化政策对经济体生产技术影响，可以直接从经济体各部门生产的碳排放强度考察。可以发现，不同贸易自由化政策对世界主要经济体各部门的碳排放强度影响都十分微弱。如表5-17所示，"单边自由化"政策P1情形下，中国只有原油、成品油和电力部门碳排放强度略有下降，而能源密集型部门碳排放强度有所上升；美国、欧盟、日本的能源生产部门碳排放强度基本呈现下降趋势。相较于"单边自由化"政策P1，多边自由化政策的不同情形对世界主要经济体部门碳排放强度进一步调整但幅度不大。例如，相较于"单边自由化"政策P1，"多边自由化"政策P2将导致中国、俄罗斯的各部门碳排放强度整体呈现微弱下降趋势，欧盟各部门碳排放强度整体呈现上升趋势；美国能源生产部门的碳排放强度略微下降，能源密集型部门的碳排放强度有所上升，日本与美国的情形正相反。此外，多边自由化政策将导致印度能源密集型部门碳排放强度下降。

表5-17　贸易自由化政策对主要经济体部门碳排放强度影响

（单位：%）

政策方案	经济体	煤炭	原油	天然气	成品油	电力	金属矿物	化学制品	非金属矿物	有色金属	金属制品
P1	中国	0.19	−0.16	0.06	−0.15	−0.02	0.12	0.19	0.14	0.09	0.20
	美国	−0.03	−0.05	0.06	−0.01	−0.01	−0.03	−0.01	0.03	−0.02	−0.10
	欧盟	0.17	−0.06	0.38	−0.01	−0.09	−0.03	0.12	−0.06	−0.03	−0.09
	日本	NA	NA	−0.09	−0.07	−0.02	0.01	−0.06	0.03	−0.12	−0.12
	印度	0.06	0.06	−0.07	0.01	0.07	0.01	−0.01	0.04	0.01	−0.01
	俄罗斯	−0.01	−0.04	0.00	−0.11	0.00	−0.03	−0.03	0.05	−0.14	0.61

续表

政策方案	经济体 部门	煤炭	原油	天然气	成品油	电力	金属矿物	化学制品	非金属矿物	有色金属	金属制品
P2	中国	0.16	0.08	-0.09	-0.16	-0.01	0.11	0.19	0.21	0.23	0.09
	美国	-0.13	0.13	0.04	-0.07	-0.02	0.08	0.03	-0.04	-0.04	-0.12
	欧盟	0.14	-0.01	0.16	0.02	0.03	-0.07	0.11	0.05	0.17	0.42
	日本	NA	NA	0.11	0.00	-0.04	0.15	-0.10	-0.32	-0.05	-0.14
	印度	-1.54	0.09	-0.09	0.09	-0.53	0.02	-0.29	-0.44	-0.46	-0.46
	俄罗斯	-0.04	-0.19	0.31	0.00	0.05	-0.15	-0.26	0.08	-0.20	0.13
P3	中国	0.15	0.04	-0.12	-0.13	0.00	0.10	0.18	0.12	0.22	0.21
	美国	0.06	-0.01	-0.12	-0.13	0.03	0.14	0.10	0.11	0.12	0.30
	欧盟	0.14	0.01	0.23	0.08	0.03	0.16	0.09	-0.09	-0.16	0.44
	日本	NA	NA	-0.08	0.05	-0.06	-0.33	-0.16	-0.29	-0.16	-0.22
	印度	-1.53	0.18	-0.12	0.00	-0.52	0.04	-0.21	-0.45	-0.46	-0.44
	俄罗斯	0.03	-0.22	0.26	0.10	0.06	-0.09	-0.16	-0.11	-0.03	0.32
P4	中国	0.25	-0.18	-0.20	-0.13	-0.02	0.26	0.30	0.25	0.30	0.24
	美国	-0.17	0.03	0.06	-0.11	-0.03	-0.04	0.00	-0.10	0.01	-0.31
	欧盟	0.21	0.09	0.09	0.04	0.01	-0.19	0.13	-0.07	0.05	0.31
	日本	NA	NA	-0.08	0.08	0.71	1.42	1.09	1.03	1.11	1.63
	印度	-1.47	0.18	-0.13	0.10	-0.54	-0.06	-0.34	-0.45	-0.55	-0.45
	俄罗斯	0.02	-0.24	0.24	0.01	0.04	-0.06	-0.24	-0.05	-0.15	0.62

注：日本的煤炭和原油十分缺乏，表中这两个部门的碳排放强度数据用"NA"显示。

资料来源：表中数据以相对于基准情形变化百分比（%）表示，碳排放强度变化利用部门碳排放变化和产出变化相减得到。

三、中国贸易转移排放的潜在影响及"弱碳泄漏"问题

如前所述，与基准情形比，四种贸易自由化政策将分别导致中国碳排放总量上升0.029%、0.029%、0.024%和0.019%。此时碳排放总量指能源环境拓展的全球贸易分析模型模拟得到的贸易自由化政策对中国生产

和消费过程中碳排放总量的变化,而贸易自由化政策带来的贸易转移排放影响同第三章的估算方法相同,即利用基于全球贸易分析数据库构建的多区域投入产出模型对能源环境拓展的全球贸易分析模型模拟结果进行再处理,得到中国贸易转移排放影响(见表5-18、表5-19)及附件Ⅰ国家与非附件Ⅰ国家之间的"弱碳泄漏"程度(见表5-20)。

表5-18　贸易自由化政策下中国贸易转移排放及其变化

(单位:百万吨、%)

碳排放	基准方案	P1	P2	P3	P4
生产侧排放	7994.4	7996.8	7998.0	7997.9	7997.2
消费侧排放	6599.8	6604.6	6598.9	6596.1	6579.8
自给排放	6004.7	6000.9	5994.6	5992.8	5971.7
转入排放及其占生产侧排放份额	1989.8 (24.89)	1995.9 (24.96)	2003.4 (25.05)	2005.1 (25.07)	2025.5 (25.33)
转出排放及其占消费侧排放份额	595.2 (9.02)	603.7 (9.14)	604.3 (9.16)	603.3 (9.15)	608.1 (9.24)
净转入排放	1394.6	1392.2	1399.1	1401.7	1417.4

注:括号内数字表示转入排放占生产侧排放的份额或转出排放占消费侧排放的份额。
资料来源:利用能源环境拓展的全球贸易分析模型的模拟结果构建世界投入产出表,并利用基于全球贸易分析数据库构建的多区域投入产出模型测算得到。

从表5-18可以看出,不同贸易自由化政策对中国生产侧排放、消费侧排放、自给排放以及贸易转移排放的影响程度不大,但这不影响我们从中发现一些规律。相较于基准方案,"单边自由化"政策P1、"多边自由化"政策P2、"多边自由化+TTIP"政策P3、"多边自由化+中日韩FTA"政策P4情形下生产侧排放分别增加2.4百万吨、3.6百万吨、3.5百万吨、2.8百万吨,消费侧排放分别变化4.74百万吨、-1.0百万吨、-3.7百万吨、-20.0百万吨,自给排放则分别下降3.8百万吨、10.1百万吨、11.9百万吨、32.9百万吨。首先,"单边自由化"政策P1情形下,中国进出口规模上升,转出排放、转入排放分别增加8.5百万吨、6.2百万吨,这说明中国一方面扩大生产满足国外需求,另一方面进口不具比较优势产品满足本国需求。其次,"多边自由化"政策P2、"多边自由化+TTIP"政策P3

和"多边自由化+中日韩 FTA"政策 P4 情形下,中国生产侧排放上升,消费侧排放和自给排放下降。这说明贸易自由化的扩大和深入,导致中国生产用于出口满足国外需求的部分增加,进口用于满足本国需求部分也有所增加。但转入排放及其增加在不同多边自由化(政策 P2—政策 P4)情形下都高于转出排放及其增加,最终导致中国净转入排放增加。最后,从转出排放、转入排放占消费侧、生产侧份额可以发现:相较于基准方案,贸易自由化将导致中国转入排放份额有所上升,且自由化程度越高,转入排放份额更高。另外,中国转出排放增加幅度高于消费侧排放上升程度,从而转出排放份额呈现上升趋势。相较于"多边自由化"政策 P2,"多边自由化+TTIP"政策 P3 情形下发达经济体的贸易合作形成对中国的贸易歧视,导致中国消费侧排放和转出排放下降,且后者下降程度更高,因此"多边自由化+TTIP"政策 P3 情形下中国转出排放份额较之"多边自由化"政策 P2 情形出现下降。

表 5-19　贸易自由化政策下中国转移排放的国家(地区)流向

(单位:百万吨、%)

转入排放	美国	欧盟	东欧	日本	其他附件 I 国家(地区)(RoA I)	能源净出口国(EEx)	印度	俄罗斯	世界其他地区(RoW)
基准方案	445.0 (22.4)	425.2 (21.4)	34.0 (1.7)	163.6 (8.2)	99.0 (5.0)	257.4 (12.9)	70.5 (3.5)	53.8 (2.7)	441.2 (22.2)
P1	446.3 (22.4)	426.4 (21.4)	34.1 (1.7)	164.0 (8.2)	99.3 (5.0)	258.3 (12.9)	70.7 (3.5)	54.1 (2.7)	442.8 (22.2)
P2	446.5 (22.3)	428.5 (21.4)	35.3 (1.8)	163.4 (8.2)	100.8 (5.0)	259.3 (12.9)	71.2 (3.6)	55.8 (2.8)	442.7 (22.1)
P3	446.5 (22.3)	427.9 (21.3)	35.4 (1.8)	163.6 (8.2)	101.1 (5.0)	260.0 (13.0)	71.3 (3.6)	55.9 (2.8)	443.5 (22.1)
P4	444.6 (22.0)	425.3 (21.0)	35.1 (1.7)	194.0 (9.6)	100.2 (5.0)	258.3 (12.8)	70.8 (3.5)	55.5 (2.7)	441.7 (21.8)

续表

转出排放	美国	欧盟	东欧	日本	其他附件I国家（地区）（RoA I）	能源净出口国（EEx）	印度	俄罗斯	世界其他地区（RoW）
基准方案	62.2 (10.0)	61.6 (10.0)	36.9 (6.0)	39.6 (7.0)	49.8 (8.0)	83.9 (14.0)	32.9 (6.0)	33.3 (6.0)	195.0 (33.0)
P1	63.6 (11.0)	62.3 (10.0)	37.2 (6.0)	40.1 (7.0)	50.2 (8.0)	85.4 (14.0)	33.4 (6.0)	33.9 (6.0)	197.5 (33.0)
P2	63.6 (11.0)	62.2 (10.0)	37.4 (6.0)	40.2 (7.0)	50.3 (8.0)	85.5 (14.0)	33.3 (6.0)	34.1 (6.0)	197.7 (33.0)
P3	62.9 (10.4)	62.1 (10.3)	37.3 (6.2)	40.3 (6.7)	50.3 (8.3)	85.4 (14.2)	33.3 (5.5)	34.1 (5.6)	197.7 (32.8)
P4	62.5 (10.3)	60.4 (9.9)	37.0 (6.1)	53.0 (8.7)	50.2 (8.3)	84.6 (13.9)	32.9 (5.4)	33.7 (5.5)	194.0 (31.9)

注：表中括号外数字表示中国对各地区转移排放实物量（百万吨），括号内数字表示中国转移排放国别流向占中国转移排放总量的份额（%）。

资料来源：利用能源环境拓展的全球贸易分析模型的模拟结果构建世界投入产出表，并利用基于全球贸易分析数据库构建的多区域投入产出模型测算得到。

国际贸易政策改变将会影响中国的碳排放、贸易转移排放，并改变中国双边贸易流向和贸易结构，表5-19总结了贸易自由化政策情形下中国贸易转移排放的国家（地区）流向。从转入排放来看，"单边自由化"政策P1情形下，中国对各地区转入排放规模都呈现上升趋势；与单边自由化相比，"多边自由化"政策P2、"多边自由化+TTIP"政策P3情形下中国对各国转入排放量变化并不显著，而"多边自由化+中日韩FTA"政策P4情形下中国对日本转入排放规模明显上升，对世界其他主要经济体转入排放规模下降。

由表5-18可知，相较于基准方案，四种贸易自由化政策对中国转出排放总量变化相差不大，并且"单边自由化"政策P1、"多边自由化"政策P2、"多边自由化+TTIP"政策P3和"多边自由化+中日韩FTA"政策P4情形下中国转出排放总量呈现上升趋势（政策P3微弱下降）。从国别流向看，如表5-19所示，单边自由化政策下中国对各国转出排放均有所上升；与单边自由化相比，"多边自由化"政策P2、"多边自由化+TTIP"政策P3情形下中国转出排放的国别流向差异不大；"多边自由化+中日韩

FTA"政策 P4 情形下,中国对日本转出排放出现明显上升,对其他国家(地区)转出排放有所下降。

表 5-20　附件 I 国家与非附件 I 国家之间的"弱碳泄漏"变化

(单位:百万吨、%)

国家(地区)	弱碳泄漏量					占生产侧排放份额				
	基准方案	P1	P2	P3	P4	基准方案	P1	P2	P3	P4
美国	958	959	961	962	960	19.5	19.5	19.5	19.5	19.5
欧盟	1213	1214	1220	1218	1217	34.0	34.0	34.1	34.0	34.0
日本	342	342	341	341	376	31.9	31.9	31.9	31.9	34.8
其他附件 I 国家(地区)(RoA I)	233	233	236	236	235	22.2	22.2	22.5	22.5	22.4
东欧	160	160	161	161	162	18.4	18.3	18.5	18.5	18.5
能源净出口国(EEx)	493	493	495	494	496	15.8	15.8	15.9	15.9	15.9
中国	1133	1136	1139	1139	1164	14.2	14.2	14.2	14.2	14.6
印度	155	155	155	155	156	8.0	8.0	8.0	8.0	8.1
俄罗斯	222	222	223	223	223	14.2	14.2	14.2	14.2	14.3
世界其他地区(RoW)	583	582	585	585	588	16.8	16.8	16.9	16.9	16.9
合计	5492	5496	5516	5514	5577	—	—	—	—	—

注:计算"弱碳泄漏"时,将"非附件 I 国家+世界其他国家(RoW)"作为非附件 I 国家。
资料来源:利用能源环境拓展的全球贸易分析模型的模拟结果构建世界投入产出表,并利用基于全球贸易分析数据库构建的多区域投入产出模型测算得到。

通过国际贸易进出口碳密集型产品,导致附件 I 国家与非附件 I 国家之间的碳排放转移,从而产生"弱碳泄漏"问题,是国际贸易过程中碳排放研究的重要方面。表 5-20 汇总了贸易自由化政策情形下,国际贸易对地区之间的"弱碳泄漏"影响。从总量来看,贸易自由化政策将导致世界弱碳泄漏总量增加但影响幅度不大。较之"多边自由化"政策 P2,"多边自由化+TTIP"政策 P3 下弱碳泄漏有所下降,"多边自由化+中日韩 FTA"政策 P4 下弱碳泄漏量则出现明显上升。对附件 I 国家的美国而言,"单边自由化"政策 P1、"多边自由化"政策 P2、"多边自由化+TTIP"政策 P3 将导致美国对非附件Ⅰ国家的转出排放逐步上升。这主要因为单边自由化情形下，中国出口价格下降，由于美国对中国碳密集型产品具有较高的依赖性，因此"单边自由化"政策 P1 情形下美国的弱碳泄漏量上升。"多边自由化"政策 P2 情形下，世界各地区都参与贸易自由化，世界贸易品价格下降，在贸易结构缓慢调整时，美国对非附件Ⅰ国家的转出排放继续上升。"多边自由化+TTIP"政策 P3 情形下，美欧之间进一步实施关税削减，这将导致国际市场价格继续下降，美国对非附件Ⅰ国家转出排放上升。另外，不同贸易自由化政策下，三大经济体弱碳泄漏占生产侧排放份额不尽相同，且这一份额变化往往体现三大经济体进口非附件Ⅰ国家碳密集型产品代替本国生产的程度，其中美国、欧盟、日本弱碳泄漏占生产侧排放份额大致分别在19.5%、34%、32%左右。

随着贸易自由化程度深入，非附件Ⅰ国家的弱碳泄漏规模及其占生产侧份额呈现上升趋势，这说明贸易自由化将进一步导致附件Ⅰ国家将碳密集型产品向非附件Ⅰ国家转移，并通过进口满足其本国需求。其中，"多边自由化+中日韩 FTA"政策 P4 情形下中国的弱碳泄漏规模及其占生产侧排放的份额最高，这说明中日双边贸易自由化将加剧对中国的碳排放责任转移。

综上所述，本章紧扣全球贸易自由化趋势及可能实施的对世界经贸格局造成较大影响的贸易协定，设计以中国为研究起点的贸易自由化政策方案，在能源环境拓展的全球贸易分析模型基础上模拟贸易自由化对中国及世界主要经济体的经济—能耗—碳排放影响。此外，结合能源环境拓展的全球贸易分析模型模拟结果构建基于全球贸易分析数据库构建的多区域投入产出模型，测算贸易自由化政策对中国贸易转移排放，以及附件Ⅰ国家与非附件Ⅰ国家间"弱碳泄漏"产生的影响。本章研究结果表明：

第一，贸易自由化通过价格传导机制带来生产要素价格下降、生产成本降低、经济产出上升，导致世界贸易品价格下降，世界贸易量、世界等价变化和全球碳排放量上升。"单边自由化"政策 P1、"多边自由化"政策 P2、"多边自由化+TTIP"政策 P3 和"多边自由化+中日韩 FTA"政策 P4

情形下,世界贸易品价格逐渐下降,世界贸易量、世界等价变化逐步上升,世界碳排放量增加,其中"多边自由化"政策 P2 的碳排放增幅最小,"多边贸易自由化+中日韩 FTA"政策 P4 的碳排放增幅最大。

第二,开放经济系统下,贸易自由化政策通过调整贸易条件等价格因素,对中国及世界主要经济体的实际国内生产总值产生影响。"单边自由化"政策 P1 情形下中国实际国内生产总值有所上升,而美国、欧盟、印度实际国内生产总值出现了微弱下降;"多边自由化"政策 P2、"多边自由化+TTIP"政策 P3 情形下,除日本外所有地区实际国内生产总值都呈现上升趋势,其中新兴经济体如中国、印度、俄罗斯的实际国内生产总值上升幅度最为明显;而"多边自由化+中日韩 FTA"政策 P4 情形下仅美国实际国内生产总值有所下降。相较于"多边自由化"政策 P2,政策 P3 进一步考察对中国等新兴经济体造成贸易歧视的 TTIP 协定,此时美国、欧盟的实际国内生产总值上升,其他地区(除了俄罗斯)实际国内生产总值都呈现下降趋势,其中中国和印度的实际国内生产总值下降程度最为明显。类似地,较之"多边自由化"政策 P2,政策 P4 进一步考察了中日双边贸易自由化,此时中国、日本的实际国内生产总值上升,其他地区(除了俄罗斯)实际国内生产总值有所下降。

第三,贸易自由化政策通过价格传导机制,影响各部门产品的相对价格及贸易条件,调整中国及世界主要经济体各部门的产出和贸易结构。"单边自由化"政策 P1 情形下,中国关税削减部门产出下降(除了有色金属),其他地区相应部门产出上升;单边贸易自由化导致中国生产和出口向非能源密集型部门转移。相较于单边自由化政策,多边贸易自由化政策将导致世界主要经济体(欧盟除外)的出口增长率高于进口增长率,且能源密集型部门表现更为明显。相较于"多边自由化"政策 P2,"多边自由化+"情形下[1]进一步自由化国家关税削减程度更大或劣势行业的产出和出口有所下降,其主要贸易伙伴相应部门的产出和出口有所上升。

---

① 为简化说明,此处"多边自由化+"情形特指"多边自由化+TTIP"政策 P3 和"多边自由化+中日韩 FTA"政策 P4。

第四，贸易自由化政策通过影响经济系统的经济规模、经济结构、生产技术，调整能源消耗规模和能源结构，进一步导致中国及世界主要经济体碳排放变化。单边贸易自由化情形下，中国碳排放量增加0.029%，美国碳排放量下降，欧盟、日本、印度、俄罗斯碳排放量增加。"多边自由化"政策P2情形下，美国、欧盟、中国碳排放量增加，日本、印度、俄罗斯碳排放量下降。"多边自由化+TTIP"政策P3情形下，美国与欧盟进一步实施贸易自由化，导致美国和欧盟碳排放量进一步上升（与"多边自由化"政策P2相比），其他地区碳排放量下降。"多边自由化+中日韩FTA"政策P4情形下，中国与日本进一步实施贸易自由化，此时只有欧盟和日本碳排放量上升。对中国而言，"单边自由化"政策P1、"多边自由化"政策P2、"多边自由化+TTIP"政策P3和"多边自由化+中日韩FTA"政策P4情形下中国碳排放量呈现下降趋势。

第五，碳排放量及实际国内生产总值变化必然带来碳排放强度变化，贸易自由化政策将导致中国碳排放强度下降，且强度变化趋势与总量变化趋势一致。这一方面说明贸易自由化政策对中国国内生产总值增加幅度，足以抑制经济体碳排放强度增加，另一方面说明"多边自由化+中日韩FTA"政策P4对中国碳排放、国内生产总值、碳排放强度的综合影响更优。此外，"单边自由化"政策P1和"多边自由化"政策P2对部门碳排放强度影响不大，"多边自由化+TTIP"政策P3和"多边自由化+中日韩FTA"政策P4对世界主要经济体部门碳排放强度影响最为明显。

第六，不同贸易自由化政策对中国生产侧排放、消费侧排放、自给排放以及贸易转移排放的影响程度不大，但这不影响我们从中发现一些规律。例如，"单边自由化"政策P1、"多边自由化"政策P2、"多边自由化+TTIP"政策P3和"多边自由化+中日韩FTA"政策P4情形下中国转入排放份额和净转入排放规模均有所上升；其中，"多边自由化+中日韩FTA"政策P4情形下，中国对日本转入排放规模明显上升。此外，不同贸易自由化政策下美国、欧盟、日本弱碳泄漏占生产侧排放份额约为19.5%、34%、32%，当中日进一步推进双边贸易自由化，不仅将促进日本对非附件I国家的碳排放转移，也加剧了中国来自附件I国家的碳排放责任转移。

第六章　应对气候变化背景下贸易政策与减排政策的影响效应分析

如第五章所示,贸易自由化政策通过价格传导机制,将对经济系统及其内部各地区的经济—能耗—碳排放产生影响。此外,不同贸易自由化政策带来的经济和环境影响并不相同。以中国为例,在权衡经济—能耗—碳排放潜在影响的基础上,"多边自由化"政策 P2 对中国低碳经济发展更为合适,进一步考察欧美或中日双边贸易自由化(政策 P3 或政策 P4)将导致附件 I 国家将碳密集型行业向中国转移,产生"弱碳泄漏"问题。可以看出,第五章关于贸易自由化政策对中国碳排放影响的分析,遵循"贸易政策—相对价格变化—经济—能耗—碳排放"的传导路径,该研究结果有助于从贸易自由化政策对经济结构、贸易结构等经济活动过程中寻找减排措施。沃利(Whalley,2011)指出,在气候全球化问题日益凸显的背景下,同贸易政策、金融政策一样,气候政策将成为未来全球政策协调体系之一。减排政策作为气候政策的重要内容,通常将碳排放总量限制、碳排放强度(发展中国家)约束作为政策目标,能够更为直接地考察环境约束下的经济影响。

在贸易自由化和气候全球化的两个全球性进程背景下,如何将贸易自由化政策和减排政策相结合,考察两者对经济、能源—环境的综合效应,对于推进全球贸易自由化进程和全球气候治理具有重要的政策启示。本章在三个方面拓展了第五章的研究:第一,考察贸易政策和减排政策的结合协调。单独对贸易自由化政策的碳排放影响进行预测模拟,可以认为是从经济活动过程的变化角度追踪碳排放变化;增加减排政策和贸易政策的结合,不仅可以直接实施碳排放限制,而且包含了贸易政策和减排政策的互动协调。由此模拟得到的碳排放变化符合减排政策目标,且经济活动调整体现了贸易政策和减排政策的互动结果。第二,在应对全球气候变化背景下,设计不同的减排政策方案。紧密结合重要的国际气候协定,如《联合国气候变化框架公约》的"共同但有区别的责任"原则、《京都议定书》的灵活减排机制、《哥本哈根协议》的碳减排承诺。第三,本章不仅考察了附件Ⅰ国家与非附件Ⅰ国家以国际贸易为"媒介"产生的"弱碳泄漏"问题,还结合不同的减排政策方案,考察不对称减排情形下附件Ⅰ国家与非附件Ⅰ国家的"强碳泄漏"问题和有效减排量。在应对全球气候变化背景下,该拓展研究对于世界各地区如何制定减排政策,缓解"搭便车"现象、降低竞争力损失,具有重要参考价值。

第一节　政策方案设计

同第五章相同,本章基准方案以更新后的 2020 年经济系统为参考。结合本章研究目标,即应对气候变化背景下贸易政策和减排政策的综合影响效应分析,本章政策方案是在第五章贸易政策基础上,进一步增加不同的碳减排政策。本节首先梳理并计算全球碳减排背景下不同的减排政策方案;接着结合第五章全球贸易自由化的不同情形,选取特定的贸易自由化政策方案("多边自由化"政策 P2)与不同碳减排政策相结合,以此作为应对气候变化背景下贸易政策和减排政策结合的方案设计。

一、减排政策方案

结合第二章对全球碳减排政策的回顾可知,2009 年联合国气候变化大会签署的《哥本哈根协议》将各地区减排量与其国内生产总值规模相结合,尽管该协议最终并没得到通过,但却成为各地区研究减排目标的重要参考依据。本书碳减排政策方案设计主要从以下三个角度考虑:(1)1992 年联合国环境与发展大会确定国际环境合作原则,即"共同但有区别的责任"原则,以此考察不同地区参与碳减排的情形;(2)参考

《哥本哈根协议》提出的各地区碳减排目标,并将此作为碳减排政策方案设计中各地区减排的约束性指标;(3)结合《京都议定书》提出的"国际排放贸易机制",允许减排地区或全球各地区通过碳交易市场完成减排任务。具体来说,本书碳减排政策方案包括5种情形:(1)不存在减排情形。(2)附件Ⅰ国家定量减排情形,指根据《京都议定书》规定的"共同但有区别的责任",附件Ⅰ国家优先实施减排。(3)附件Ⅰ国家定量减排与碳交易机制相结合情形。(4)全球碳减排情形,指全球范围内各地区实施"合作减排",类似于彼得森等(Peterson等,2011)、李等(Li等,2014)的研究,明确提出减排约束性目标的地区按照《哥本哈根协议》目标实施减排,其他地区保证碳减排量"零增加"。这与2015年12月通过的《巴黎协定》规定相符,即发达国家应继续领头完成减排目标,发展中国家则应依国情继续强化减排努力。(5)全球碳减排及全球碳交易市场情形,即在全球合作减排基础上,假设存在全球碳交易市场,各地区可以通过买卖碳排放许可实现其碳减排目标。

利用国际能源署提供的(参考年份)各地区碳排放数据、国内生产总值数据,更新2020年基准方案的全球贸易分析数据库,以及《哥本哈根协议》中各地区的减排目标,估算全球碳减排政策下各地区的减排百分比。值得注意的是,美国、欧盟、日本、其他附件Ⅰ国家(RoAⅠ)、俄罗斯承诺实施以碳排放绝对量为对象的碳减排,中国、印度承诺实施以碳排放强度为对象的碳减排,而东欧、能源净出口国(EEx)、世界其他地区(RoW)并未提出明确的碳减排承诺,在全球减排框架下假设这三个区域实施"碳排放零增长"的合作性减排。此外,各地区承诺碳减排的参考年份并不一致,如美国承诺到2020年碳减排量相较于2005年削减17%,而欧盟、日本、俄罗斯参考年份为1990年,印度、中国参考年份为2005年,其他附件Ⅰ国家(RoAⅠ)内部各国的参考年份不相同,根据其减排目标折合成以2020年为参考年份。因此,估算全球碳减排政策下各地区的减排目标,首先以参考年份碳排放(碳排放强度)为基础,根据《哥本哈根协议》及"合作性减排"承诺,计算出2020年目标碳排放(碳排放强度);其次,通过2020年基准碳排放量(碳排放强度)数据,以及计算出的2020年目标碳排放(碳排放强度)，进一步估算碳减排政策对应的碳减排量及其百分比，并以此作为能源环境拓展的全球贸易分析模型碳减排冲击的数据基础(见表6-1)。例如，附件 I 国家减排情形(此处不包括俄罗斯)只考察美国、欧盟、日本、其他附件 I 国家(RoA I)实施目标减排，全球碳减排情形指世界各地区同时实施合作性减排。最后，由于本章以目标减排量作为外生变量纳入能源环境拓展的全球贸易分析模型，根据可计算一般均衡的闭合原则模型必然存在相应的内生变量，该变量即为"碳税率"，用来衡量实现碳减排的"边际减排成本"。这种外生变量、内生变量的选择方式正好与实施碳税政策的外生变量、内生变量选择相反，本书主要以约束性碳减排政策为基础考察实施碳减排的经济和环境成本，因此以排放量作为外生变量更合适。

表6-1 全球碳减排政策下减排目标估算

（单位：百万吨、%）

国家 （地区）	参考年 排放	2020 年基准 排放	减排 目标	目标排放	减排量	减排
美国	5702.3	6065	−17	4732.9	1332.1	−21.9
欧盟	4 023.8	4379	−20	3219	1160	−26.4
东欧	—	1039	—	0	0	0
日本	1049.3	1221	−25	787	434	−35.5
其他附件 I 国家（RoA I ）	1244	1244	−15	—		−15
能源净出口国（EEx）	—	3777	—	0	0	0
中国[a]	2.37	0.93	−(40—45)	1.30—1.42	0	0
印度[b]	1.3	0.88	−(20—25)	0.98—1.04	0	0
俄罗斯	2163.2	1784	−(15—25)	1622—1839	0	0

续表

国家 (地区)	参考年 排放	2020年基准 排放	减排 目标	目标排放	减排量	减排
世界其 他地区 (RoW)	—	4000	—	0	0	0

注:(1)各地区在《哥本哈根协议》承诺减排的参考年份不同,如美国承诺到2020年碳减排量相较于2005年削减17%,而欧盟、日本、俄罗斯参考年份为1990年,印度、中国参考年份为2005年;其他附件Ⅰ国家(RoA Ⅰ)的参考年份不同,根据其减排目标折合成以2020年为参考年,在基准情形的碳排量基础上削减15%。(2)各地区减排的对象不同,上表为a、b的中国和印度,其碳减排对象为碳密集度(百万吨/亿美元),而其他地区以绝对碳排放为对象实施减排。

资料来源:(1)参考年份的碳排放量数据、国内生产总值数据(中国和印度)来自国际能源署;基准年份碳排放来自更新2020年全球贸易分析数据库;减排目标来自《哥本哈根协议》;(2)目标减排等数据由笔者计算而来。

全球碳排放权交易是碳减排政策方案设计中比较特殊的情形,该方案在全球各地区实施碳减排基础上,假设全球范围内存在碳排放权交易市场,各地区可以通过买卖碳排放许可证灵活地实现全球碳减排目标。图6-1以简化示意图的方式说明了碳交易权市场的运行机制。首先,假设三个地区(r_1—r_3)范围内实施碳排放配额交易市场,并将该市场设为集合b;其次,市场内部各成员之间都存在实际碳排放量、碳排放配额两个变量,同时实际碳排放量与碳排放配额之间的差量表示各地区碳排放交易量。图6-1中地区r_1、r_3实际碳排放量都比碳排放配额低20百万吨,而地区r_2实际碳排放量比碳排放配额高40百万吨,这意味着地区r_1、r_3在碳交易市场分别出售20百万吨碳配额,正好满足地区r_2对碳配额需求。因此,通过碳排放权交易整个碳交易市场实现实际碳排放总量与碳排放配额总量相等,在能源环境拓展的全球贸易分析模型系统中以内生的市场碳税税率实现均衡。

全球碳排放权交易情形下碳减排冲击的计算,需要在碳交易权市场运行机制基础上,结合能源环境拓展的全球贸易分析模型结构的需要构造相应的外生变量,以实现对各地区减排限制同时维持碳交易市场及整个经济系统稳定。简言之,在能源环境拓展的全球贸易分析模型应用中,为了增设碳交易权市场必须增加并选择相应的外生变量,以实现经济系

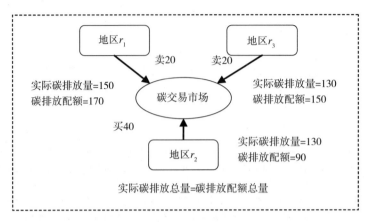

图6-1　碳交易市场简化示意图(单位:百万吨)

统闭合,即数学语言中保证内生变量个数等于方程个数。为了说明碳排放交易,首先需要确定交易市场范围,即将世界所有参与到碳排放权交易的地区映射至某个集合(b)。在存在碳排放权交易的情形下,各个地区r实际碳排放量与该地区碳排放许可量可能存在差异,但是整个碳交易权市场所有地区实际碳排放总量与该交易市场总的碳排放许可量必须相等。整个碳交易市场的均衡,通过市场内部统一的碳税率实现。为了便于对各地区r实施碳排放限制,能源环境拓展的全球贸易分析模型从碳交易市场角度定义了可供购买的碳排放量,见式(4.8)。

在此基础上,我们可以通过假设碳交易市场可供购买的碳排放量外生得到内生的名义碳税率,以施加碳排放量限制,接着将名义碳税率外生、可供购买的碳排放量内生来释放碳排放量限制。一旦限制碳减排量,地区r碳排放许可量外生,并通过市场内所有地区碳排放许可量加总决定碳交易市场中碳排放许可量。若不实施限制,则碳排放配额就没有意义,为了求解模型必须以另一种方式决定配额量,式(4.9)通过地区r可供购买碳排放量将地区r碳排放配额与该地区实际碳排量相联系。若对地区r实施碳排放限制,将地区r碳排放配额外生同时地区r可供购买的碳排放量内生决定,此时各地区碳排放量与该地区碳排放配额相分离。若地区r不存在碳排放限制,则将地区r碳排放配额内生、可供购买的碳排放量外生,此时该地区碳排放量与该地区碳排放配额密切相关。无论哪种情形,碳交易市场的配额量都由市场内部所有地区的碳配额加总决定。如表 6-2 分别估算了"附件 I 国家碳交易"政策 S1-3 和"全球碳交易"政策 S1-5 的减排目标和冲击程度。

表 6-2　碳交易情形下的碳减排目标估算

(单位:百万吨、%)

政策 S1-3	碳排放	附件 I 国家碳排放	权重	减排冲击	碳市场可供购买碳排放量冲击
美国	6065	12909	0.47	−21.9	
欧盟	4379	12909	0.34	−26.4	
日本	1221	12909	0.09	−35.5	−24.05
其他附件 I 国家(地区)(RoA I)	1244	12909	0.1	−15	

政策 S1-5	碳排放	全球排放	权重	减排冲击	碳市场可供购买碳排放量冲击
美国	6065	34205	0.177	−21.9	
欧盟	4379	34205	0.128	−26.4	
东欧	1039	34205	0.03	0	
日本	1221	34205	0.036	−35.5	
其他附件 I 国家(地区)(RoA I)	1244	34205	0.036	−15	
能源净出口国(EEx)	3777	34205	0.11	0	−9.076
中国	8594	34205	0.251	0	
印度	2102	34205	0.061	0	
俄罗斯	1784	34205	0.052	0	
世界其他地区(RoW)	4000	34205	0.117	0	

注:表中"碳排放""附件 I 国家碳排放""全球碳排放"分别指各地区碳排放、附件 I 国家碳排放总量、全球碳排放总量,单位均为百万吨。"权重"表示各地区碳排放占比;"减排冲击"指各地区减排冲击;"碳市场可供购买碳排放量冲击"等于各地区碳排放权重与减排冲击的加权求和,单位均为百分比(%)。
资料来源:笔者基于全球贸易分析数据库及能源环境拓展的全球贸易分析模型闭合规则计算得到。

二、结合贸易自由化政策和减排政策的方案设计

毫无疑问,当前世界经济形势下贸易自由化已成为重要趋势,同时全

球低碳减排政策也成为世界各地区追求"低碳经济""可持续发展"的重要政策工具。如何在全球贸易自由化背景下协调减排政策，以实现经济和环境协调发展，是本章的考察重点。由本章关于贸易自由化政策影响分析可知，"单边自由化"只考察中国实施关税削减政策，并不能体现全球贸易自由化趋势。"多边贸易自由化"政策根据各地区的贸易自由化进程，研究各地区同时实施渐进的贸易开放政策；而"多边贸易自由化+"政策在多边贸易自由化基础上，进一步考察世界主要国家之间的贸易合作。从全球经济形势和各国发展趋势来看，金融危机之后各地区贸易保护主义抬头；同时贸易自由化是个渐进发展的趋势，各地区将根据国内外经济形势调整其贸易开放政策。因此，"多边自由化"政策 P2、"多边自由化+TTIP"政策 P3 和"多边自由化+中日韩 FTA"政策 P4 都定量反映了全球贸易自由化的可能情形，选择哪种情形与减排政策相结合，以研究全球贸易自由化背景下减排政策的影响，主要基于以下两点考虑：（1）贸易保护主义抬头形势下，"多边自由化+TTIP"政策 P3 和"多边自由化+中日韩 FTA"政策 P4 考察的贸易自由化程度相对较高，现实情形下，即使世界主要经济体之间实行贸易自由化，最后各地区的贸易自由化并不够深化，也许各地区各部门的平均关税削减程度只能达到"多边自由化"政策 P2 的设定。此外，结合第五章贸易自由化政策影响分析，发现"多边自由化"政策 P2 对大多数国家的消费者福利具有改善作用，且对全球碳排放增加的幅度最小（0.004%）。（2）在贸易自由化政策基础上增加不同的碳减排政策，考察实施贸易和环境政策组合对全球经济和环境影响，从能源环境拓展的全球贸易分析冲击的分解层面①来说，这意味着最终不同政策情形的结果差异主要取决于减排方案的设定。综上所述，本章将在第五章

---

① 当实施不同政策组合时，能源环境拓展的全球贸易分析模型可以通过将某种冲击设定为"subtotal"，从而将不同政策对内生变量的影响进行分解。本章中以贸易自由化政策为基础，在此情形下考察不同的减排方案，可以将贸易自由化政策设为"subtotal"，从而分析减排方案的影响，可以发现：若以三种不同贸易自由化政策为基础，在组合以不同的减排政策（如四种），那么最后形成的 12 种政策的结果可以分为三组（以贸易自由化类型区分），且每组的影响主要与减排政策相关，同时各组之间的影响趋势一致。因此，考察贸易政策和减排政策组合时，只需要考察最为接近现实经济的贸易政策，并在此基础上分析不同的减排方案。

"多边自由化"政策 P2 基础上,进一步考察不同的减排政策,以综合分析贸易自由化政策和减排政策的影响效应。

减排政策设定主要参考《联合国气候变化框架公约》《京都议定书》《哥本哈根协议》,其中《京都议定书》和《哥本哈根协议》都属于《联合国气候变化框架条约》的补充条款。《京都议定书》遵循《联合国气候变化框架条约》制定的"共同但有区别的责任"原则,要求作为温室气体排放大户的发达国家(附件 I 国家)采取具体措施实施温室气体减排,而发展中国家不承担有法律约束力的温室气体减排责任。此外,《京都议定书》建立了三个灵活合作机制,如国际排放贸易机制、联合履行机制、清洁发展机制,允许国家之间建立碳交易市场等灵活方式,以实现碳减排任务。灵活合作减排机制已日渐被欧盟、美国等发达国家或地区利用和探究,尤其是国家内部排放贸易机制的研究和实践最为广泛。《哥本哈根协议》于 2009 年在哥本哈根召开的缔约方会议第十五届会议诞生,以取代2012 年到期的《京都议定书》,该协议最终并未通过,但为全球减排提供了两点重要参考,具有重要的政策和参考意义。第一,《哥本哈根协议》在"共同但有区别的责任"原则下,最大范围地将各地区纳入了应对气候变化的合作行动,在发达国家实行强制减排和发展中国家采取自主减排方面作出了贡献,如中国、印度等发展中国家作出了"哥本哈根承诺"。第二,《哥本哈根协议》提出了根据国内生产总值大小实施碳排放限制,为各地区碳减排政策制定提供了定量参考和依据。

综上所述,减排政策方案制定大致可以归纳为三个层面:(1)减排国次序,即减排方案中应按照各地区减排责任大小依次减排。本章结合《京都议定书》和《哥本哈根协议》的"共同但有区别的责任"原则和"合作减排行动",依次考虑"无减排""附件 I 国家减排""全球合作减排"三种情形。(2)是否存在碳减排灵活机制?《京都议定书》提出了三种灵活减排机制,其中国际排放交易已成为全球或国家减排的重要工具。本书将在"附件 I 国家减排"和"全球合作减排"基础上,进一步假设附件 I 国家之间或全球各地区之间存在碳交易市场,国家(地区)间可以通过买卖碳排放许可权实现全球碳减排目标。碳交易市场的优势主要在于,碳减排压力大的国家可以通过向减排责任较小的国家购买碳排放许可，这一方面可以缓解排放限制对减排强约束国家的经济损害，另一方面为减排约束更为宽松的国家(尤其是发展中国家)带来了一定的经济收入，同时并不影响全球碳减排目标实现。(3)如何量化各地区碳减排目标？本书利用《哥本哈根协议》将各地区碳减排目标与国内生产总值大小相结合，具体根据"哥本哈根承诺"规定的各地区减排承诺年份、减排参考年份、减排目标，结合各地区承诺年份基准碳排放、参考年份碳排放、减排目标，计算各地区的碳减排方案。因此，贸易自由化背景下的碳减排政策可归纳为5种不同情形，如表6-3所示。

表6-3 贸易政策与减排政策结合的方案设计

贸易政策	无减排	附件I国家(地区)减排	附件I国家碳交易	全球合作减排	全球碳交易
多边贸易自由化	方案 S1-1 多边自由化"无减排"	方案 S1-2 多边自由化"附件I国家减排"	方案 S1-3 多边自由化"附件I国家碳交易"	方案 S1-4 多边自由化"全球合作减排"	方案 S1-5 多边自由化"全球碳交易"

注：此时基准情形仍然是更新后的2020年。

第二节 贸易政策和减排政策对经济的综合影响预测

一、全球宏观变量的综合影响预测

由表6-4可以看出，不同政策组合方案下瓦尔拉斯变量变动始终接近为0，根据第四章关于可计算一般均衡模型的有效性检验原则，说明不同政策组合方案的模拟结果能够保证能源环境拓展的全球贸易分析模型新稳态的实现。政策 S1-1"无减排"即为第五章中"多边自由化"政策P2，由第五章第二节可知，贸易自由化情形下各地区关税削减将通过价格机制传导到整个经济系统，最终导致世界净投资供给实物量增长

0.07%、世界出口商品价格指数下降 0.07%、世界贸易量①增长 0.72%、全球碳排放总量增长 0.0039%、全球消费者福利改善 14619.3 百万美元。在此基础上,政策方案 S1-2、S1-3、S1-4、S1-5 依次引入不同的碳减排政策:附件Ⅰ国家减排、附件Ⅰ国家碳交易、全球合作减排、全球碳交易。

　　"附件Ⅰ国家减排"政策 S1-2 情形下能源环境拓展的全球贸易分析模型中附件Ⅰ国家的碳排放外生,相应地,附件Ⅰ国家的实际碳税内生。由此,较之"无减排"政策 S1-1,"附件Ⅰ国家减排"政策 S1-2 将不仅通过关税削减调整各地区贸易条件,还将改变附件Ⅰ国家的实际碳税水平(政策 S1-1 时各地区实际碳税为 0),两者都将通过价格传导机制调整经济系统稳态,对经济和环境变量产生影响。由表 6-4 可以看出,"无减排"政策 S1-1 情形下实际变量变化率都为正,呈现增长趋势,而"附件Ⅰ国家减排"政策 S1-2 情形下实际变量变化率都为负,如世界净投资供给实物量下降 0.09%、世界贸易量下降 0.77%、全球碳排放总量下降8.47%、全球消费者福利下降 307515.8 百万美元,实际变量变化率呈现下降趋势。相反地,"无减排"政策 S1-1 情形下世界贸易价格指数下降0.07%,而"附件Ⅰ国家减排"政策 S1-2 情形下世界贸易价格指数上升1.24%。"无减排"政策 S1-1 与"附件Ⅰ国家减排"政策 S1-2 对全球宏观变量影响的符号相反,主要在于碳减排政策实施对价格指数的调节,并影响整个经济系统均衡。

表 6-4　贸易政策和减排政策对全球宏观变量的综合影响预测

变量	S1-1	S1-2	S1-3	S1-4	S1-5
世界净投资供给量(%)	0.07	−0.09	−5.88	−0.1	−0.54
世界贸易品价格指数(%)	−0.07	1.24	1.67	1.26	0.57
世界贸易量变化(%)	0.72	−0.77	−1.83	−0.76	0.47
世界碳排放量变化(%)	0.0039	−8.47	−14.75	−9.08	−17.33
世界等价变化绝对量(百万美元)	14619	−307516	−221641	−307386	−20695

---

　　①　由于世界贸易量=世界出口总量=世界进口总量,则世界贸易量变化百分比=世界出口总量变化百分比=世界进口总量变化百分比。

续表

变量	S1-1	S1-2	S1-3	S1-4	S1-5
瓦尔拉斯变量(%)	0	0	0.81	0	-0.66

资料来源:能源环境拓展的全球贸易分析模型的模拟结果,表中结果为基于基准方案变化的百分比(%)。

　　具体来说,附件 I 国家实施碳排放总量限制,这意味着碳排放将不再是"无成本的(cost-free)",模型内生正的碳排放价格,即实际碳税水平。根据能源环境拓展的全球贸易分析模型均衡的价格传导机制可知,附件 I 国家实际碳税将导致国内产品价格上升,尤其是碳密集型产品价格,在国内将进一步传递到要素价格,在国外将影响进出口相对价格,最终价格机制将调整世界各地区的供需关系。直观地,贸易自由化政策将导致世界贸易品价格下降,贸易量上升;世界市场价格下降将导致各国国内价格下降,成本下降,从而各国产出上升、投资增加、碳排放增加;而经济系统价格指数下降,则会带来全球消费者福利改善,这符合"无减排"政策 S1-1 模拟结果。另外,碳排放总量限制将导致国内产品价格上涨、需求下降、产出下降、投资下降,价格机制调整到国际市场产品价格指数上升、贸易量下降,最后经济系统价格指数上升导致全球消费者福利下降。政策 S1-2 是贸易自由化政策和"附件 I 国家减排"政策的组合,这两种政策对经济系统的影响方向相反,由表 6-4 可以看出,最终"附件 I 国家减排"对经济系统的作用程度明显强于贸易自由化政策的影响(参见第二章和第五章①)。

　　政策 S1-4 同样是贸易自由化政策与减排政策的组合,并且将政策 S1-2 的"附件 I 国家减排"扩展为"全球合作减排",即在附件 I 国家减排基础上,其他地区实施"零排放增加"的合作性减排战略。此时,相较于"附件 I 国家减排"政策 S1-2,"全球合作减排"政策 S1-4 将导致部分全球实际变量进一步下降而贸易价格指数进一步上升,如世界净投资供

---

　　① 第二章利用能源环境拓展的全球贸易分析(2011 年)模拟了世界主要国家的减排成本,第五章利用能源环境拓展的全球贸易分析(2020 年)预测了单独实施贸易自由化政策的经济、碳排放影响。尽管第二章基于 2011 年数据,第五章基于更新后的 2020 年数据,但两者比较仍可以发现:实施减排政策的影响大于实施贸易自由化政策的影响。

给实物量下降 0.10%、全球碳排放量下降 9.08%、世界贸易品价格指数上升 1.26%。特别地，"全球合作减排"政策 S1-4 世界贸易品价格指数上升程度(1.26%)高于"附件Ⅰ国家减排"政策 S1-2 世界贸易品价格指数上升程度(1.24%)，但是政策 S1-4 的世界贸易量下降幅度(0.76%)、全球消费者福利恶化程度(307386 百万美元)小于"附件Ⅰ国家减排"政策 S1-2 相应变量的下降程度，这主要是因为世界贸易品价格指数是各地区各部门贸易商品价格指数的加权平均，而世界贸易量变化不仅与各地区各部门贸易商品价格指数相关，而且与基准情形下各地区各部门贸易规模密切相关，因此若贸易规模较大地区(部门)的价格指数上涨幅度小于贸易规模较小地区(部门)价格指数上涨幅度，则会导致世界贸易品价格指数略有上升，而世界贸易量轻微下降。全球消费者福利变化分析同样基于此。无论与基准方案相比，抑或与"无减排"政策 S1-1 相比，"附件Ⅰ国家减排"政策 S1-2 和"全球合作减排"政策 S1-4 都可说明总量减排必然以牺牲经济增长和消费者福利为代价。

政策 S1-3、政策 S1-5 分别在"附件Ⅰ国家减排"政策 S1-2、"全球合作减排"政策 S1-4 基础上假设减排地区形成统一的"碳排放交易"市场，允许自由买卖碳排放许可以满足国内生产和消费所需碳排放量差额。此时，能源环境拓展的全球贸易分析模型假设附件Ⅰ国家或全球碳排放交易市场存在碳排放许可总额度变化量，且该变量必须等于各地区碳排放许可变化加权加总得到的碳减排许可总量，由此碳交易市场内生统一碳税水平，即碳排放许可价格。最后，"附件Ⅰ国家碳交易"政策 S1-3 和"全球碳交易"政策 S1-5 情形下减排地区的实际碳减排量即为各地区碳排放许可量与其购买碳许可量之和。其中，"附件Ⅰ国家碳交易"政策 S1-3 情形下减排约束强的国家向减排约束宽松的国家购买碳排放许可；"全球碳交易"政策 S1-5 情形下附件Ⅰ国家向非附件Ⅰ国家购买碳排放许可，但这两项政策的效果并不相同。

较之"附件Ⅰ国家减排"政策 S1-2，"附件Ⅰ国家碳交易"政策 S1-3 情形下世界贸易品价格指数上升，世界净投资供给量、世界贸易量、世界碳排放量下降，而消费者福利有所上升。这主要由于附件Ⅰ国家减排约束较强,能够自由交易的碳排放许可量有限,由此导致美欧的碳关税明显上升(见表6-5),从而导致世界贸易品价格指数上升,世界投资、贸易和碳排放量进一步下降,而此时消费者福利改善主要来自国内生产国内消费部分。

表6-5 减排政策对主要经济体贸易条件、碳税和 GDP 影响

(单位:%、美元/吨)

政策	方案	美国	欧盟	日本	中国	印度	俄罗斯
贸易条件	S1-1	−0.01	0.01	−0.07	−0.09	−0.08	0.07
	S1-2	0.03	0.64	−0.94	0.68	0.65	−2.50
	S1-3	4.10	1.32	2.15	0.42	0.36	−4.97
	S1-4	0.06	0.66	−0.88	0.71	0.70	−2.64
	S1-5	0.32	0.23	0.58	0.46	0.85	−1.40
碳税	S1-1	0.00	0.00	0.00	0.00	0.00	0.00
	S1-2	40.79	122.30	246.03	0.00	0.00	0.00
	S1-3	192.95	197.00	198.14	0.00	0.00	0.00
	S1-4	40.88	122.89	246.69	0.10	−0.16	2.67
	S1-5	21.74	21.74	21.74	21.74	21.74	21.74
实际 GDP	S1-1	0.00	0.01	0.00	0.03	0.01	0.13
	S1-2	−0.22	−0.78	−1.33	0.138	0.144	−0.73
	S1-3	−1.24	−1.21	−0.95	0.05	0.12	−0.66
	S1-4	−0.22	−0.78	−1.33	0.14	0.15	−0.71
	S1-5	−0.09	−0.05	−0.04	−0.29	−0.18	−0.02

注:表中贸易条件、实际 GDP 的单位为百分比(%),即不同减排政策情形相比基准情形的变化百分比;碳税的单位为美元/吨(1997 年不变价格),即以 1997 年不变价格计的碳税水平。

正相反,较之"全球合作减排"政策 S1-4,"全球碳交易"政策 S1-5情形下世界贸易品价格指数下降,世界净投资供给量、世界贸易量上升,消费者福利改善,而世界碳排放量下降。全球碳排放交易市场中,附件Ⅰ国家为碳排放许可购买国,非附件Ⅰ国家为碳排放许可出售国,

这将放松对附件Ⅰ国家碳排放限制,政策 S1-5 统一碳税水平明显低于政策 S1-4 附件Ⅰ国家碳税水平,从而附件Ⅰ国家碳税支出下降、非附件Ⅰ国家碳税收入增加,一定程度上促进全球消费者福利改善。由表6-4 可以看出,政策 S1-5 消费者福利下降 20695.1 百万美元,比政策 S1-4 消费者福利改善约 1/3。同时,由于政策 S1-5 统一碳税水平明显低于政策 S1-4 中附件Ⅰ国家碳税水平(见表 6-1),价格机制传导下政策 S1-5 的世界贸易品价格相较于政策 S1-4 有所下降,世界贸易量变化上升,最终经济系统新稳态下全球投资品供给进一步下降。全球碳交易市场作为碳减排灵活机制之一,不仅可以通过调节碳税水平缓解总量减排对全球经济、区域经济的刺激,而且可以促进全球减排的实现。一方面,附件Ⅰ国家在保证经济生产和产品需求的同时,也会考虑碳税对其国民收入、消费者福利等不利影响,因此附件Ⅰ国家将在购买碳许可的同时积极促进国内减排;另一方面,非附件Ⅰ国家只参与合作性减排,不存在强制性减排,在不影响国内经济条件下,非附件Ⅰ国家将积极减排以出售碳排放许可获取收入。因此,"全球碳交易"政策 S1-5 导致全球碳减排高达 17.33%,减排幅度比"全球合作减排"政策 S1-4 情形增加近 1 倍。

二、中国及世界主要经济体宏观经济的综合影响预测

"无减排"政策 S1-1 只考察多边贸易自由化不涉及减排政策,由第五章第二节可知,贸易自由化政策将直接改变各地区贸易条件,并通过经济系统价格传导机制实现新均衡,最后导致美国、欧盟、中国、印度和俄罗斯实际国内生产总值上升,日本实际国内生产总值下降,而六个主要经济体国内生产总值价格指数都呈现下降趋势。政策 S1-2 在多边贸易自由化情形下,进一步考虑了"附件Ⅰ国家减排",此时美国、欧盟、日本由于碳减排限制而产生正的碳税。由能源环境拓展的全球贸易分析模型和全球贸易分析数据库可知,碳税征收只针对地区内部所有含碳消费品,即碳税征收只涉及地区的需求端,包括国内产品和进口产品的中间投入需求、家庭需求和政府需求。由此,对"附件Ⅰ国家"征收碳税符合税收分担机

制,附件Ⅰ国家碳税部分由生产者承担,部分由消费者承担。①

直观地看,政策 S1-2 增设"附件Ⅰ国家减排"将直接影响附件Ⅰ国家中间投入、家庭消费、政府消费,从支出法国内生产总值核算角度来说,相较于"无减排"政策 S1-1,"附件Ⅰ国家减排"政策 S1-2 将导致美国、欧盟、日本实际国内生产总值进一步下降,下降幅度分别为 0.22%、0.78%、1.33%。由能源环境拓展的全球贸易分析模型理论分析可知,"附件Ⅰ国家减排"政策 S1-2 对美国、欧盟、日本实际国内生产总值影响必然是通过政策冲击引发相对价格调整实现,在国际市场上"附件Ⅰ国家减排"将影响其他地区的价格指数并调整其实际国内生产总值等,最终实现整个经济系统新稳态。首先,"附件Ⅰ国家减排"政策 S1-2 情形下,美国、欧盟、日本的减排标准分别为碳排放总量减排 21.9%、26.4%、35.5%,根据各地区碳减排对碳税的边际影响分析(见第二章)可知,通常减排程度越高碳税水平越高,"附件Ⅰ国家减排"政策 S1-2 将导致美国、欧盟、日本碳税水平②分别为 40.79 美元/吨、122.30 美元/吨、246.03 美元/吨(见表 6-5)。碳税征收将导致美国、欧盟、日本国内产品价格指数增加,并且碳密集型产品价格指数增长更为明显。减排产生的碳税导致美国、欧盟、日本国内产品价格指数和出口产品价格指数提高,同时传导到国际贸易市场上将导致美国、欧盟、日本进口价格指数提高。由全球贸易分析数据库可知,2011 年美国、欧盟、日本碳排放量分别为 5110 百万吨、3689 百万吨、1029 百万吨,占当年世界碳排放总量比重分别为 17.7%、12.8%、3.6%,在经济总量相差不大情形下,这可以间接说明日本的生产和消费结构相对清洁。因此,美国、欧盟国内价格指数和出口价格指数明显提高,日本国内价格指数和出口价格指数并不显著,而美国、欧盟、日本的进口指数是其进口国价格指数的加权加总,最后美国、欧盟出口价格指数高于其进口价格指数,日本则由于进口更偏向碳密集型产品

---

① 根据能源环境拓展的全球贸易分析模型和全球贸易分析数据库可知,征收碳税的环节包括:国内产品的中间投入需求、进口产品的中间投入需求、国内产品的家庭需求、进口产品的家庭需求、国内产品的政府需求、进口产品的政府需求。

② 本书的实际碳税水平都以 1997 年美元计价。

而导致其出口价格指数显著低于其进口价格指数。换句话说,较之"无减排"政策 S1-1,"附件 I 国家减排"政策 S1-2 情形下美国、欧盟贸易条件改善,日本贸易条件恶化(见表6-5)。

与"无减排"政策 S1-1 相比,中国、印度和俄罗斯三个金砖国家,与附件 I 国家之间有着密切的贸易联系,能源环境拓展的全球贸易分析模型市场机制将通过价格传导调整中国、印度、俄罗斯等国家的名义变量和实际变量。当附件 I 国家实施减排政策时,美国、欧盟、日本的碳税将导致国际市场碳密集型产品贸易价格指数上升,而其他商品贸易价格指数上升但低于碳密集型产品贸易价格指数,中国、印度作为碳密集型产品出口大国,"附件 I 国家减排"政策 S1-2 情形将导致中国、印度出口价格指数与进口价格指数之比上升,即中国、印度贸易条件改善(见表6-5),这将导致中国、印度更多选择进口产品替代国内产品。而俄罗斯作为能源出口大国,美国、欧盟等附件 I 国家是其能源主要进口国,因此美国、欧盟贸易条件改善,一定程度上将导致俄罗斯贸易条件恶化(见表6-5)。中国、印度、俄罗斯的国内市场通过价格机制调节实现均衡,最终中国、印度实际国内生产总值分别上升 0.138%、0.144%,俄罗斯实际国内生产总值下降 0.73%。

政策 S1-4 将政策 S1-2"附件 I 国家减排"改为"全球合作减排",即在"附件 I 国家减排"基础上,非附件 I 国家实施"碳排放零增长"的合作性减排战略。政策 S1-2 并未对非附件 I 国家碳排放量进行限制,根据不对称减排分析可知,"附件 I 国家减排"将对非附件 I 国家造成碳泄漏,如政策 S1-2 情形下中国、印度、俄罗斯实际碳排放量相对基期分别变化 0.25%、-0.88%、1.82%(见表6-11),其中中国、俄罗斯碳排放量较之"无减排"政策 S1-1 有所上升,印度碳排放量比"无减排"政策 S1-1 有所下降。"全球合作减排"政策 S1-4 对非附件 I 国家碳排放量限制为"零增长",相当于在"附件 I 国家减排"政策 S1-2 基础上对中国、俄罗斯实施减排,印度则增加碳排放量,由此将导致中国、俄罗斯产生正的碳税,印度则产生负的碳税,即碳补贴。同"附件 I 国家减排"政策 S1-2 情形分析一致,"全球合作减排"政策 S1-4 实施碳减排将导致各地区产生新的碳税水平,在能源环境拓展的全球贸易分析模型中将导致碳密集型产品价格指数相对上升,接着市场机制将调整各市场局部均衡并最终实现整个经济新稳态。政策S1-4情形下各地区贸易条件变化方向与政策S1-2一致,且政策S1-4情形下美国、欧盟、日本、中国和印度贸易条件有所改善而俄罗斯贸易条件有所恶化(见表6-5)。此外,政策S1-4情形下各地区实际国内生产总值变化比政策S1-2情形略有上升,印度上升幅度稍明显。相较于"附件Ⅰ国家减排"政策S1-2,政策S1-4将导致印度实际国内生产总值出现上升,可能是因为对印度实施碳排放零增加相当于在政策S1-2基础上允许印度碳排放量增加,这将导致印度总需求上升、实际国内生产总值上升。

理论上,建立碳排放权交易市场可以实现"碳许可"合理分配,一定程度上能缓解减排压力对各地区经济规模、资源配置的不利影响,同时碳排放权交易可以为部分国家"创收",因此政策S1-3、政策S1-5在"附件Ⅰ国家减排"政策S1-2、"全球合作减排"政策S1-4基础上假设减排地区之间存在碳排放交易,以考察贸易自由化背景下合理碳减排政策制定的可能性。事实上,引入碳交易市场主要会产生两种相反力量:一种是减排压力大的国家,如政策S1-3情形下的日本,以及政策S1-5情形下的美国、欧盟和日本等主要附件Ⅰ国家,可以通过购买碳排放许可缓解减排对资源分配的负面影响,从而带来正向的资源分配效应;另一种是减排压力大的国家购买碳排放许可需要支付较高的费用,这一方面以碳税形式反映在生产成本上,另一方面将对国内收入产生影响;减排约束更为宽松的国家同样受两种效应影响但方向正好相反。因此,相较于不存在碳交易,碳交易的资源配置效应将导致减排压力大的国家的国内价格下降,而碳交易的成本效应将导致其国内价格上升,在价格机制传导下将导致世界主要经济体的国内外价格发生变化。如表6-5所示,相较于"附件Ⅰ国家减排"政策S1-2,"附件Ⅰ国家碳交易"政策S1-3将导致美国、欧盟、日本的贸易条件改善,中国、印度、俄罗斯的贸易条件恶化;相较于"全球合作减排"政策S1-4,"全球碳交易"政策S1-5将导致美国、日本、印度、俄罗斯的贸易条件改善,欧盟、中国的贸易条件恶化。在国内外价格和需求调整下,较之"附件 I 国家减排"政策 S1-2,"附件 I 国家碳交易"政策 S1-3 情形下美国、欧盟、中国、印度的实际国内生产总值有所下降,日本、俄罗斯的实际国内生产总值有所上升;较之政策 S1-4,政策 S1-5 情形下美国、欧盟、日本、俄罗斯的实际国内生产总值上升,中国和印度的实际国内生产总值下降。

　　贸易自由化背景下不同减排政策对各地区贸易条件影响不同,根据阿明顿假设可知,能源环境拓展的全球贸易分析模型中国内产品与进口产品之间存在不完全替代性。当替代弹性不变时,各地区进出口相对价格变化将导致各地区进出口规模发生变化。值得注意的是,贸易条件反映一地区进出口相对价格的平均指标,是由该地区各贸易品份额与其进出口相对价格加权加总,各地区贸易条件变化与其贸易结构、贸易商品的进出口价格变化密切相关。因此,贸易条件恶化不一定带来进口规模增加,如表 6-6 所示,"附件 I 国家减排"政策 S1-2 情形下日本贸易条件变化-0.94%,进口规模变化-12.12%,这可能由于日本进口规模高的商品贸易条件恶化,而进口规模低的商品贸易条件改善所致。

表 6-6　不同减排政策对主要经济体贸易条件和贸易规模的影响

（单位:%）

政策方案	贸易指标	美国	欧盟	日本	中国	印度	俄罗斯
	贸易条件	-0.01	0.01	-0.07	-0.09	-0.08	0.07
S1-1	进口量	0.38	0.46	0.09	1.35	0.37	2.96
	出口量	0.94	0.47	0.85	0.99	0.91	1.07
	贸易条件	0.03	0.64	-0.94	0.68	0.65	-2.50
S1-2	进口量	-1.54	-2.37	-12.12	3.02	1.97	1.13
	出口量	1.30	-1.94	10.52	-3.26	-2.45	-2.13
	贸易条件	4.10	1.32	2.15	0.42	0.36	-4.97
S1-3	进口量	2.37	-2.91	-5.70	2.05	1.30	-3.57
	出口量	-16.97	-4.97	-6.78	1.42	0.92	0.86

续表

政策方案	贸易指标	美国	欧盟	日本	中国	印度	俄罗斯
S1-4	贸易条件	0.06	0.66	-0.88	0.71	0.70	-2.64
	进口量	-1.46	-2.35	-12.07	3.07	2.04	0.79
	出口量	1.20	-1.99	10.33	-3.30	-2.56	-1.74
S1-5	贸易条件	0.32	0.23	0.58	0.46	0.85	-1.40
	进口量	0.15	0.16	-0.44	1.68	1.82	1.71
	出口量	0.26	0.14	-0.36	-1.03	-2.97	1.60

资料来源：能源环境拓展的全球贸易分析模型的模拟结果，表中结果为基于基准方案变化的百分比(%)。

"无减排"政策S1-1考察多边贸易自由化情形下各地区消费者福利变化，同时将贸易自由化带来的分配效率变化、贸易条件变化对福利影响进行分解，发现：贸易自由化政策对贸易条件变化的福利影响与贸易条件变化的方向一致，如美国、日本、中国、印度贸易条件恶化，同时贸易条件对消费者福利影响为负。如表6-7所示，多边贸易自由化政策对美国、欧盟、中国、印度、俄罗斯分配效率带来的消费者福利变化基本为正，日本为负。这可能由于日本自由化范围和程度较低，贸易自由化对其国内外产品的替代需求变化并不明显，从而在其他地区实施较高程度自由化时，日本的资源配置效率不升反降。同实际国内生产总值变化方向与程度类似，较之"无减排"政策S1-1，"附件I国家减排"政策S1-2情形下美国、欧盟、日本、俄罗斯的消费者福利明显恶化；中国、印度的消费者福利明显改善。从支出法国内生产总值角度出发，实际国内生产总值变化摒除了价格因素，从支出角度考察了各地区总消费变化；福利同样可以看作基期价格不变情况下消费者总消费量变化。可以看出，在不存在碳交易情形下，能源环境拓展的全球贸易分析模型中不同政策冲击对实际国内生产总值、福利的变化方向具有某种一致性。而碳交易市场将一定程度上改善消费者福利，如"附件I国家碳交易"政策S1-3情形下美国、欧盟、日本的消费者福利较之"附件I国家减排"政策S1-2情形有所改善，"全球碳交易"政策S1-5情形下世界主要经济体的消费者福利均出现一定程度改善(较之"全球合作减排"政策S1-4)。

表6-7 不同减排政策对主要经济体福利的分解效应

(单位:百万美元)

政策方案	贸易条件	经济体	美国	欧盟	日本	中国	印度	俄罗斯
S1-1		福利	-832	2719	-1049	116	-440	4885
	福利分解	贸易条件	-167	1222	-874	-2218	-434	382
		分配效率	102	1733	-138	2735	258	3084
		碳交易	0	0	0	0	0	0
S1-2		福利	-44639	-120306	-108187	25039	8337	-31646
	福利分解	贸易条件	2438	55205	-12245	15737	3820	-16945
		分配效率	-43091	-174366	-99176	12743	3423	-17627
		碳交易	24	12	-56	0	0	0
S1-3		福利	214093	-99621	-58955	-795	5356	-45856
	福利分解	贸易条件	94836	111480	24675	7977	3829	-34478
		分配效率	-243780	-270739	-70984	4385	2930	-15849
		碳交易	342124	63819	-11870	0	0	0
S1-4		福利	-43449	-118263	-107463	25489	8847	-31695
	福利分解	贸易条件	3220	56822	-11453	16422	4103	-17921
		分配效率	-42975	-173890	-99146	12865	3599	-16984
		碳交易	24	12	-56	0	0	-1
S1-5		福利	-18802	-9225	-4227	32918	19731	-2920
	福利分解	贸易条件	8639	20407	6957	11074	4552	-9492
		分配效率	-17411	-10235	-3077	-26841	-4372	-388
		碳交易	-10929	-18912	-8016	52513	18261	4318

资料来源:能源环境拓展的全球贸易分析模型的模拟结果,表中结果为基于基准方案的消费者福利变化(单位:百万美元)。

进一步地,表6-7将贸易和减排政策冲击下世界主要经济体的等价变化分解为"贸易条件效应""分配效率效应""碳交易效应",其中"贸易条件效应"指政策冲击对各地区进出口相对价格变化影响,从而对消费者福利产生变化的效应;"分配效率效应"表示政策变化对各地区生产结构影响而引起生产资源重新配置,进而对消费者福利产生变化的效应;"碳交易效应"既包括单独减排政策对碳税变化引起的消费者福利变化,也包括碳交易市场情形对碳税和碳交易收入变化而引起的消费者福利变化效应。相较于"无减排"政策S1-1,"附件Ⅰ国家减排"政策S1-2将导致美国、欧盟、日本消费者福利明显下降,且这三个经济体福利下降主要来自分配效率下降,甚至日本分配效率导致的福利下降高于福利总水平。"附件Ⅰ国家减排"政策S1-2中贸易条件引致的福利变化方向与贸易条件变化方向一致(见表6-6),此外"附件Ⅰ国家减排"政策S1-2将导致美国、欧盟、日本产生一定的碳税收入(国民收入增加)和碳税成本(生产成本增加),并最终导致美国、欧盟"碳交易效应"带来的消费者福利增加,日本"碳交易效应"导致其福利恶化。由政策S1-2分析可以看出,减排政策将促使减排国从碳密集型产品生产、消费向低碳产品的生产、消费转移,对减排国的资源分配产生明显负面影响。换句话说,附件Ⅰ国家减排是以牺牲资源合理分配为代价的。相较于"附件Ⅰ国家减排"政策S1-2,"全球合作减排"政策S1-4情形下美国、欧盟、日本、中国、印度消费者福利均改善,俄罗斯消费者福利有所恶化,其中"贸易条件效应"对福利影响与各国贸易条件变化一致,"碳交易效应"对福利影响与政策S1-2情形几乎无差异,"分配效率效应"对各国消费者福利都有所改善,这说明贸易自由化背景下"全球合作减排"比"附件Ⅰ国家减排"对资源分配更有利。

　　相较于"附件Ⅰ国家减排"政策S1-2和"全球合作减排"政策S1-4,"附件Ⅰ国家碳交易"政策S1-3和"全球碳交易"政策S1-5情形下"贸易条件效应"对福利变化与各地区贸易条件变化一致;"分配效率效应"将导致出售碳排放权的国家消费者福利恶化最为严重,如"附件Ⅰ国家碳交易"政策S1-3情形下的美国和欧盟,以及政策S1-5情形下的中国和印度,对购买碳排放权国家的消费者改善具有促进作用,如"附件Ⅰ国家碳交易"政策S1-3情形下的日本,以及政策S1-5情形下的主要附件

Ⅰ国家。此外,"碳交易效应"主要体现在购买碳排放许可的成本或出售碳排放许可的收入,对消费者福利的进一步影响。例如,较之"附件Ⅰ国家减排"政策 S1-2,"附件Ⅰ国家碳交易"政策 S1-3 将导致美国和欧盟消费者福利改善,日本消费者福利恶化;较之"全球合作减排"政策 S1-4,"全球碳交易"政策 S1-5 将导致附件Ⅰ国家消费者福利恶化,非附件Ⅰ国家消费者福利改善。

三、中国及世界主要经济体部门经济的综合影响预测

政策 S1-1 表示贸易自由化情形下"无减排"政策(同第五章"多边自由化"政策 P2),该政策对主要经济体部门产出的影响,可以作为贸易政策和减排政策组合情形下部门产出变化的参考,以分析贸易自由化背景下合理的减排政策。实施碳减排政策将迫使减排国调整其生产结构,并通过影响国际能源产品价格,调整非减排国的产出结构(见表 6-8 和表 6-9)。

表 6-8　贸易自由化下量化减排对主要经济体产出结构的影响

(单位:%)

政策方案	经济体部门	美国	欧盟	日本	中国	印度	俄罗斯
S1-2	农业	0.54	−0.53	1.60	−0.86	0.06	0.81
	煤炭	−28.41	−48.38	−39.52	−0.52	−3.82	−9.18
	原油	−2.91	−3.82	−1.42	−2.33	−2.57	−1.85
	天然气	−31.04	−27.29	−2.21	−3.60	−5.34	−1.91
	成品油	−5.15	−7.31	−16.94	1.04	0.83	0.16
	电力	−9.58	−10.90	−19.05	−0.26	−0.02	2.19
	金属矿物	−1.21	−2.35	−10.50	0.37	0.86	5.33
	化学制品	0.60	−2.41	−0.87	−1.32	0.50	7.32
	非金属矿物	−1.22	−2.77	−9.59	2.34	2.50	4.14
	有色金属	0.37	−4.04	−5.23	0.92	−0.10	7.84
	金属制品	−1.15	−4.73	−1.04	−0.92	1.14	10.42

续表

政策方案	经济体 / 部门	美国	欧盟	日本	中国	印度	俄罗斯
S1-2	其他制造业	-0.19	-0.69	2.48	-0.81	-0.41	-0.11
	运输业	-1.52	-5.33	-3.45	1.00	1.30	1.59
	建筑业	-2.10	-1.95	-14.92	3.20	2.30	4.30
	其他服务业	-0.02	-0.14	-1.2	0.18	-0.12	-0.76
S1-4	农业	0.52	-0.56	1.56	-0.87	0.06	0.83
	煤炭	-28.53	-48.5	-39.62	-0.83	-2.18	-10.81
	原油	-3.04	-3.99	-1.59	-2.46	-2.73	-1.78
	天然气	-31.46	-28.10	-2.45	-5.35	-5.78	-2.51
	成品油	-5.10	-7.24	-16.89	1.09	0.91	-0.02
	电力	-9.59	-10.88	-19.07	-0.35	0.04	1.00
	金属矿物	-1.19	-2.34	-10.44	0.38	0.88	5.28
	化学制品	0.60	-2.40	-0.91	-1.32	0.54	6.77
	非金属矿物	-1.16	-2.71	-9.52	2.38	2.61	3.66
	有色金属	0.42	-3.95	-5.21	0.95	0.02	7.41
	金属制品	-1.14	-4.74	-1.09	-0.92	1.26	10.49
	其他制造业	-0.21	-0.72	2.41	-0.82	-0.43	-0.10
	运输业	-1.50	-5.30	-3.45	1.02	1.34	1.49
	建筑业	-2.03	-1.87	-14.8	3.24	2.38	3.76
	其他服务业	-0.01	-0.14	-1.20	0.18	-0.12	-0.73

资料来源:能源环境拓展的全球贸易分析模型的模拟结果,表中结果为基于基准方案变化的百分比(%)。

表6-9　贸易自由化下碳交易政策对主要经济体产出结构的影响

(单位:%)

政策方案	经济体 / 部门	美国	欧盟	日本	中国	印度	俄罗斯
S1-3	农业	-4.27	-2.04	-1.16	-0.34	0.19	1.72
	煤炭	-52.73	-56.65	-37.69	-0.21	-3.32	-9.73

续表

政策方案	经济体部门	美国	欧盟	日本	中国	印度	俄罗斯
S1-3	原油	-14.77	-8.77	-7.06	-4.01	-4.55	-3.51
	天然气	-85.97	-39.41	-4.05	3.02	-4.39	1.76
	成品油	-23.21	-10.12	-12.28	2.47	2.60	1.98
	电力	-26.94	-14.91	-17.03	0.04	-0.06	4.54
	金属矿物	-9.67	-4.56	-4.10	0.91	1.53	10.51
	化学制品	-9.40	-3.94	-5.23	0.34	2.87	16.14
	非金属矿物	-7.54	-3.44	-5.91	0.76	1.19	1.50
	有色金属	-11.75	-8.20	-9.07	0.99	0.00	11.95
	金属制品	-22.11	-9.22	-7.02	0.74	6.37	23.17
	其他制造业	-6.04	-2.30	-2.85	0.18	-0.21	1.44
	运输业	-10.64	-7.35	-2.27	1.32	2.30	3.18
	建筑业	-0.91	-0.20	-0.60	0.09	0.14	-0.42
	其他服务业	1.00	-0.06	-0.56	0.02	0.03	-0.79
S1-5	农业	0.11	-0.18	-0.24	-0.88	-0.001	-0.10
	煤炭	-17.78	-18.96	-6.50	-31.37	-71.21	-11.02
	原油	-2.14	-2.02	-1.93	-2.65	-2.36	-0.49
	天然气	-16.26	-10.27	-2.08	-81.88	-18.40	-5.04
	成品油	-2.28	0.12	-0.20	-2.43	-0.95	-1.35
	电力	-5.73	-1.88	-2.36	-14.68	-5.25	-7.89
	金属矿物	-0.55	0.08	-0.04	-1.73	-2.00	-0.29
	化学制品	0.08	0.18	0.03	-2.48	-1.68	-3.71
	非金属矿物	-0.16	0.46	0.25	-0.53	-0.52	-0.66
	有色金属	0.42	1.32	0.68	-1.19	-4.91	-1.50
	金属制品	-0.97	0.94	0.51	-2.67	-8.72	0.56
	其他制造业	-0.36	-0.24	-0.57	-0.58	-1.04	-1.86
	运输业	-1.07	-0.09	0.001	-0.60	-0.16	-0.56
	建筑业	-0.26	-0.03	-0.08	0.24	0.53	0.09
	其他服务业	0.01	-0.08	-0.07	0.10	0.43	0.09

资料来源:能源环境拓展的全球贸易分析模型的模拟结果,表中结果为基于基准方案变化的百分比(%)。

政策 S1-2 和政策 S1-4 在"无减排"政策 S1-1 基础上进一步考虑碳总量减排,相当于对减排国家征收碳税,将导致化石能源价格及生产成本上升,不同地区部门的能源密集度不同,不同部门各级生产函数、各种生产要素的替代弹性也不相同,并且各部门产品需求也存在差别,因此实施减排政策对各地区不同部门的产出影响存在差异。但整体而言,减排国的碳税水平将导致国内化石能源价格上升,需要以能源作为重要中间投入的部门产出受到抑制;一般均衡框架下,价格传导机制导致国际市场化石能源价格上升,一定程度上提升非减排国化石能源价格,对于非减排国而言,减排国能源密集型产品成本上升一方面导致非减排国能源密集型产品的比较优势上升,另一方面国际化石能源价格的提升也将对非减排国能源密集型产品生产产生抑制作用。如表 6-8 所示,相较于"无减排"政策 S1-1,"附件 I 国家减排"政策 S1-2 情形下美国、欧盟、日本等减排国(地区)各部门产出基本呈现下降趋势,其中能源产品生产部门的化石能源投入量最高,能源产品(如煤炭、原油、天然气、成品油、电力)产出下降幅度最大,能源密集型产品生产部门的产出下降幅度次之。与此同时,中国、印度、俄罗斯由于受国际能源价格上升影响,其能源产品产出同样呈现下降趋势,中国、印度下降幅度较小,俄罗斯作为能源产品出口大国,其能源产品产出下降幅度较为明显。此外,在比较优势转移影响下,中国、印度、俄罗斯能源密集型产品产出整体呈现上升趋势,但不同地区不同部门产出变化幅度受国内外需求弹性、要素—能源替代弹性等多种因素影响(见表 6-8)。

政策 S1-4 在政策 S1-2 基础上将"附件 I 国家减排"拓展为"全球合作减排",此时相当于全球各地区都实施碳税(印度负碳税水平),化石能源价格进一步提高,各地区能源产品需求受到抑制,能源产品生产呈现进一步下降趋势,其中能源产品相对价格差异以及替代弹性等因素,将导致部分地区成品油、电力产出上升。此外,"全球合作减排"政策 S1-4 情形下全球各地区化石能源价格下降,将缓解"附件 I 国家减排"政策 S1-2 情形下各地区化石能源之间的价格差异,同时降低附件 I 国家能源密集型产品的国际竞争力损失。如表 6-8 所示,相较于"附件 I 国家减排"政策 S1-2，"全球合作减排"政策 S1-4 情形下美国、欧盟、日本的金属矿物、非金属矿物、有色金属、运输业的产出上升；同时由于全球化石能源价格下降，中国、印度的金属矿物、非金属矿物、有色金属、运输业的产出进一步上升，俄罗斯的金属矿物、非金属矿物、有色金属、运输业的产出进一步下降。

政策 S1-3 和政策 S1-5 在"附件Ⅰ国家减排"政策 S1-2 和"全球合作减排"政策 S1-4 基础上，假设附件Ⅰ国家或全球存在碳交易市场，允许减排地区自由买卖碳排放许可，这对降低减排约束较大国家带来的生产结构改变、资源配置扭曲具有重要作用。同时，减排约束更为宽松的国家在碳交易市场出售碳交易许可，将促使减排约束宽松国家减排并导致其能源密集型产品产出下降。如表 6-8 和表 6-9 所示，相较于政策 S1-2，"附件Ⅰ国家碳交易"政策 S1-3 将导致美国、欧盟的能源生产部门和能源密集型部门的产出明显下降，中国、印度、俄罗斯相应部门的产出快速上升；相较于"全球合作减排"政策 S1-4，"全球碳交易"政策 S1-5 将导致美国、欧盟、日本能源产品生产部门、能源密集型产品部门的产出明显上升，而中国、印度、俄罗斯相应部门产出快速下降。

第三节　贸易政策和减排政策对能源环境的综合影响预测

一、中国及世界主要经济体能耗—碳排放量的综合影响预测

减排政策将导致减排国产生一定的碳税水平，化石能源价格上升，通过价格传导机制将改变各地区化石能源的相对价格，导致各地区化石能源需求变化。政策 S1-2 在多边贸易自由化基础上假设"附件Ⅰ国家减排"，将导致附件Ⅰ国家化石能源价格相对非附件Ⅰ国家提高，如表 6-10 所示，这将导致美国、欧盟、日本化石能源需求量下降，同时由于电力部门

生产需要大量化石能源投入，这将导致美国、欧盟、日本电力价格上升、需求下降。对于非附件Ⅰ国家而言，附件Ⅰ国家减排将导致非附件Ⅰ国家化石能源相对价格下降，生产向能源密集型产品转移，因此中国、印度、俄罗斯对化石能源需求上升。此外，由于电力在中国、印度、俄罗斯生产结构和消费结构所占份额不同，在能源相对价格变动情形下，中国、印度、俄罗斯对电力需求变化也不同，如中国、印度对电力需求量下降，而俄罗斯对电力需求量上升。"全球合作减排"政策 S1-4 假设全球各地区都参与减排行动，此时各地区都存在一定的碳税水平（印度负的碳税），这将进一步改变各地区能源相对价格以及能源之间的相对价格，各地区将根据相对价格差异、生产和消费函数的替代弹性，调整其能源需求结构。如表6-10 所示，相较于"附件Ⅰ国家减排"政策 S1-2，"全球合作减排"政策 S1-4 情形下美国的煤炭、天然气、电力需求进一步下降，而原油、成品油需求则有所提升。其他地区的能源需求量及结构也进行了调整，其中印度五种能源需求都进一步提高，俄罗斯五种能源需求都有所下降。这主要因为印度在政策 S1-4 的碳税水平为负，在政策 S1-2 中则为"零碳税"，这说明相较于政策 S1-2，政策 S1-4 情形下印度碳排放量可以有所增加，从而其生产和消费进一步向能源密集型产品转移，五种能源需求量提高。俄罗斯作为世界主要能源出口国，当其他国家能源需求量开始上升时，意味着俄罗斯出口需求增加，由于"附件Ⅰ国家减排"政策 S1-2 和"全球合作减排"政策 S1-4 对产出影响并不明显，此时俄罗斯国内能源产品需求将出现下降。

政策 S1-3 和政策 S1-5 考虑了减排地区碳排放权的自由交易，缓解了减排约束较强国家的减排压力及其对能源密集型产品的生产限制，并促使减排宽松国家实施减排，减少其能源密集型产品生产和消费。如表6-10 所示，较之"附件Ⅰ国家减排"政策 S1-2，"附件Ⅰ国家碳交易"政策 S1-3 将导致美国、欧盟五种能源需求均上升，中国（电力除外）、俄罗斯的能源需求均下降；而较之"全球合作减排"政策 S1-4，"全球碳交易"政策 S1-5 将导致美国、欧盟、日本五种能源需求上升，而中国、印度、俄罗斯五种能源需求下降。此外，与"无减排"政策 S1-1 相比，同其他实施减排政策(政策 S1-2 和政策 S1-4)情形相同,存在碳交易减排政策 S1-5,仍然导致各国能源需求下降。但相较于其他实施减排政策(政策 S1-2 和政策 S1-4)相比,"全球碳交易"政策 S1-5 通过市场机制买卖碳许可权,确实能够在促进全球减排目标同时,有助于缓解附件 I 国家的减排压力和对经济的不利影响。

表 6-10　贸易和减排政策对主要经济体能源消耗的综合影响

(单位:%)

政策方案	能源消耗	美国	欧盟	日本	中国	印度	俄罗斯
S1-1	煤炭	0.02	0.07	0.03	−0.05	0.07	−0.02
	原油	0.22	0.05	0.01	−0.32	−0.25	0.06
	天然气	0.06	0.10	0.06	−0.12	−0.06	−0.09
	成品油	−0.01	0.02	−0.03	0.13	0.01	−0.14
	电力	0.01	0.04	0.04	−0.07	0.02	−0.20
S1-2	煤炭	−33.07	−45.72	−47.61	0.35	0.98	1.54
	原油	−5.14	−7.46	−18.22	1.07	0.85	0.21
	天然气	−25.58	−29.04	−42.14	0.33	0.05	2.11
	成品油	−5.36	−8.82	−18.48	1.79	2.12	2.62
	电力	−9.31	−9.70	−19.13	−0.37	−0.11	1.31
S1-3	煤炭	−65.32	−55.50	−43.02	0.75	0.87	3.66
	原油	−23.20	−10.30	−13.41	2.52	2.63	2.05
	天然气	−60.45	−39.58	−37.63	0.58	−0.20	3.76
	成品油	−24.25	−12.24	−13.58	3.20	3.85	6.19
	电力	−26.06	−13.54	−17.09	−0.24	−0.20	2.82
S1-4	煤炭	−33.10	−45.77	−47.64	0.20	1.34	−1.58
	原油	−5.09	−7.39	−18.18	1.11	0.93	0.02
	天然气	−25.61	−29.05	−42.16	0.26	0.16	0.97
	成品油	−5.28	−8.76	−18.44	1.86	2.24	2.36
	电力	−9.32	−9.73	−19.15	−0.47	−0.05	0.24

政策方案	能源消耗	美国	欧盟	日本	中国	印度	俄罗斯
S1-5	煤炭	-21.72	-14.25	-8.73	-24.73	-19.83	-18.52
	原油	-2.27	0.12	-0.36	-2.64	-0.94	-1.37
	天然气	-15.37	-5.76	-5.66	-19.79	-7.64	-8.13
	成品油	-2.52	-0.30	-0.53	-1.62	-0.32	-1.43
	电力	-5.58	-2.25	-2.37	-14.45	-5.20	-7.67

资料来源:能源环境拓展的全球贸易分析模型的模拟结果,表中结果为基于基准方案变化的百分比(%)。

政策冲击对碳排放能源结构影响,与对能源需求结构变化影响大致相同,这是因为经济系统中碳排放主要来自化石能源消耗。如表6-11所示,相较于"无减排"政策S1-1,"附件Ⅰ国家减排"政策S1-2情形下美国、欧盟、日本、俄罗斯四种化石能源的碳排放都呈现下降趋势,中国、印度则呈现上升趋势;"全球合作减排"政策S1-4情形下各地区碳排放的能源结构,相较于"附件Ⅰ国家减排"政策S1-2进行了调整,但大体趋势与能源需求结构变化类似。碳交易政策下世界主要经济体碳排放的能源结构也如此,例如,相较于政策S1-4,"全球碳交易"政策S1-5情形下美国、欧盟、日本四种能源碳排放量上升,中国、印度、俄罗斯四种能源碳排放量下降,这与能源需求结构变化一致。但由于同种能源在不同需求环节的碳排放系数不同,因此能源需求量变化与能源碳排放量变化并不完全一致,还与能源需求结构相关。如表6-10中政策S1-4情形下美国、欧盟、日本的原油需求量相较于"附件Ⅰ国家减排"政策S1-2情形有微弱上升,而原油的碳排放量变化则呈下降趋势(见表6-11),假设能源碳排放系数不能及时调整,这说明原油在美国、欧盟、日本中间投入需求所占份额低于其在最终消费所占份额。

表 6-11 贸易和减排政策对主要经济体碳排放及其能源结构影响

（单位:%）

政策方案	经济体\部门	美国	欧盟	日本	中国	印度	俄罗斯
S1-1	煤炭	0.016	0.062	0.036	-0.027	-0.846	-0.207
	原油	0.076	-0.086	-0.148	0.001	0.052	-0.337
	天然气	0.038	0.103	0.062	0.059	-0.083	-0.070
	成品油	-0.037	0.055	-0.046	0.270	0.104	-0.082
	碳排放总量	0.0003	0.0676	-0.0047	0.0295	-0.5659	-0.1029
S1-2	煤炭	-33.73	-51.06	-57.62	-0.15	-1.99	2.18
	原油	-23.73	-31.35	-32.32	-2.77	-4.96	2.58
	天然气	-30.05	-31.16	-44.55	-0.34	-1.56	1.57
	成品油	-6.42	-11.97	-20.95	2.12	2.39	2.04
	碳排放总量	-21.90	-26.40	-35.50	0.25	-0.88	1.82
S1-3	煤炭	-65.90	-60.69	-53.68	-0.04	-1.76	4.40
	原油	-65.78	-41.09	-27.04	-2.78	-3.89	6.21
	天然气	-67.70	-41.92	-40.02	1.48	-2.12	2.68
	成品油	-26.66	-16.59	-15.49	3.37	4.00	4.71
	碳排放总量	-50.69	-33.77	-30.62	0.63	-0.35	3.55
S1-4	煤炭	-33.76	-51.12	-57.67	-0.42	-0.77	-2.73
	原油	-24.03	-31.40	-32.34	-3.26	-5.35	1.81
	天然气	-30.15	-31.19	-44.57	-1.60	-1.58	0.28
	成品油	-6.33	-11.93	-20.92	2.19	2.51	1.76
	碳排放总量	-21.90	-26.40	-35.50	0.00	0.00	0.00
S1-5	煤炭	-22.27	-17.51	-13.84	-32.84	-56.42	-26.77
	原油	-12.81	-6.96	-3.22	-22.30	-18.32	-4.76
	天然气	-18.23	-6.55	-6.25	-59.14	-13.77	-9.17
	成品油	-3.12	-1.13	-0.95	-1.67	-0.30	-1.51
	碳排放总量	-13.61	-6.54	-5.34	-28.11	-39.99	-11.08

资料来源:能源环境拓展的全球贸易分析模型的模拟结果,表中结果为基于基准方案变化的百分比(%)。

如表6-11所示，不同政策情形下各地区的实际碳减排程度不同。"无减排"政策S1-1情形下，贸易自由化将改变各地区贸易条件，导致各地区贸易模式、生产结构、资源配置发生变化，最终导致各地区碳排放量变化。政策S1-2增设"附件Ⅰ国家减排"，这种不对称的减排方式将对非附件Ⅰ国家产生"碳泄漏"，如中国、俄罗斯的碳排放量分别增加0.25%、1.82%，而印度的碳排放量则下降0.88%。由于附件Ⅰ国家实施强制碳减排，附件Ⅰ国家将会产生内生的碳税以限制碳排放，同时美国、欧盟、日本的减排程度和边际成本不同，相应地碳税水平并不相同，如美国、欧盟、日本碳税水平分别为40.8美元/吨、122.3美元/吨、246美元/吨。中国、印度、俄罗斯等非附件Ⅰ国家减排是由市场机制自发调节所致，因此并不会产生碳税。此时不存在碳排放交易，各地区实际碳减排、碳排放配额变化与交易地区实际减排量、碳排放配额变化意义相同，相应地各地区碳排放购买权、各交易地区的碳排放购买权皆为0。此外，较之"无减排"政策S1-1，"附件Ⅰ国家减排"政策S1-2将促进全球减排8.47%。

政策S1-4与政策S1-2类似，只是将非附件Ⅰ国家，如中国、印度、俄罗斯的碳减排量限制为0，此时所有地区都实施外生的碳排放总量限制，导致各地区都存在一定的碳税水平，且附件Ⅰ国家的碳税水平略有上升。此外，相较于"附件Ⅰ国家减排"政策S1-2，非附件Ⅰ国家面对碳排放总量"零增加"限制，这对中国、俄罗斯等非附件Ⅰ国家意味着碳排放限制，而对印度来说则意味着允许其碳排放量少量增加。因此，"全球合作减排"政策S1-4情形下，中国、俄罗斯等非附件Ⅰ国家将产生正的碳税水平，印度则存在"碳补贴"。此外，在全球合作性减排中，附件Ⅰ国家仍然承担同政策S1-2相同的减排压力，且大多数非附件Ⅰ国家（除了印度）都为全球减排作出了贡献，最终"附件Ⅰ国家碳交易"政策S1-3将导致全球碳排放量下降9.08%，高于"附件Ⅰ国家减排"政策S1-2的减排程度。

政策S1-3、政策S1-5在"附件Ⅰ国家减排"或"全球合作减排"基础上允许各地区间自由交易碳排放许可权，此时各地区碳排放配额变化即为合作性减排的目标减排量,各国通过买卖碳排放许可,实现其实际碳减排目标产生相应碳税水平,此乃各地区碳排放平衡。在碳交易市场,各地区碳排放配额变化以各地区碳排放份额为权重进行加总,得到碳排放配额总变化,等于可交易的碳排放许可,此时碳排放配额供需平衡将产生统一的实际碳税和名义碳税。最终,较之"附件Ⅰ国家减排"政策 S1-2,"附件Ⅰ国家碳交易"政策 S1-3 将缓解日本减排压力,促进美欧进一步减排,同时在价格机制传导下中国、印度、俄罗斯碳排放量略微上升;较之政策"附件Ⅰ国家减排"S1-2、"全球合作减排"政策 S1-4,"全球碳交易"政策 S1-5 将缓解附件Ⅰ国家减排压力,如美国、欧盟、日本实际碳排放量下降,并促进非附件Ⅰ国家减排,如中国、印度、俄罗斯碳排放量明显上升。政策 S1-5 情形下,全球碳总量减排比例高达 17.33%,远远高于其他碳减排政策。

二、中国及世界主要经济体碳排放强度的综合影响预测

碳排放强度指每单位国内生产总值(产出)伴随的碳排放量,属于衡量经济体碳排放的相对指标,一定程度上反映了经济体经济增长与碳排放增长的"脱钩"程度,同时体现了经济体的生产技术变化。如表 6-12 所示,政策 S1-1 表示全球贸易自由化"无减排"情形,同第五章"多边自由化"政策 P2,对中国及世界主要经济体碳排放强度影响较小。政策 S1-2 考察贸易自由化背景下"附件Ⅰ国家减排",不对称减排政策导致中国、俄罗斯碳排放量、碳排放强度增加,印度碳排放量、碳排放强度下降。此时,附件Ⅰ国家的碳排放量、碳排放强度出现明显下降,由于附件Ⅰ国家实际国内生产总值下降幅度十分微弱,导致附件Ⅰ国家碳排放强度下降幅度接近于碳排放量减少程度。政策 S1-4 考察贸易自由化背景下"全球合作减排",此时中国、印度、俄罗斯的碳排放、碳排放强度较之"附件Ⅰ国家减排"政策 S1-2 出现下降,而附件Ⅰ国家的碳排放、碳排放强度无明显变化。

政策 S1-5 考察贸易自由化背景下"全球碳排放交易",世界各地区面临相同的碳税,附件Ⅰ国家通过购买碳排放许可权将减排压力向

非附件Ⅰ国家转移。此时,较之"全球合作减排"政策 S1-4,附件Ⅰ国家的碳排放量、碳排放强度出现较大幅度上升,如美国、欧盟、日本的碳排放强度分别上升 37.7%、74.7%、84.5%;非附件Ⅰ国家的碳排放量、碳排放强度较之政策 S1-4 出现明显下降,如中国、印度、俄罗斯碳排放强度分别下降 199 倍、264.3 倍、16.6 倍。值得注意的是,"附件Ⅰ国家碳交易"政策 S1-3 情形下世界主要经济体的碳排放量和碳排放强度的变化方向并不一致。其中,美国、欧盟、日本、印度的碳排放强度均较之"附件Ⅰ国家减排"政策 S1-2 有所上升,中国、俄罗斯的碳排放强度有所下降。

表 6-12　贸易和减排政策对主要经济体碳排放强度的潜在影响

（单位:%）

碳排放	中国	美国	欧盟	日本	印度	俄罗斯
S1-1	0.0295	0.0003	0.0676	−0.0047	−0.5659	−0.1029
S1-2	0.25	−21.90	−26.40	−35.50	−0.88	1.82
S1-3	0.63	−50.69	−33.77	−30.62	−0.35	3.55
S1-4	0.00	−21.90	−26.40	−35.50	0.00	0.00
S1-5	−28.11	−13.61	−6.54	−5.34	−39.99	−11.08
碳排放强度	中国	美国	欧盟	日本	印度	俄罗斯
S1-1	0.0005	−0.0007	0.0596	−0.0027	−0.5769	−0.2309
S1-2	0.11	−21.68	−25.62	−34.17	−1.02	2.55
S1-3	−0.58	49.45	32.56	29.67	0.47	−4.21
S1-4	−0.14	−21.68	−25.62	−34.17	−0.15	0.71
S1-5	−27.82	−13.52	−6.49	−5.30	−39.81	−11.06

资料来源:表中结果为基于基准方案变化的百分比(%)。其中,碳排放变化来自能源环境拓展的全球贸易分析模型的模拟结果,碳排放强度变化利用碳排放变化和国内生产总值变化相减得到。

表 6-13、表 6-14 汇总了贸易自由化政策和减排政策结合对世界主要经济体部门碳排放强度的潜在影响,可以发现:相较于"无减排"政策

S1-1,"附件Ⅰ国家减排"政策 S1-2 将导致附件Ⅰ国家部门碳排放强度出现较大幅度的下降,尤其是能源生产部门和能源密集型部门,此时中国和俄罗斯的原油、天然气等能源生产部门的碳排放强度略有下降,能源密集型部门碳排放强度上升,印度的各部门碳排放强度整体呈现微弱下降趋势。"全球合作减排"政策 S1-4 情形下,非附件Ⅰ国家对碳排放总量实施"零增加"约束,一定程度上缓解了附件Ⅰ国家的减排压力,此时美国、欧盟、日本的部门碳排放强度较之政策 S1-2 相差不大。中国、印度、俄罗斯的碳排放强度呈现下降趋势,尤其是中国的能源生产部门,以及中国、印度、俄罗斯的能源密集型部门。

表 6-13　贸易自由化下量化减排对主要经济体部门碳排放强度影响

（单位:%）

政策方案	经济体部门	美国	欧盟	日本	中国	印度	俄罗斯
S1-2	煤炭	−21.73	−28.16	NA	0.21	−4.52	−4.23
	原油	−5.13	−3.60	NA	−1.96	−1.52	−0.71
	天然气	−3.46	−3.93	−6.46	−0.58	−0.74	−0.32
	成品油	−0.10	−3.82	−0.17	−0.39	−0.01	0.07
	电力	−22.91	−33.37	−27.04	−0.28	−1.95	−0.07
	金属矿物	−28.44	−21.75	−21.34	1.51	1.17	1.32
	化学制品	−19.10	−19.23	−16.54	0.75	−0.69	0.13
	非金属矿物	−24.51	−26.14	−40.63	0.32	−1.44	0.47
	有色金属	−22.01	−24.36	−26.95	0.75	−1.83	0.32
	金属制品	−26.30	−25.00	−28.54	1.15	−0.81	1.92
S1-4	煤炭	−21.75	−28.26	NA	−0.51	−2.85	−6.90
	原油	−5.30	−3.54	NA	−2.90	−1.67	−1.47
	天然气	−3.45	−3.79	−6.22	−1.38	−0.91	−0.59
	成品油	−0.06	−3.89	−0.22	−0.36	0.06	−0.08
	电力	−22.96	−33.46	−27.02	−0.50	−0.90	−1.34

续表

政策方案	经济体 部门	美国	欧盟	日本	中国	印度	俄罗斯
S1-4	金属矿物	−28.44	−21.62	−21.4	1.53	1.53	1.04
	化学制品	−19.1	−19.15	−16.3	0.47	−0.17	0.31
	非金属矿物	−24.39	−26.1	−40.66	0.21	−0.49	−0.58
	有色金属	−22.04	−24.31	−26.97	0.76	−0.87	−0.18
	金属制品	−26.3	−24.99	−28.49	0.9	0.24	1.85

注：日本的煤炭和原油十分缺乏，表中这两个部门的碳排放强度数据用"NA"显示。

资料来源：能源环境拓展的全球贸易分析模型的模拟结果，表中结果为基于基准方案变化的百分比（%）。其中，碳排放强度变化利用部门碳排放变化和产出变化相减得到。

表6-14　贸易自由化下碳交易政策对主要经济体部门碳排放强度影响

（单位：%）

政策方案	经济体 部门	美国	欧盟	日本	中国	印度	俄罗斯
S1-3	煤炭	−537.0	−589.3	—	−0.1	−5.1	−6.0
	原油	−21.8	−7.9	—	−2.5	−2.9	−2.4
	天然气	−606.7	−38.0	−2.6	0.3	−0.7	0.8
	成品油	−8.3	−7.2	−1.8	−0.2	−0.1	0.1
	电力	−159.2	−102.2	−55.3	−0.4	−1.8	−0.5
	金属矿物	−199.6	−44.2	−22.3	2.4	2.2	0.9
	化学制品	−91.7	−37.3	−15.6	1.1	−0.5	−1.8
	非金属矿物	−125.4	−55.3	−68.0	0.5	−1.0	0.1
	有色金属	−118.1	−53.6	−34.7	1.3	−1.5	−1.4
	金属制品	−190.3	−60.1	−31.4	2.0	−0.4	−2.6
S1-5	煤炭	−14.40	−12.93	—	−31.44	−26.88	−17.79
	原油	−3.46	−1.69	—	−13.42	−1.86	−1.27
	天然气	−2.69	−1.49	−0.09	−2.31	−1.69	−1.89
	成品油	−0.08	−0.93	0.02	−4.77	−0.01	0.02
	电力	−15.52	−12.00	−6.67	−18.72	−47.96	−6.66

政策方案	经济体／部门	美国	欧盟	日本	中国	印度	俄罗斯
S1-5	金属矿物	-17.47	-4.77	-1.66	-14.83	-11.76	-1.36
	化学制品	-11.38	-4.38	-2.35	-16.60	-29.53	1.74
	非金属矿物	-15.54	-6.74	-8.51	-27.25	-43.64	-7.09
	有色金属	-13.43	-6.44	-3.97	-14.45	-46.37	-2.99
	金属制品	-16.02	-5.48	-2.28	-16.64	-38.02	1.39

资料来源:能源环境拓展的全球贸易分析模型的模拟结果,表中结果为基于基准方案变化的百分比(%)。

较之"附件 I 国家减排"政策 S1-2,"附件 I 国家碳交易"政策 S1-3 将日本的碳排放压力向美国和欧盟转移,促进美国和欧盟减排,其能源相关部门的碳排放强度明显下降;而中国和印度能源相关部门碳排放强度有所上升。结合表 6-12 中美国和欧盟整体碳排放强度上升的特征事实,可以认为其碳排放强度上升可能来自非能源相关部门。此外,"全球碳交易"政策 S1-5,通过市场机制缓解了附件 I 国家的碳减排压力,以及不对称减排造成的"碳泄漏"问题,此时附件 I 国家的能源相关部门碳排放强度呈现上升趋势,而非附件 I 国家的能源相关部门碳排放强度都呈现下降趋势。

三、中国贸易转移排放及"弱/强碳泄漏"的综合影响预测

利用能源环境拓展的全球贸易分析模型模拟结果作为多区域投入产出模型的数据基础,估算贸易政策和不同减排政策结合对中国贸易转移排放的潜在影响及其变化趋势,表 6-15 汇总了测算结果。同第五章相同,表中基准方案即为不实施任何政策时 2020 年的预测情形,"无减排"政策 S1-1 同第五章"多边自由化"政策 P2 情形,此处不再多作解释。在进一步分析贸易自由化政策和减排政策的综合影响时,将政策 S1-1 只实施贸易自由化不实施减排政策,作为分析政策 S1-2、政策 S1-3、政策

S1-4、政策 S1-5 的基准。从表 6-15 可知，相较于"无减排"政策 S1-1，"附件Ⅰ国家减排"政策 S1-2 将导致附件Ⅰ国家产生较高的实际碳税（见表 6-5），影响国际市场能源产品、能源密集型产品的价格，中国能源密集型产品的进出口相对价格发生变化。最终中国能源进出口相对价格、贸易结构改变，"附件Ⅰ国家减排"政策 S1-2 情形下中国贸易转移排放及其份额下降，转入排放下降规模更高，由此政策 S1-2 将改善中国"净转入排放"问题。此外，"附件Ⅰ国家减排"政策 S1-2 将导致中国消费侧排放增加高于生产侧排放增加，这与中国净转入排放下降一致，说明中国国内生产用于满足国内需求的比重上升。① 而"附件Ⅰ国家碳交易"政策 S1-3 将明显提升转入排放及其份额，降低转出排放及其份额，最终导致中国碳泄漏问题更为突出。

政策 S1-4 考察贸易自由化政策和全球合作减排政策的结合，从表 6-15 可以发现：相较于"附件Ⅰ国家减排"政策 S1-2，全球合作减排将导致中国生产侧排放、消费侧排放、自给排放以及转移排放进一步下降。这主要由于"全球合作减排"政策 S1-4 将导致各地区内生正的实际碳税水平（印度除外），其中附件Ⅰ国家实际碳税水平同政策 S1-2 情形（见表 6-5），这将进一步导致国际能源产品、能源密集型产品价格上升，抑制国内外对能源相关产品需求，导致中国生产侧排放、消费侧排放、自给排放以及转移排放下降。政策 S1-5 在政策 S1-4 基础上，假设全球各地区形成碳交易市场，此时中国出售碳许可权导致碳税水平大幅度上升（见表 6-5），全球形成统一的实际碳税。"全球碳交易"政策 S1-5 较之政策 S1-4，能源相关产品价格进一步上升，中国生产侧排放、消费侧排放、自给排放、转移排放大幅度下降，同时中国转入排放也出现明显下降。

---

① 根据能源环境拓展的全球贸易分析模拟结果可知，减排政策并未能明显影响各地区的生产技术（碳排放强度）。

表6-15 贸易和减排政策对中国转移排放的潜在影响

（单位：百万吨、%）

项目	基准方案	S1-1	S1-2	S1-3	S1-4	S1-5
生产侧排放	7994.4	7998.0	8011.0	8041.5	7989.4	5710.1
消费侧排放	6599.8	6598.9	6656.4	6550.1	6634.5	4843.4
自给排放	6004.7	5994.6	6080.5	6000.3	6064.7	4305.2
转入排放及其占生产侧排放份额	1989.8 (24.9)	2003.4 (25.1)	1930.5 (24.1)	2041.3 (25.4)	1924.7 (24.1)	1404.9 (24.6)
转出排放及其占消费侧排放份额	595.2 (9.0)	604.3 (9.2)	575.9 (8.7)	549.8 (8.4)	569.8 (8.6)	538.1 (11.1)
净转入排放	1394.6	1399.1	1354.6	1491.4	1354.9	866.7

注：表中括号外数字表示碳排放规模，单位为百万吨；括号内数字表示碳排放份额，单位为百分比（%）。

资料来源：利用能源环境拓展的全球贸易分析模型的模拟结果构建世界投入产出表，并采用多区域投入产出模型测算得到。

从表6-15可知，相较于基准情形，五种减排政策情形下中国转入排放分别变化13.6百万吨、-59.3百万吨、51.5百万吨、-65.1百万吨、-584.9百万吨，可以说明：相较于"无减排"政策S1-1，"附件Ⅰ国家减排"政策S1-2情形下中国转入排放下降72.9百万吨；相较于政策S1-2，"附件Ⅰ国家碳交易"政策S1-3、"全球合作减排"政策S1-4的转入排放分别上升110.8百万吨、下降5.8百万吨；"全球碳交易"政策S1-5情形下中国转入排放在政策S1-4基础上进一步下降519.8百万吨。表6-16在此基础上分析了碳减排政策对中国转入排放的区域流向影响。可以发现："附件Ⅰ国家减排"政策S1-2和"全球合作减排"政策S1-4情形下中国转入排放区域流向份额与基准情形相差不大；较之"附件Ⅰ国家减排"政策S1-2，"附件Ⅰ国家碳交易"政策S1-3情形下中国对附件Ⅰ国家转入排放的份额有所上升，对非附件Ⅰ国家转入排放的份额有所下降；较之"全球合作减排"政策S1-4，"全球碳交易"政策S1-5情形下中国对美国、日本的转入排放份额有所上升，对其他国家（地区）转入排放份额变化并不明显。

类似地，较之基准情形，五种减排政策情形下中国转出排放分别变化

9.1百万吨、-19.3百万吨、-45.3百万吨、-25.4百万吨、-57.0百万吨，可以说明：相较于"无减排"政策S1-1，"附件Ⅰ国家减排"政策S1-2情形下中国转出排放下降28.4百万吨；相较于政策S1-2，政策S1-3和政策S1-4的转出排放分别下降26.0百万吨、6.1百万吨；政策S1-5情形下中国转出排放在政策S1-4基础上进一步下降31.6百万吨。不同情形下中国对各地区转出排放变化也不相同：政策S1-2在"无减排"政策S1-1基础上考察附件Ⅰ国家减排，此时中国对附件Ⅰ国家转出排放下降，对非附件Ⅰ国家(东欧除外①)转出排放上升。政策S1-4相当于政策S1-2在广度进行拓展，此时附件Ⅰ国家能源相关的生产限制稍微缓解，中国对附件Ⅰ国家(日本除外)转出排放呈现上升趋势，对非附件Ⅰ国家(印度除外)转出排放呈现下降趋势。当实施全球碳交易时，政策S1-5有助于附件Ⅰ国家通过购买非附件Ⅰ国家的碳交易权，缓解其国内碳排放限制以及能源相关产品的生产约束，并将这种限制和约束向非附件Ⅰ国家转移。因此，相较于"全球合作减排"政策S1-4，"全球碳交易"政策S1-5情形下中国对附件Ⅰ国家的转出排放上升，对非附件Ⅰ国家转出排放下降；正相反，较之"附件Ⅰ国家减排"政策S1-2，"附件Ⅰ国家碳交易"政策S1-3情形下中国对附件Ⅰ国家的转出排放及其份额明显下降，对非附件Ⅰ国家转出排放及其份额明显上升。同样地，不同减排情形下，中国对各地区转出排放占其转出排放总量的份额无明显变化(见表6-16)。

表6-16　贸易和减排政策对中国转移排放流向的潜在影响

(单位:百万吨、%)

转入排放	美国	欧盟	东欧	日本	其他附件Ⅰ国家(RoA I)	能源净出口国(EEx)	印度	俄罗斯	世界其他地区(RoW)
基准方案	445.0 (22.4)	425.2 (21.4)	34.0 (1.7)	163.6 (8.2)	99.0 (5.0)	257.4 (12.9)	70.5 (3.5)	53.8 (2.7)	441.2 (22.2)

――――――――

① 可能与中国对东欧进口规模、进口结构以及进口依存度相关。

转入排放	美国	欧盟	东欧	日本	其他附件I国家（RoA I）	能源净出口国（EEx）	印度	俄罗斯	世界其他地区（RoW）
S1-1	446.5 (22.3)	428.5 (21.4)	35.3 (1.8)	163.4 (8.2)	100.8 (5.0)	259.3 (12.9)	71.2 (3.6)	55.8 (2.8)	442.7 (22.1)
S1-2	424.8 (22.0)	414.0 (21.4)	35.0 (1.8)	141.1 (7.3)	97.6 (5.1)	252.5 (13.1)	71.1 (3.7)	53.4 (2.8)	441.0 (22.8)
S1-3	488.4 (23.9)	453.9 (22.2)	35.0 (1.7)	167.5 (8.2)	109.0 (5.3)	257.7 (12.6)	72.9 (3.6)	53.7 (2.6)	403.2 (19.8)
S1-4	423.7 (22.0)	413.1 (21.5)	34.6 (1.8)	140.9 (7.3)	97.3 (5.1)	251.6 (13.1)	71.0 (3.7)	53.0 (2.8)	439.6 (22.8)
S1-5	315.7 (22.5)	301.5 (21.5)	24.4 (1.7)	116.3 (8.3)	70.5 (5.0)	181.0 (12.9)	51.0 (3.6)	38.7 (2.8)	305.9 (21.8)
转出排放	美国	欧盟	东欧	日本	其他附件I国家（RoA I）	能源净出口国（EEx）	印度	俄罗斯	世界其他地区（RoW）
基准方案	62.2 (10.5)	61.6 (10.3)	36.9 (6.2)	39.6 (6.7)	49.8 (8.4)	83.9 (14.1)	32.9 (5.5)	33.3 (5.6)	195.0 (32.8)
S1-1	63.6 (10.5)	62.2 (10.3)	37.4 (6.2)	40.2 (6.6)	50.3 (8.3)	85.5 (14.1)	33.3 (5.5)	34.1 (5.6)	197.7 (32.7)
S1-2	52.9 (9.2)	46.6 (8.1)	38.9 (6.8)	29.1 (5.1)	43.6 (7.6)	90.8 (15.8)	33.5 (5.8)	37.8 (6.6)	202.7 (35.2)
S1-3	29.5 (5.4)	39.7 (7.2)	39.8 (7.2)	26.7 (4.9)	27.3 (5.0)	93.7 (17.0)	33.9 (6.2)	39.7 (7.2)	219.6 (39.9)
S1-4	52.9 (9.3)	46.6 (8.2)	38.3 (6.7)	29.1 (5.1)	43.6 (7.6)	89.7 (15.7)	33.8 (5.9)	37.2 (6.5)	198.6 (34.9)
S1-5	56.4 (10.5)	58.9 (10.9)	35.0 (6.5)	38.3 (7.1)	45.3 (8.4)	75.7 (14.1)	19.2 (3.6)	31.1 (5.8)	178.3 (33.1)

注：表中括号外数字表示碳排放量（百万吨），括号内数字表示中国对各地区进出口内涵碳排放占中国进出口内涵碳排放总量的比重（%）。

由表6-15和表6-16可知，随着减排政策推进（政策S1-3除外），中国转入排放、转出排放、净转入排放都呈现下降趋势，且中国对美国、欧盟、日本转入排放逐步下降，这说明中国向发达国家出口能源密集型产品引致的"弱碳泄漏"下降。那么，贸易自由化背景下，不同减排政策是否能够缓解附件Ⅰ国家和非附件Ⅰ国家之间的"弱碳泄漏"问题？从表6-17可以看出，相较于贸易自由化情形S1-1，"附件Ⅰ国家减排"政策S1-2、"全球合作减排"政策S1-4、"全球碳交易"政策S1-5情形下"弱碳泄漏"总量分别下降95.67百万吨、151.72百万吨、1158.79百万吨，这说明逐步推进的减排政策确实一定程度上降低了"弱碳泄漏"，而政策S1-3情形下"弱碳泄漏"总量出现明显上升，这说明附件Ⅰ国家碳交易将加剧对非附件Ⅰ国家的碳排放转移。此外，在不同减排政策情形下，无论附件Ⅰ国家还是非附件Ⅰ国家的"弱碳泄漏"量变化趋势都与总量变化一致。相较于"无减排"政策S1-1，随着减排政策推进（政策S1-3除外），各附件Ⅰ国家对非附件Ⅰ国家的转出排放、各非附件Ⅰ国家对附件Ⅰ国家的转入排放逐渐下降，且政策S1-5下降程度最为明显。

对于附件Ⅰ国家而言，弱碳泄漏占生产侧排放的份额，可以反映附件Ⅰ国家从非附件Ⅰ国家进口能源密集型产品替代本国产品的程度；对于非附件Ⅰ国家而言，弱碳泄漏占生产侧排放的份额，可以刻画非附件Ⅰ国家向附件Ⅰ国家出口能源密集型产品占其本国生产的地位。从表6-17可以看出，相较于"无减排"政策S1-1，"附件Ⅰ国家减排"政策S1-2、"全球合作减排"政策S1-4情形下，附件Ⅰ国家（俄罗斯除外[①]）弱碳泄漏占其生产侧排放份额呈现上升趋势，说明尽管弱碳泄漏规模有所下降，但在减排压力下附件Ⅰ国家将继续从非附件Ⅰ国家进口能源密集型产品，在本国生产限制情形下满足对能源密集型产品的需求。"附件Ⅰ国家碳交易"政策S1-3情形下，附件Ⅰ国家之间进行碳交易，一方面抑制了附件Ⅰ国家能源相关生产的生产、促进其减排，另一方面提升了世界产品价格指数，促进非附件Ⅰ国家能源相关产品生产，最终导致附件Ⅰ国家和非附件Ⅰ国家的弱碳泄漏占比均上升。"全球碳交易"政策S1-5情形

---

① 俄罗斯作为附件Ⅰ国家的特殊情况，主要有以下两个原因：第一，俄罗斯作为能源出口大国，在能源产品、能源密集型产品生产上具有明显的比较优势，对非附件Ⅰ国家能源密集型产品的依赖性较低；第二，由减排方案可知，基准情形下俄罗斯的碳排放已经实现"哥本哈根承诺"，因此在减排政策设计时，俄罗斯减排目标为"碳排放零增加"，减排政策对其国内生产影响不大。因此，本书将俄罗斯作为新兴经济体，不列属于附件Ⅰ国家。

下,附件Ⅰ国家向非附件Ⅰ国家购买碳排放许可权,一方面缓解自身减排压力和生产限制,另一方面将减排约束部分向非附件Ⅰ国家转移,提高非附件Ⅰ国家能源产品价格,导致附件Ⅰ国家对非附件Ⅰ国家转出排放占其生产侧排放比重快速下降,且低于"无减排"政策S1-1情形。

非附件Ⅰ国家(东欧除外)弱碳泄漏占其生产侧份额的变化趋势正好与附件Ⅰ国家相反(政策S1-3除外):相较于"无减排"政策S1-1,"附件Ⅰ国家减排"政策S1-2、"全球合作减排"政策S1-4情形下,非附件Ⅰ国家向附件Ⅰ国家转入排放占其生产侧排放份额下降,此时全球能源密集型产品价格上升且全球(尤其是附件Ⅰ国家)减排压力较大,附件Ⅰ国家对能源密集型产品的总需求受到抑制,因此非附件Ⅰ国家生产中用于满足本国需求的比例增加。较之政策S1-4,政策S1-5情形下附件Ⅰ国家的减排压力放缓且全球各地区实施统一碳税水平,此时非附件Ⅰ国家向附件Ⅰ国家转入排放占其生产侧排放份额有所上升。其中,"全球碳交易"政策S1-5情形下中国、印度的弱碳泄漏份额低于"无减排"政策S1-1情形,这主要因为在碳交易市场中,中国、印度属于出售碳许可权最多的国家(见附表6-1),承担附件Ⅰ国家碳减排压力转嫁程度最高,导致其出口能源密集型产品价格上升并抑制其出口需求。

表6-17 贸易和减排政策结合对"弱碳泄漏"问题的影响预测

指标	国家(地区)	基准	S1-1	S1-2	S1-3	S1-4	S1-5
弱碳泄漏量(百万吨)	美国	958.5	961.4	946.6	1116.7	938.3	750.9
	欧盟	1213.4	1220.1	1229.8	1384.6	1215.4	973.8
	日本	341.5	341.4	296.3	353.1	293.7	269.0
	其他附件Ⅰ国家(RoAⅠ)	232.6	235.6	237.9	274.9	235.3	185.4
	东欧	160.2	161.4	169.2	196.0	165.6	137.4

续表

指标	国家（地区）	基准	S1-1	S1-2	S1-3	S1-4	S1-5
弱碳泄漏量（百万吨）	能源净出口国（EEx）	493.2	494.5	491.1	559.3	484.5	426.5
	中国	1132.8	1139.2	1077.5	1218.9	1074.9	803.9
	印度	154.9	155.2	148.1	165.3	149.4	88.4
	俄罗斯	221.9	223.0	235.5	269.2	231.1	198.0
	世界其他地区（RoW）	582.9	585.1	589.3	720.8	577.0	524.9
	合计	5491.9	5516.9	5421.3	6258.8	5365.2	4358.2
占生产侧排放份额（%）	美国	19.5	19.5	25.1	48.2	24.9	17.9
	欧盟	34.0	34.1	47.9	60.4	47.4	29.4
	日本	31.9	31.9	43.9	48.8	43.5	26.7
	其他附件Ⅰ国家（RoAⅠ）	22.2	22.5	26.8	47.1	26.5	19.9
	东欧	18.4	18.5	18.9	21.3	18.9	18.6
	能源净出口国（EEx）	15.8	15.9	15.5	17.3	15.5	15.9
	中国	14.2	14.2	13.5	15.2	13.5	14.1
	印度	8.0	8.0	7.7	8.6	7.7	8.0
	俄罗斯	14.2	14.2	14.7	16.5	14.7	14.3
	世界其他地区（RoW）	16.8	16.9	16.6	20.0	16.7	17.3

注:计算"弱碳泄漏"时,将"非附件Ⅰ国家+世界其他地区(RoW)"作为非附件Ⅰ国家。

资料来源:利用能源环境拓展的全球贸易分析模型的模拟结果构建多区域投入产出模型,并结合彼得斯和赫特威奇(Peters 和 Hertwich,2008)关于"弱碳泄漏"定义测算。

　　贸易自由化背景下政策 S1-1、政策 S1-2、政策 S1-3、政策 S1-4、政策 S1-5 分别假设"无减排""附件Ⅰ国家减排""附件Ⅰ国家碳交易""全球合作减排""全球碳交易",可以看出"无减排"政策 S1-1 到"全球碳交易"政策 S1-5,地区之间减排的不对称性逐渐降低,配合程度越来越高,这必将有利于缓解"强碳泄漏"问题(见表 6-19)。那么,地区间日益合作的减排政策将如何影响国际贸易过程中附件Ⅰ国家与非附件Ⅰ国家的减排量(见表 6-18),以及附件Ⅰ国家与非附件Ⅰ国家之间的"强碳泄漏"、有效减排量(见表 6-19)。表 6-18 以"无减排"政策 S1-1 为参考,分析不同减排政策下附件Ⅰ国家、非附件Ⅰ国家的实际减排量,可以发现:(1)由于政策 S1-2、S1-4 中附件Ⅰ国家的减排比例不变,因此这两种减排政策情形下附件Ⅰ国家的减排量相同,美国、欧盟、日本、其他附件Ⅰ国家(RoAⅠ)四个地区由于基准碳排放量、减排比例不同,导致最终减排量不同,分别为 1328.3 百万吨、1159.0 百万吨、433.4 百万吨、187.1 百万吨。对于非附件Ⅰ国家而言,"附件Ⅰ国家减排"政策 S1-2 并未对非附件Ⅰ国家实施减排约束,由此不对称减排将造成非附件Ⅰ国家碳泄漏,其中东欧、能源净出口国(EEx)、中国、俄罗斯、世界其他地区(RoW)的碳排放量分别增加 24.1 百万吨、62.3 百万吨、19.0 百万吨、34.3 百万吨、77.6 百万吨。印度比较特殊,在"附件Ⅰ国家减排"政策 S1-2 情形下碳排放量不增反降。政策 S1-4 对非附件Ⅰ国家和俄罗斯实施"零增加"减排方案,此时非附件Ⅰ国家整体碳排放明显下降。(2)相较于"无减排"政策 S1-1,"附件Ⅰ国家碳交易"政策 S1-3 情形下附件Ⅰ国家碳排放量明显下降,非附件Ⅰ国家碳排放量有所上升,而"全球碳交易"政策 S1-5 情形下附件Ⅰ国家和非附件Ⅰ国家的碳排放量下降都非常明显;较之其他减排政策,政策 S1-3 情形下减排主要来自附件Ⅰ国家;相较于政策 S1-2、政策 S1-4,政策 S1-5 情形下附件Ⅰ国家减排量明显下降,而非附件Ⅰ国家减排量明显上升。以上说明,"全球碳交易"政策 S1-5 对全球减排最为有效,并且促使附件Ⅰ国家减排压力向非附件Ⅰ国家转移。

表6-18　不同减排政策下世界各国家（地区）减排量：较之政策S1-1

（单位：百万吨）

国家（地区）		S1-1	S1-2	S1-3	S1-4	S1-5
附件Ⅰ国家	美国	0	−1328.3	−3074.2	−1328.3	−825.2
	欧盟	0	−1159.0	−1481.6	−1159.0	−289.2
	日本	0	−433.4	−373.8	−433.4	−65.1
	其他附件Ⅰ国家（RoAⅠ）	0	−187.1	−538.8	−187.1	−135.2
非附件Ⅰ国家	东欧	0	24.1	45.7	−1.4	−155.8
	能源净出口国（EEx）	0	62.3	123.0	1.1	−554.9
	中国	0	19.0	51.2	−2.5	−2418.2
	印度	0	−6.6	4.6	11.9	−828.8
	俄罗斯	0	34.3	65.2	1.8	−195.7
	世界其他地区（RoW）	0	77.6	131.9	−8.8	−460.4

注：由于俄罗斯在2020年基准情形下，能够完成减排目标，在全球减排方案中将俄罗斯设为排放零增加。因此，附件Ⅰ减排并未将俄罗斯放进去，且全球减排中其他附件Ⅰ国家减排将会造成俄罗斯排放增加，并未将俄罗斯放在附件Ⅰ国家中（此处与"弱碳泄漏"有所不同）。

从表6-18可以看出，与"无减排"政策S1-1相比，增加不同减排政策确实对附件Ⅰ国家、非附件Ⅰ国家的减排量造成影响。"附件Ⅰ国家减排"政策S1-2只考察附件Ⅰ国家减排，政策S1-4在附件Ⅰ国家减排基础上，假设非附件Ⅰ国家实施"碳排放量零增加"的合作性减排，政策S1-3、政策S1-5均进一步考察了碳交易市场。根据联合国政府间气候变化专门委员会定义，国家之间不对称减排政策引起的附件Ⅰ国家碳排放向非附件Ⅰ国家转移，即为"强碳泄漏"问题；非附件Ⅰ国家碳排放量增加与附件Ⅰ国家碳排放量降低之比，即为"碳泄漏率"。表6-19以"无减排"政策S1-1为参照，将"附件Ⅰ国家减排"政策S1-2、"全球合作减排"政策 S1-4 看作不对称减排方案,因为"全球合作减排"政策 S1-4 情形下非附件 I 国家的合作性减排的减排效果十分微弱,只是象征性地配合减排。另外,政策 S1-3、政策 S1-5 假设存在碳交易市场的情形不适合"强碳泄漏"定义。从表 6-19 可以看出,政策 S1-2、政策 S1-4 的强碳泄漏率分别为 6.8%、0.1%,全球合作减排更有利于缓解附件 I 国家和非附件 I 国家之间的碳泄漏。然而,牛玉静等(2012)[①]提出,碳泄漏率只是评价减排行动的相对指标,对于减排政策效果的评估采用绝对量指标更具有意义。他们提出采用"有效减排量"这一绝对量指标评估碳减排效果,"有效减排量"指(积极)参与减排行动国家(附件 I 国家)的总减排量,减去对不(积极)参与减排国家的碳泄漏量。从表 6-19 可以看出,政策 S1-2、政策 S1-4 情形下有效减排量分别为 2897.1 百万吨、3105.7 百万吨,其中政策 S1-4 的有效减排量比政策 S1-2 高 7.2%。综上所述,在碳减排量、碳泄漏问题上,"附件 I 国家减排"政策 S1-2 比"无减排"政策 S1-1 减排效果更好,而总体来说"全球合作减排"政策 S1-4 对全球减排效果更好,但确实会将附件 I 国家减排责任很大程度向非附件 I 国家转移。

表 6-19　不对称减排政策的强碳泄漏和有效减排:较之政策 S1-1

指标	国家(地区)	政策 S1-2	份额[a]	政策 S1-4	份额[b]
减排量(百万吨)	美国	1328.3	42.7	1328.3	42.7
	欧盟	1159	37.3	1159	37.3
	日本	433.4	13.9	433.4	13.9
	其他附件 I 国家(RoA I)	187.1	6	187.1	6
	小计(1)	3107.8	99.9	3107.8	99.9

[①]　牛玉静、陈文颖、吴宗鑫:《全球多区域 CGE 模型的构建及碳泄漏问题模拟分析》,《数量经济技术经济研究》2012 年第 11 期。

续表

指标	国家（地区）	政策 S1-2	份额[a]	政策 S1-4	份额[b]
强碳泄漏量（百万吨）	东欧	24.1	11.4	-1.4	-67.1
	能源净出口国（EEx）	62.3	29.6	1.1	51.7
	中国	19	9	-2.5	-122.6
	印度	-6.6	-3.1	11.9	575.1
	俄罗斯	34.3	16.3	1.8	88.7
	世界其他地区（RoW）	77.6	36.8	-8.8	-425.8
	小计（2）	210.7	100	2.1	100
强碳泄漏率（%）	（2）/（1）	6.8		0.1	
有效减排量（百万吨）	（2）-（1）	2897.1		3105.7	

注：上标为 a、b 的份额表示各个国家的减排量或强碳泄漏量，占这个国家所在类别组中"小计"项的份额。

综上所述，本章在第五章基础上，设计贸易自由化与减排政策结合的政策方案，利用能源环境拓展的全球贸易分析模型模拟贸易政策和减排政策对中国以及世界主要经济体的经济—能耗—碳排放的综合影响。此外，基于能源环境拓展的全球贸易分析模型模拟结果构建基于全球贸易分析数据库构建的多区域投入产出模型，测算贸易政策与减排政策结合对中国转移排放影响，以及附件Ⅰ国家与非附件Ⅰ国家之间的"强/弱碳泄漏"问题。研究结果表明：

第一，比较全球消费者福利变化与全球碳排放量可以发现，"附件Ⅰ国家减排"政策 S1-2 和"全球合作减排"政策 S1-4 的总量减排必然是以牺牲经济增长和消费者福利为代价的。较之量化减排政策 S1-2 或 S1-4，"附件Ⅰ国家碳交易"政策 S1-3 或"全球碳交易"政策 S1-5 均能促进消费者福利改善和减排,其中"全球碳交易"政策 S1-5 比"全球合作减排"政策 S1-4 消费者福利改善约 1/3,减排幅度几乎比政策 S1-4 情形增加 1 倍,并能够促进世界贸易规模扩张。可以看出,全球碳交易市场作为减排灵活机制之一,不仅可以通过调节碳税水平缓解总量减排的经济刺激,而且可以促进全球减排。

第二,贸易政策与减排政策结合将改变贸易条件、碳税水平,并通过价格传导机制影响世界主要经济体的宏观经济。与"无减排"政策 S1-1 比,"附件 I 国家减排"政策 S1-2 导致美国、欧盟、日本、俄罗斯的实际国内生产总值下降,中国、印度实际国内生产总值上升。"全球合作减排"政策 S1-4 将导致各地区实际国内生产总值进一步上升。较之量化减排政策 S1-2 或政策 S1-4,碳交易减排政策 S1-3 或政策 S1-5 将导致出售碳排放权的国家的实际国内生产总值明显受损,例如"附件 I 国家碳交易"政策将导致美国和欧盟实际国内生产总值下降,"全球碳交易"将导致中国和印度实际国内生产总值下降。不同减排方案对世界各经济体消费者福利变化的影响可以分解为贸易条件、分配效率、碳交易等不同因素,其中贸易条件效应与各经济体出口相对价格变化引致的消费者福利变化密切相关,分配效率与各经济体资源配置调整引致的消费者福利变化密切相关,而碳交易则更有利于碳排放许可出售国的消费者福利改善,不利于碳排放许可购买方的消费者福利改善。

第三,实施碳减排政策将迫使减排国调整其生产结构,并通过影响国际能源产品价格,调整非减排国的产出结构。"附件 I 国家减排"政策 S1-2 情形下,美国、欧盟、日本的各部门产出呈现下降趋势,其中能源产品产出降幅最大,能源密集型部门产出降幅次之。与此同时,中国、印度、俄罗斯受国际能源价格上升影响,能源产品产出下降。"全球合作减排"政策 S1-4 情形下,美国、欧盟、日本的金属矿物、非金属矿物、有色金属、运输业的产出上升;中国、印度的相应部门产出进一步上升,俄罗斯的相应部门产出进一步下降。较之量化减排政策 S1-2 或政策 S1-4,碳交易政策 S1-3 或政策 S1-5 将导致出售碳排放许可国家能源相关产品的产出下降,例如较之政策 S1-4,"全球碳交易"政策 S1-5 对美国、欧盟、日本能源产品生产部门、能源密集型产品部门的产出都明显上升，中国、印度、俄罗斯相应部门产出则快速下降。

第四，以碳排放限制为目标的减排政策必然导致各地区的碳排放变化，并在与贸易政策互动过程中产生一定的碳税水平。"附件 I 国家减排"政策 S1-2 属于不对称减排，将对非附件 I 国家产生"强碳泄漏"，如中国、俄罗斯碳排放量分别增加 0.25%、1.82%，印度碳排放量下降 0.88%。附件 I 国家实施强制碳减排，将会产生内生的碳税以限制碳排放，同时美国、欧盟、日本减排程度和边际成本不同，相应地碳税水平并不相同。中国、印度、俄罗斯等非附件 I 国家减排是由市场机制的自发调节，并不会产生碳税。"全球合作减排"政策 S1-4 假设非附件 I 国家碳排放"零增加"，此时所有地区都实施外生的碳排放总量限制，导致各地区都存在一定的碳税水平。较之量化减排政策 S1-2、政策 S1-4，碳交易政策 S1-3、政策 S1-5 将导致减排更为严格国家的碳排放责任向减排更为宽松国家转移。例如，较之政策 S1-4，"全球碳交易"政策 S1-5 将缓解附件 I 国家的减排压力，如美、欧、日的碳排放量下降，促进非附件 I 国家减排，如中、印、俄的碳排放量明显上升，对全球碳减排最为有利。

第五，经济规模和碳排放变化将带来碳排放强度变化。"附件 I 国家减排"政策 S1-2 导致中国、俄罗斯碳排放强度增加，印度碳排放强度下降，附件 I 国家碳排放强度出现明显下降。"全球合作减排"政策 S1-4 情形下，中国、印度、俄罗斯的碳排放强度较之政策 S1-2 出现下降，附件 I 国家碳排放强度无明显变化。较之量化减排方案政策 S1-2 或政策 S1-4，碳交易政策 S1-3 或政策 S1-5 情形下附件 I 国家的碳排放强度均明显上升，非附件 I 碳排放强度整体呈现下降趋势。

第六，大体上，贸易和减排政策结合方案将导致中国净转入排放下降，但两种碳交易方案的情形却正好相反。其中，"附件 I 国家碳交易"政策 S1-3 将导致中国净转入排放规模明显上升，"全球碳交易"政策 S1-5 将导致中国净转入排放规模明显下降，甚至较"全球合作减排"方案下降 38%。此外，本章还以"无减排"政策 S1-1 为基准，比较了不对称减排政策 S1-2、政策 S1-4 的"强碳泄漏"影响，发现："附件 I 国家减排"

政策 S1-2、"全球合作减排"政策 S1-4 的强碳泄漏率分别为 6.8%、0.1%,有效减排量分别为 2897.1 百万吨、3105.7 百万吨;"全球合作减排"政策 S1-4 更有利于缓解附件 I 国家与非附件 I 国家之间的碳泄漏问题。然而,政策 S1-5 的全球减排效果更好,但会将附件 I 国家减排责任很大程度向非附件 I 国家转移。

第七章 中国应对气候变化与国内低碳转型的政策建议

第一节 贸易与气候变化的交叉融合效应

本书基于全球贸易分析数据库构建的多区域投入产出模型和能源环境拓展的全球贸易分析模型,研究贸易自由化过程中贸易转移排放,贸易自由化政策及减排目标的经济、碳排放影响,从贸易自由化整个进程考察中国及世界主要经济体的贸易和碳排放关系。通过本书相关章节的研究,可以将中国对外贸易与气候变化交叉融合的基本特征总结如下。

第一,利用基于全球贸易分析数据库构建的多区域投入产出模型对全球生产网络中附件Ⅰ国家与非附件Ⅰ国家之间的贸易转移进行分析,并重点考察中国贸易自由化进程中的贸易转移排放。结果表明,2004—2011年附件Ⅰ国家对非附件Ⅰ国家的"净转出排放"规模较高,这意味着为满足附件Ⅰ国家最终需求,引致非附件Ⅰ国家存在大量的"净转入"排放,凸显"发达国家消费与发展中国家污染"的典型事实。其中,中国是附件Ⅰ国家转出排放的最主要经济体,约承担附件Ⅰ国家对非附件Ⅰ国家转出排放的49.4%—54.7%。研究期间,中国对外贸易导致大量的碳排放"净转入",约62%—75%来自与美、欧、日三大发达经济体之间的贸易,来自发展中国家的净转入排放量相对较小,但呈现上升趋势。

第二,从中国净转入排放的部门特点来看,2004—2011年间,中国净转入排放主要集中在煤炭、电力、化学制品、非金属矿物、有色金属、其他制造业。从各部门净转入排放分解来看,2004—2011年中国农业、金属矿物、非金属矿物的净转入排放主要由贸易差额效应决定,煤炭、天然气、电力、化学制品、金属制品、运输业和其他服务业的净转入排放主要由污染贸易条件效应主导。以 2011 年为例分析中国与贸易伙伴净转入排放的部门特点,发现:中美净转入排放主要来自贸易差额效应,占比为68%,中欧、中日净转入排放由污染贸易条件效应主导,比重分别为 63%、99%。此外,中印双边贸易以中国净出口为主且中国生产技术和出口结构更为清洁,中俄双边贸易中中国为净进口国,同时中国生产技术和出口结构更为肮脏。

第三,贸易自由化通过价格传导机制带来生产要素价格下降、生产成本降低、经济产出上升,导致世界贸易品价格下降,世界贸易量、世界等价变化和全球碳排放量上升。"单边自由化"政策 P1、"多边自由化"政策P2、"多边自由化+TTIP"政策 P3 和"多边自由化+中日韩 FTA"政策 P4情形下,世界贸易品价格逐渐下降,世界贸易量、世界等价变化逐步上升,世界碳排放量增加,其中"多边自由化"政策 P2 的碳排放增幅最小,"多边贸易自由化+中日韩 FTA"政策 P4 的碳排放增幅最大。

第四,开放经济系统下贸易自由化政策将通过价格机制对世界主要经济体的实际国内生产总值、产出和贸易结构产生影响,从而影响世界主要经济体的碳排放格局。大致表现为,自由化程度更高的经济体,其实际国内生产总值上升,而自由化程度更高部门的产出下降。当世界主要经济体之间进一步推进贸易自由化,可能会对其他贸易伙伴造成贸易歧视,例如中国要警惕欧美之间贸易协定对其可能造成的经济和贸易损失。在经济规模、经济结构、生产技术变化基础上,贸易自由化政策将导致中国及世界主要经济体的碳排放及其强度变化,并可能引致国家(地区)间碳排放转移,造成"弱碳泄漏"问题。以中国为例,"单边自由化"政策 P1、"多边自由化"政策 P2、"多边自由化+TTIP"政策 P3 和"多边自由化+中日韩 FTA"政策 P4 情形下,中国碳排放总量及其强度均逐渐下降;此外,中日韩贸易协定在提升中国实际国内生产总值的同时,将加剧附件 I 国家对中国的"弱碳泄漏"问题,造成碳排放责任转移。

第五,应对气候变化背景下,贸易政策和减排政策的结合方案可以直接实施碳排放限制,并通过两项政策的互动对经济福利产生影响。比较全球消费者福利变化与全球碳排放量可以发现，"附件Ⅰ国家减排"政策S1-2和"全球合作减排"政策S1-4的总量减排必然是以牺牲经济增长和消费者福利为代价的。而碳交易政策较之量化减排政策能够促进消费者福利改善和全球减排，例如"全球碳交易"政策S1-5比政策S1-4消费者福利改善约1/3，减排幅度几乎比"附件Ⅰ国家碳交易"政策S1-3情形增加1倍。此外，贸易政策与减排政策结合将改变贸易条件、碳税水平，并通过价格传导机制影响世界主要经济体的宏观经济。例如，量化减排政策将造成减排国实际国内生产总值下降，非减排国实际国内生产总值上升，全球合作减排则能促进各地区实际国内生产总值上升；较之量化减排，碳交易政策将导致出售碳排放权的国家实际国内生产总值明显受损。

第六，贸易政策与减排政策结合将迫使减排国调整其生产结构，并通过影响国际能源产品价格，调整非减排国的产出和贸易结构，进一步调整全球碳排放格局。以中国为例，"附件Ⅰ国家减排"属于不对称减排，将对中国造成碳泄漏，导致中国碳排放量上升0.25%；"全球合作减排"情形下中国实施总量排放"零增加"；碳交易政策将加剧对中国的碳排放转移。具体地看，"附件Ⅰ国家减排"政策S1-2和"全球合作减排"政策S1-4对中国净转入排放影响程度较小，"全球碳交易"政策S1-5将促使中国净转入排放降低38%（较之政策S1-4），而"附件Ⅰ国家碳交易"将导致中国净转入排放规模明显上升。此外，以"无减排"政策S1-1为基准，比较不对称减排政策S1-2和政策S1-3的"强碳泄漏"影响，发现："附件Ⅰ国家减排"政策S1-2、"附件Ⅰ国家碳交易"政策S1-3的强碳泄漏率分别为6.8%、0.1%。

第二节　中国应对气候变化和国内
低碳转型的策略体系

本书在全球贸易自由化和低碳减排背景下，基于全球贸易分析数据库，从贸易自由化历史进程和可能趋势角度出发，利用多区域投入产出模型和能源环境拓展的全球贸易分析模型考察贸易自由化对中国碳排放影响及其区域转移效应。进一步,本书将减排目标与贸易自由化趋势相结合,综合考察应对气候变化背景下贸易政策和减排政策的综合影响。本书的经验研究中始终贯穿着国际比较,因此研究结果不仅可以为中国经济和对外贸易的低碳发展提供经验证据和政策参考,而且能够为中国及世界主要经济体参与全球性气候治理提供政策启示。基于此,本书针对中国应对气候变化和国内低碳转型提出了几点政策参考。

一、推进公平合理的国际碳排放核算体系

全球气候治理应在公平有效的国际气候制度或碳排放核算体系前提下,最大范围地促进发达国家、发展中国家依据"共同但有区别的责任"原则参与其中。目前国际碳排放核算体系主要基于生产侧排放来衡量各地区的减排责任和减排效果,忽视了发达国家通过国际贸易进口碳密集型产业引致的发展中国家大量的碳排放"净转入",导致严重的"弱碳泄漏"问题,甚至导致全球碳排放上升。第三章研究结果显示,依据生产侧核算标准对中国等发展中大国并不公平,因为这些国家生产引致的碳排放很大程度上用于满足发达国家的最终需求。此外,本书第六章研究结果显示,无论从经济福利还是减排效果而言,"全球合作减排"政策始终优于"附件Ⅰ国家减排"政策。因此,在全球气候的综合治理过程中,应该最大范围地将发展中国家、发达国家吸收进来。在此过程中,应该根据不同收入水平国家分配差异性的碳排放责任,即"共同但有区别的责任"原则,避免发达国家将减排压力和责任较大程度向发展中国家转移,造成发展中国家出现严重的竞争力损失。

二、合理推进贸易自由化进程和贸易结构转型

合理推进全球贸易自由化进程,中国应采取"攻守并存"的贸易开放政策,密切注意发达国家之间贸易合作可能造成的贸易歧视,并尝试与印度等发展中国家合作,共同面对经济全球化的机遇和挑战。首先,全球化经济下贸易自由化发展对发展中国家的经济和贸易发展具有一定的促进作用,尤其对作为出口大国和世界工厂的中国。但贸易开放并不是盲目

的,从比较优势理论可知,国际贸易中一国具有比较优势的产业可以获得收益,这意味着中国在贸易自由化推进过程中需要密切结合自身的产业特征,适当放开具有成本优势的产业、有选择地保护幼稚产业。其次,金融危机之后保护主义抬头,在发达国家对中国出口产品实施裹足不前甚至倒退的开放时,中国也应该调整对外贸易战略。例如,本书第五章研究发现,美国、欧盟两大发达经济体之间结成的贸易协定,将很大程度上限制中国、印度等发展中国家的经济发展。因此,中国一方面应该密切关注发达经济体之间的区域合作,另一方面可以结合其他新兴经济体的力量,结成区域合作关系,共享贸易自由化成果。中国的贸易政策应与国内外经济环境变化密切相关,实施循序渐进的贸易自由化战略,并做到"攻守并存"。最后,随着中国经济贸易地位的不断攀升,中国应积极加快对外贸易方式的转变,并提高在国际经济治理中的制度性话语权,构建广泛的利益共同体。

此外,中国虽然已经成为出口大国,但主要还是以量取胜,对外贸易的资源环境效率远低于美国、日本等发达国家。为了减少出口对国内生态环境的冲击,中国还需要进一步优化贸易结构。一方面,优化贸易结构需要减少能源和资源要素价格的扭曲和经济活动的外部性,改变以牺牲国内环境为代价的粗放式贸易增长。相比于发达国家,我国当前人均收入水平较低,环境管制政策较宽松,加上市场机制的不健全,导致资源环境要素价格存在严重扭曲,使得中国在很多能源密集型和污染密集型产品上获得比较优势,此类产品出口迅速扩张,在国内造成大量的能源消耗和污染排放。另一方面,在国际生产分割盛行和产业内、产品内贸易迅猛发展的背景下,优化贸易结构要求中国企业提高创新能力和管理水平,最终实现产业升级,提升中国在全球价值链中的地位。

三、促进贸易政策和气候变化的融合协调

中国应该在权衡经济收益和环境成本综合影响基础上,制定合理的贸易政策、减排政策,并参与国际经济和全球气候治理。贸易自由化进程必然对各地区的经济、环境产生影响,中国不仅需要考察经济效益,而且

需要将环境成本(如能源消耗、碳排放影响)纳入权衡框架。值得注意的是,由于环境影响具有较强的外部性,减排的经济成本不仅与经济损失、福利损害有关,而且应将终端处理成本考虑进去,这一点主要涉及各企业对污染的控制管理,较难衡量。结合第五章研究结果可知,不同贸易自由化政策对中国碳排放的直接影响并不相同。例如,"单边自由化"政策P1将导致中国实际国内生产总值、碳排放量同步上升,此时中国可以采取"终端治理"以及其他国内减排政策。这一方面可以降低中国碳排放总量实现低碳减排,且清洁技术减排具有长期收益,另一方面可以避免欧美等发达国家对中国实施碳关税产生的竞争力损失。

气候变化背景下将贸易政策和减排政策结合,能够直接实施碳排放限制,并通过市场机制对各地区的经济、贸易造成影响。从第六章研究发现,"附件Ⅰ国家减排"将不可避免对非附件Ⅰ国家造成碳泄漏,"全球合作减排"对于全球减排、缓解碳泄漏等作用更加明显。"全球碳交易市场"对全球碳减排作用最显著,但却导致非附件Ⅰ国家碳排放的快速增加。因此,从经济发展和减排成本两方面来说,推进和参与"全球合作减排"对中国更为合适。但需要注意,全球合作减排中仍需区分附件Ⅰ国家、非附件Ⅰ国家之间的历史责任、经济发展水平,做到附件Ⅰ国家优先减排,非附件Ⅰ国家按照经济发展水平"合作性"减排。

四、创新节能技术,促进结构调整,实现国内低碳转型

从国内减排措施来看,激励和引进节能技术创新、促进中国能源结构调整和优化、促进中国产业结构调整、推进贸易结构优化,始终是发展低碳经济和低碳贸易的根本途径。首先,第三章结果显示,中国污染贸易条件较高是导致中国净转入排放的重要因素,中国碳排放强度仍位于世界前列,这说明中国进一步降低碳排放强度的空间较大。从中短期来看,降低碳排放强度主要是要降低能源强度。未来中国可以灵活采用财税政策激励企业实现节能技术创新或引进清洁生产技术,改良生产过程,提高能源效率,降低碳排放强度。其次,由于天然的要素禀赋优势,中国能源消费长期以煤炭为主。从长期来看,调整能源消费结构、降低煤炭消费比重

对于减少碳排放具有重要作用。再次，从经济结构来看，2019 年中国服务业占国内生产总值的比重为 53.9%，远远低于美欧等发达经济体甚至低于部分发展中国家。从各部门碳排放强度来看，中国碳排放强度较高的部门主要集中在能源生产部门和能源密集型部门，而服务业中除了运输业外，各部门的碳排放强度相对较低。因此，产业结构转型是中国实现低碳经济的重要途径。值得注意的是，虽然从直接碳排放强度来看，服务业的碳排放强度都相对较低，但是并不意味着服务业是清洁、无污染的，在产业关联效应下服务业的隐含碳排放系数将出现较大提升，服务业的环境影响往往隐藏在供应链里面。综合来说，促进经济"服务化"有利于低碳减排但不意味着经济体实现"去物质化"（Dematerialization），从长期来看发展清洁能源技术才是王道。

附　　录

附录 4-1

由第四章关于能源环境拓展的全球贸易分析模型介绍可知,在模型构建时遵循生产者利润最大化、消费者效用最大化等原则,且都采用非线性方程的形式。为了便于模型的实现和求解,需要对非线性方程进行线性化,下面将以生产模块中第一层的生产结构[见式(A4.1)]为代表,说明能源环境拓展的全球贸易分析模型的线性化过程。

$$\min \left(PVAEN_{i,r} VAEN_{i,r} + PN_{i,r} ND_{i,r} \right)$$

$$\mathrm{s.t.} XP_{i,r} = A_{i,r} \left(a_{vaeni,r} VAEN_{i,r}^{\rho_{aveni,r}} + a_{ndi,r} ND_{i,r}^{\rho_{aveni,r}} \right) 1/\rho_{aveni,r} \tag{A4.1}$$

为求这一层级生产结构的最优解,构造 Lagrangian 方程,如下:

$$L = PVAEN_{i,r} VAEN_{i,r} + PN_{i,r} ND_{i,r} + \lambda \left[XP_{i,r} - A_{i,r} \left(a_{vaeni,r} VAEN_{i,r}^{\rho_{aveni,r}} + a_{ndi,r} ND_{i,r}^{\rho_{aveni,r}} \right) 1/\rho_{aveni,r} \right]$$

分别对 $VAEN_{i,r}$、$ND_{i,r}$、λ 求导,得到:

$$VAEN_{i,r} = \left(\frac{A_{i,r}^{\rho_{aveni,r}} a_{vaeni,r} PXP_{i,r}}{PVAEN_{i,r}} \right)^{1/(1-\rho_{aveni,r})} XP_{i,r} \tag{A4.2}$$

$$ND_{i,r} = \left(\frac{A_{i,r}^{\rho_{aveni,r}} a_{ndi,r} PXP_{i,r}}{PN_{i,r}} \right)^{1/(1-\rho_{aveni,r})} XP_{i,r} \tag{A4.3}$$

$$XP_{i,r} = A_{i,r} \left(a_{vaeni,r} VAEN_{i,r}^{\rho_{aveni,r}} + a_{ndi,r} ND_{i,r}^{\rho_{aveni,r}} \right)^{1/\rho_{aveni,r}} \tag{A4.4}$$

其中, $PXP_{i,r}$ 为 r 地区 i 部门的产出价格,其他变量同第四章。

以式(A4.2)为例,对模型的最优解进行线性化:

$$VAEN_{i,r} = 1/(1 - \rho_{aveni,r}) XP_{i,r}$$

$$= A_{i,r}^{\sigma-1} (\sigma XP_{i,r}) \tag{A4.5}$$

其中, $\sigma = 1/(1 - \rho_{aveni,r})$ 表示替代弹性。

对式(A4.5)进行全微分：

$$dVAEN_{i,r} = (\sigma - 1)dA_{i,r} + \sigma(dPXP_{i,r} - dPVAEN_{i,r}) + d\,XP_{i,r} \quad (A4.6)$$

可以近似用对应变量的百分比变化表示为：

$$xp(i,r) = -a(i,r) + qaen(i,r) - ELFENY(i,r) \times [pxp(i,r) - a(i,r) - paen(i,r)] \quad (A4.7)$$

式(A4.7)中 $xp(i,r)$、$a(i,r)$、$qaen(i,r)$、$pxp(i,r)$、$paen(i,r)$ 分别表示 $XP_{i,r}$、$A_{i,r}$、$VAEN_{i,r}$ $PXP_{i,r}$、$PVAEN_{i,r}$ 的百分比变化；$ELFENY(i, r)$ 表示 $\sigma = 1/(1 - \rho_{aveni,r})$。式(A4.7)通过对非线性方程组的求解结果线性化,为能源环境拓展的全球贸易分析模型的求解创造了更大可能。

附表5-1　世界各地区各部门平均关税的削减程度

（单位:%）

经济体 \ 部门	美国	欧盟	东欧	日本	其他附件I国家（RoA I）	能源净出口国（EEx）	中国	印度	俄罗斯	世界其他地区（RoW）
农业	-1.26	—	-2.33	—	—	—	-4.35	—	—	-5.21
煤炭	—	—	-0.141	—	—	-0.13	-0.145	-1.01	-1.84	—
原油	-0.05	—	-0.08	—	—	-0.41	-0.126	-0.02	-0.251	-0.617
天然气	—	—	-0.047	—	—	—	—	—	-0.2	—
成品油	-0.27	—	—	—	-0.04	-3.55	-3.59	-3.77	-0.49	-0.46
电力	—	—	—	—	—	—	-0.11	—	—	-0.161
金属矿物	-0.037	—	-1.37	—	-0.01	-0.15	-0.455	—	—	—
化学制品	-0.021	—	-0.943	-0.421	-0.8	-0.6	-1.66	—	-0.87	-0.43
非金属矿物	-0.341	—	-0.857	-0.162	-0.99	-0.15	—	—	-1.84	—
有色金属	—	-0.02	—	-0.62	-0.47	-3.32	-1.216	-4.58	—	-0.13
金属制品	—	-0.66	-0.24	—	—	-0.04	-0.68	—	-0.06	-0.15
其他制造业	-0.21	-0.39	-3.31	—	-1.19	—	—	—	-2.28	—

续表

经济体／部门	美国	欧盟	东欧	日本	其他附件I国家（RoA I）	能源净出口国（EEx）	中国	印度	俄罗斯	世界其他地区（RoW）
运输业	—	—	—	—	—	—	—	—	—	—
建筑业	—	—	—	—	—	—	—	—	—	—
其他服务业	—	—	—	—	—	—	—	—	—	—

资料来源:根据全球贸易分析数据库计算得到。

附表 5-2　美国与欧盟、中国与日本的双边贸易自由化

（单位:%）

经济体／部门	美国（1）	欧盟（2）	中国（3）	日本（4）
农业	-1.0491	-1.5776	-5.5278	-10.8398
煤炭	0	0	-0.9901	0
原油	-0.1005	0	0	0
天然气	0	0	0	0
成品油	-1.5895	-1.7429	-4.5309	-0.5342
电力	0	0	0	0
金属矿物	-0.0439	-0.0209	-2.6783	-0.0299
化学制品	-1.3127	-2.0751	-5.8510	-0.1224
非金属矿物	-3.9049	-2.9889	-11.0314	-0.0323
有色金属	-0.1805	-0.4214	-4.4037	-0.1400
金属制品	-1.6981	-1.8758	-2.3858	-0.7644
其他制造业	-1.2390	-2.2029	-7.0885	-3.3251
运输业	0	0	0	0
建筑业	0	0	0	0
其他服务业	0	0	0	0

注:(1)表示美国对来自欧盟进口产品的关税削减;(2)表示欧盟对来自美国进口产品的关税削减;
　　(3)表示中国对来自日本进口产品的关税削减;(4)表示日本对来自中国进口产品的关税削减。
资料来源:根据全球贸易分析数据库中关税数据计算。

附表 6-1　贸易和减排政策对碳排放、碳价的潜在影响

（单位：美元/吨、%）

S1-1	碳排放量	碳排放配额	可供购买碳排放量	实际碳税	全球碳排放
美国	0.0003	0.0003	0	0	
欧盟	0.0676	0.0676	0	0	
东欧	0.1336	0.1336	0	0	
日本	−0.0047	−0.0047	0	0	
其他附件Ⅰ国家（RoAⅠ）	0.0389	0.0389	0	0	0.0039
能源净出口国（EEx）	−0.0283	−0.0283	0	0	
中国	0.0295	0.0295	0	0	
印度	−0.5659	−0.5659	0	0	
俄罗斯	−0.1029	−0.1029	0	0	
世界其他地区（RoW）	0.2202	0.2202	0	0	
S1-2	碳排放量	碳排放配额	可供购买碳排放量	实际碳税	全球碳排放
美国	−21.9	−21.9	0	40.7984	
欧盟	−26.4	−26.4	0	122.3093	
东欧	2.4502	2.4502	0	0	
日本	−35.5	−35.5	0	246.0339	
其他附件Ⅰ国家（RoAⅠ）	−15	−15	0	34.4553	
能源净出口国（EEx）	1.6214	1.6214	0	0	−8.4657
中国	0.2505	0.2505	0	0	
印度	−0.879	−0.879	0	0	
俄罗斯	1.8176	1.8176	0	0	
世界其他地区（RoW）	2.159	2.159	0	0	

S1-3	碳排放量	碳排放配额	可供购买碳排放量	实际碳税	全球碳排放
美国	−50.688	−21.9	−36.86	192.947	
欧盟	−33.767	−26.4	−10.01	196.999	
东欧	4.534	4.534	0	0	
日本	−30.622	−35.5	7.563	198.135	
其他附件Ⅰ国家（RoAⅠ）	−43.271	−15	−33.261	198.543	−14.75
能源净出口国（EEx）	3.227	3.227	0	0	
中国	0.625	0.625	0	0	
印度	−0.348	−0.348	0	0	
俄罗斯	3.55	3.55	0	0	
世界其他地区（RoW）	3.518	3.518	0	0	
S1-4	**碳排放量**	**碳排放配额**	**可供购买碳排放量**	**实际碳税**	**全球碳排放**
美国	−21.9	−21.9	0	40.8759	
欧盟	−26.4	−26.4	0	122.8925	
东欧	0	0	0	2.6511	
日本	−35.5	−35.5	0	246.6903	
其他附件Ⅰ国家（RoAⅠ）	−15	−15	0	34.623	
能源净出口国（EEx）	0	0	0	1.8438	−9.0754
中国	0	0	0	0.1015	
印度	0	0	0	−0.1621	
俄罗斯	0	0	0	2.6702	
世界其他地区（RoW）	0	0	0	2.5911	

续表

S1–5	碳排放量	碳排放配额	可供购买碳排放量	实际碳税	全球碳排放
美国	−13.6059	−21.9	10.6198	21.7357	
欧盟	−6.5376	−26.4	26.9870	21.7288	
东欧	−14.8593	0	−14.8593	21.8643	
日本	−5.3366	−35.5	46.7649	21.7178	
其他附件Ⅰ国家（RoAⅠ）	−10.8254	−15	4.9113	21.8275	
能源净出口国（EEx）	−14.7190	0	−14.7190	21.7866	−17.3284
中国	−28.1091	0	−28.1091	21.6988	
印度	−39.9935	0	−39.9935	21.6132	
俄罗斯	−11.0754	0	−11.0754	21.9178	
世界其他地区（RoW）	−11.2894	0	−11.2894	21.7639	

注：实际碳税的单位为 1997 年价格的美元/吨。

参 考 文 献

[1]陈虹、韦鑫、余珮：《TTIP 对中国经济影响的前瞻性研究——基于可计算一般均衡模型的模拟分析》，《国际贸易问题》2013 年第 12 期。

[2]傅京燕、张珊珊：《碳排放约束下我国外贸发展方式转变之研究——基于进出口隐含 CO_2 排放的视角》，《国际贸易问题》2011 年第 9 期。

[3]高越：《国际生产分割模式下企业价值链升级研究》，人民出版社 2019 年版。

[4]郭晴、帅传敏、帅竞：《碳关税对世界经济和农产品贸易的影响研究》，《数量经济技术经济研究》2014 年第 10 期。

[5]郭正权：《基于 CGE 模型的我国低碳经济发展政策模拟分析》，中国矿业大学 2011 年博士学位论文。

[6]贺菊煌、沈可挺、徐嵩龄：《碳税与二氧化碳减排的 CGE 模型》，《数量经济技术经济研究》2002 年第 10 期。

[7]黄凌云、李星：《美国拟征收碳关税对我国经济的影响——基于 GTAP 模型的实证分析》，《国际贸易问题》2010 年第 11 期。

[8]黄英娜、王学军：《环境 CGE 模型的发展及特征分析》，《中国人口·资源与环境》2002 年第 2 期。

[9]赖明勇、肖皓、陈雯、祝树金：《不同环节燃油税征收的动态一般均衡分析与政策选择》，《世界经济》2008 年第 11 期。

[10]李小平：《国际贸易中隐含的 CO_2 测算——基于垂直专业化分工的环境投入产出模型分析》，《财贸经济》2010 年第 5 期。

[11]林伯强、李爱军：《碳关税对发展中国家的影响》，《金融研究》

2010 年第 12 期。

[12]林伯强、李爱军:《碳关税的合理性何在?》,《经济研究》2012 年第 11 期。

[13]毛其淋、盛斌:《贸易自由化与中国制造业企业出口行为:"入世"是否促进了出口参与?》,《经济学(季刊)》2014 年第 2 期。

[14]牛玉静、陈文颖、吴宗鑫:《全球多区域 CGE 模型的构建及碳泄漏问题模拟分析》,《数量经济技术经济研究》2012 年第 11 期。

[15]彭水军、张文城、孙传旺:《中国生产侧和消费侧碳排放量测算及影响因素研究》,《经济研究》2015 年第 1 期。

[16]彭水军、张文城:《贸易差额、污染贸易条件如何影响中国贸易内涵碳"顺差"——基于多国投入产出模型的分析》,《国际商务研究》2016 年第 1 期。

[17]彭支伟、张伯伟:《中日韩自由贸易区的经济效应及推进路径——基于 SMART 的模拟分析》,《世界经济研究》2012 年第 12 期。

[18]齐晔、李惠民、徐明:《中国进出口贸易中的隐含能估算》,《中国人口·资源与环境》2008 年第 3 期。

[19]翟凡、冯珊、李善同:《一个中国经济的可计算一般均衡模型》,《数量经济技术经济研究》1997 年第 3 期。

[20]帅传敏、高丽、帅传系:《基于 GTAP 模拟的碳关税对我国农产品贸易影响的研究》,《国际贸易问题》2013 年第 8 期。

[21]王灿:《基于动态 CGE 模型的中国气候政策模拟与分析》,清华大学 2003 年博士学位论文。

[22]温丹辉:《不同碳排放计算方法下碳关税对中国经济影响之比较—以欧盟碳关税为例》,《系统工程》2013 年第 9 期。

[23]闫云凤、赵忠秀、王苒:《基于 MRIO 模型的中国对外贸易隐含碳及排放责任研究》,《世界经济研究》2013 年第 6 期。

[24]余丽丽、彭水军:《中国区域嵌入全球价值链的碳排放转移效应研究》,《统计研究》2018 年第 4 期。

[25]张文城、彭水军:《南北国家的消费侧与生产侧资源环境负荷比

较分析》，《世界经济》2014 年第 8 期。

[26]张友国：《中国贸易含碳量及其影响因素——基于（进口）非竞争型投入产出表的分析》，《经济学（季刊）》2010 年第 4 期。

[27]张友国：《碳排放视角下的区域间贸易模式：污染避难所与要素禀赋》，《中国工业经济》2015 年第 8 期。

[28]赵忠秀、王苒：《中日货物贸易中的碳排放问题研究》，《国际贸易问题》2012 年第 5 期。

[29]郑玉歆、樊明太等编著：《中国 CGE 模型及政策分析》，社会科学文献出版社 1999 年版。

[30]周勤、赵静、盛巧燕：《中国能源补贴政策形成和出口产品竞争优势的关系研究》，《中国工业经济》2011 年第 3 期。

[31]ABARE (Australian Bureau of Agricultural and Resource Economics), " Energy-Australian Energy Consumption and Production ", *Research Report*, No.2, 1997.

[32]Aguiar, A., Narayanan, B., Mcdougall, R., " An Overview of the GTAP 9 Data Base", *Journal of Global Economic Analysis*, Vol.1, 2016.

[33]Andrew, R., Peters, G.P., Lennox, J., "Approximation and Regional Aggregation in Multi-Regional Input-Output Analysis for National Carbon Footprint Accounting", *Economic Systems Research*, Vol.21, No.3, 2009.

[34]Anouliès, L., " Heterogeneous Firms and the Environment: A Cap-and-Trade Program", *Journal of Environmental Economics and Management*, Vol.84, 2017.

[35]Antimiani, A., Costantini, V., Martini, C., Salvatici, L., Tommasion, M.C., *Cooperative and Non-Cooperative Solutions to Carbon Leakage*, Presented at the 14th Annual Conference on Global Economic Analysis, Venice, Italy, 2011.

[36]Antweiler, W., "The Pollution Terms of Trade", *Economic Systems Research*, Vol.8, No.4, 1996.

[37]Antweiler, W., Copeland, B.R., Taylor, M.S., "Is Free Trade Good

for the Environment?", *American Economic Review*, Vol.91, No.4, 2001.

[38]Arto, I., Rueda-Cantuche, J. M., Peters, G. P., "Comparing the GTAP-MRIO and WIOD Database for Carbon Footprint Analysis", *Economic Systems Research*, Vol.26, No.3, 2014.

[39]Aydin, L., Acar, M., "Economic and Environmental Implications of Turkish Accession to the European Union: A CGE Analysis", *Energy Policy*, Vol.38, No.11, 2010.

[40]Babiker, M.H., Maskus, K.E., Rutherford, T.F., "Carbon Taxes and the Global Trading System", University of Colorado, Boulder, *Working Paper*, No.7, 1997.

[41]Balassa, B.A., "Trade Liberalization and 'Revealed' Comparative Advantage", *Manchester School*, Vol.33, No.2, 1965.

[42]Balistreri, E.J., Rutherford, T.F., "Subglobal Carbon Policy and the Competitive Selection of Heterogeneous Firms", *Energy Economics*, Vol. 34, 2012.

[43]Beghin, J.C., Dessus, S., Roland-Holst, D., Mensbrugghe, D.V.D., "The Trade and Environment Nexus in Mexican Agriculture: A General Equilibrium Analysis", *Agricultural Economics: The Journal of the International Association of Agricultural Economists*, Vol.17, No.2-3, 1997.

[44]Beghin, J. C., Bowland, B. J., Dessus, S., Roland-Holst, D., Mensbrugghe, D. V. D., "Trade Integration, Environmental Degradation, and Public Health in Chile: Assessing the Linkages", *Environment and Development Economics*, Vol.7, No.2, 2002.

[45]Berndt, E.R., Wood, D.O., "Prices and the Derived Demand for Energy", *Review of Economics and Statistics*, Vol.57, No.3, 1975.

[46]Böhringer, A.K., Bortolamedi, M., Seyffarth, A.R., "Good Things Do Not Always Come in Threes: On the Excess Cost of Overlapping Regulation in EU Climate Change", *Energy Policy*, Vol.94, 2016.

[47]Bollen, J., Brink, C., "Air Pollution Policy in Europe: Quantifying

the Interaction with Greenhouse Gases and Climate Change Policies", *Energy Economics*, Vol.46, 2014.

[48] Borges, A. M., Goulder, H., *Decomposing the Impact of Higher Energy Prices on Long-Term Growth*, Chapter 8 in Scarf, H. E., Shoven, J. B., (eds.), Applied General Equilibrium Analysis, 2008, Cambridge University Press, 1984.

[49] Bosello, F., Roson, R., Tol, R. S. J., "Economy-Wide Estimates of the Implications of Climate Change: Human Health", *Ecological Economics*, Vol.58, No.3, 2006.

[50] Bosello, F., Campagnolo, L., Carraro, C., Eboli, F., Parrado, R., Portale, E., *Macroeconomic Impacts of the EU 30% GHG Mitigation Target*, Nota di Lavoro, Fondazione Eni Enrico Mattei (FEEM), 2013.

[51] Burniaux, J. M., Nicoletti, G., Oliveira-Martins, J., "GREEN: A Global Model for Quantifying the Costs of Policies to Curb CO_2 Emissions", *OECD Economics Studies*, No.19, Winter 1992.

[52] Burniaux, J.M., Truong, T.P., "GTAP-E: An Energy-Environmental Version of the GTAP Model", *GTAP Technical Papers*, No.18, 2002.

[53] Chappuis, T., Walmsley, T., *Projections for World CGE Model Baselines*, Center for Global Trade Analysis, Department of Agricultural Economics, Prude University, 2011.

[54] Cherniwchan, J., "Trade Liberalization and the Environment: Evidence from NAFTA and US Manufacturing", *Journal of International Economics*, Vol.105, 2017.

[55] Chóliz, J.S., Duarte, R., "The Effect of Structural Change on the Self-Reliance and Interdependence of Aggregate Sectors: The Case of Spain, 1980–1994", *Structural Change and Economic Dynamics*, Vol.17, No.1, 2006.

[56] Coase, T.H., "The Problem of Social Cost", *Journal of Law and Economics*, Vol.3, 1960.

[57] Cole, M. A., "Development, Trade, and the Environment: How

Robust is the Environmental Kuznets Curve?", *Environment and Development Economics*, Vol.8, No.4, 2003.

[58] Cole, M. A., "The Pollution Haven Hypothesis and the Environmental Kuznets Curve: Examining the Linkages", *Ecological Economics*, Vol.48, No.1, 2004.

[59] Copeland, B. R., Taylor, M. S., "North-South Trade and Environment", *The Quarterly Journal of Economics*, Vol.109, No.3, 1994.

[60] Copeland, B. R., Taylor, M. S., "Trade and Transboundary Pollution", *American Economic Review*, Vol.85, No.4, 1995.

[61] Copeland, B.R., Taylor, M.S., "Trade and Environment: Theory and Evidence", *Canadian Public Policy*, Vol.6, No.3, 2003.

[62] Copeland, B.R., Taylor, M.S., "Free Trade and Global Warming: A Trade Theory View of the Kyoto Protocol", *Journal of Environmental Economics and Management*, Vol.49, No.2, 2005.

[63] Dai, H., Masui, T., Matsuoka, Y., Fujimori, S., "Assessment of China's Climate Commitment and Non-Fossil Energy Plan towards 2020 Using Hybrid AIM/CGE Model", *Energy Policy*, Vol.39, No.5, 2011.

[64] Davis, S.J., Caldeira, K., "Consumption-Based Accounting of CO_2 Emissions", *Proceedings of the National Academy of Sciences*, Vol.107, No.12, 2010.

[65] Dervis, K., Melo, D.J., Robinson, S., *General Equilibrium Models for Development Policy*, Cambridge University Press, 1982.

[66] Dessus, S., Bussolo, M., "Is There a Trade-off between Trade Liberalization and Pollution Abatement?: A Computable General Equilibrium Assessment Applied to Costa Rica", *Journal Policy Modeling*, Vol.20, No.1, 1998.

[67] Dietzenbacher, E., Mukhopadhyay, K., "An Empirical Examination of the Pollution Haven Hypothesis for India: Towards a Green Leontief Paradox?", *Environmental and Resource Economics*, Vol.36, No.4, 2007.

［68］Dixon，P.，Rimmer，M.，*Dynamic General Equilibrium Modelling for Forecasting and Policy：A Practical Guide and Documentation of MONASH*，New York：North Holland，2002.

［69］Dong，Y.，Ishikawa，M.，Liu，X.，Wang，C.，"An Analysis of the Driving Forces of CO_2 Emissions Embodied in Japan-China Trade"，*Energy Policy*，Vol.38，No.11，2010.

［70］Dong，Y.，Ishikawa，M.，Hagiwara，T.，"Economic and Environmental Impact Analysis of Carbon Tariffs on Chinese Exports"，*Energy Policy*，Vol.50，2015.

［71］Du，H.，Guo，J.，Mao，G.，Smith，A.M.，Wang，X.，Wang，Y.，"CO_2 Emissions Embodied in China-US Trade：Input-Output Analysis Based on the Energy/Dollar Ratio"，*Energy Policy*，Vol.39，No.10，2011.

［72］Fæhn，T.，Holmøy，E.，*Welfare Effects of Trade Liberalization in Distorted Economies：A Dynamic General Equilibrium Assessment for Norway*，In：Harrison，G.W.，Hougaard Jensen，S.E.，Rutherford，T.，(eds.)，Using Dynamic General Equilibrium Models for Policy Analysis，North-Holland，Amsterdam，2000.

［73］Fæhn，T.，Holmøy，E.，"Trade Liberalization and Effects on Pollutive Emissions to Air and Deposits of Solid Waste：A General Equilibrium Assessment for Norway"，*Economic Modelling*，Vol.20，No.4，2003.

［74］Fouré，J.，Guimbard，H.，Monjon，S.，"Border Carbon Adjustment and Trade Retaliation：What Would be the Cost for the European Union?"，*Energy Economics*，Vol.54，2016.

［75］Grossman，G.M.，Krueger，A.B.，"Environmental Impacts of a North American Free Trade Agreement"，*National Bureau of Economic Research*，No. w3914，1991.

［76］Grossman，G.M.，Krueger，A.B.，*The U.S. Mexico Free Trade Agreement*，MIT Press，1994.

［77］Gumilang，H.，Mukhopadhyay，K.，Thomassin，P.J.，"Economic and

Environmental Impacts of Trade Liberalization: The Case of Indonesia ", *Economic Modelling*, Vol.28, No.3, 2011.

[78]Harrison, A., "Productivity, Imperfect Competition and Trade Reform", *Journal of International Economics*, Vol.36, No.1-2, 1994.

[79]He, J., "Pollution Haven Hypothesis and Environmental Impacts of Foreign Direct Investment: The Case of Industrial Emission of Sulfur Dioxide (SO_2) in Chinese Provinces", *Ecological Economics*, Vol.60, No.1, 2006.

[80]He, J., Roland-Holst, D., "Chinese Growth and Atmospheric Pollution: An Empirical Assessment of Challenges and Opportunities", *Working Paper*, 14, CERDI, 2005.

[81]Honkatukia, J., Kaitila, V., Kotilainen, M., Niemi, J., "Global Trade and Climate Policy Scenarios-Impact on Finland", *VATT Working Papers*, No. 37, 2012.

[82]IPCC, *Climate Change 2007: Synthesis Report*, Geneva, Switzerland, 2007.

[83]Jacobsen, H.K., "Technology Diffusion in Energy-Economy Models: The Case of Danish Vintage Models", *The Energy Journal*, Vol. 21, No. 1, 2000.

[84]Jorgenson, D. W., Wilcoxen, P. J., "Intertemporal General Equilibrium Modeling of US Environmental Regulation", *Journal of Policy Modeling*, Vol.12, No.4, 1990.

[85]Kemfert, C., Truong, T. P., Bruckner, T., "Economic Impact Assessment of Climate Change—A Multi-Gas Investigation with WIAGEM-GTAPEL-ICM", *Energy Journal*, Vol.3, 2006.

[86]Kiuila, O., Wójtowicz, K., Ylicz, T., Kasek, L., "Economic and Environmental Effects of Unilateral Climate Actions", *Mitigation and Adaptation Strategies for Global Change*, Vol.21, No.2, 2016.

[87]Kreickemeier, U., Richter, P.M., "Trade and the Environment: The Role of Firm Heterogeneity", *Review of International Economics*, Vol. 22,

No.2,2012.

[88]Lejour, A., Veenendaal, P., Verweij, G., Leeuwen, N. V., "WorldScan: A Model for Internaitonal Economic Policy Analysis", CPB Document No. 111, *CPB Netherlands Bureau for Economic Policy Analysis*,2006.

[89]Lenzen,M.,"Primary Energy and Greenhouse Gases Embodied in Australian Final Consumption: An Input-Output Analysis", *Energy Policy*, Vol.26,No.6,1998.

[90]Leontief, W.W., "Quantitative Input and Output Relations in the Economic Systems of the United States", *The Review of Economics and Statistics*,Vol.18,No.3,1936.

[91]Leontief, W. W., "The Structure of the American Economy, 1919-1939:An Empirical Application of Equilibrium Analysis",*The Journal of Economic History*,Vol.12,No.1,1952.

[92]Leontief,W.W.,"Environmental Repercussions and the Economics Structure: An Input-Output Approach", *The Review of Economics and Statistics*,Vol.52,No.3,1970.

[93]Li, A., Du, N., Wei, Q., "The Cross-Country Implications of Alternative Climate Policies",*Energy Policy*,Vol.72,2014.

[94]Liang, Q. M., Wang, T., Xue, M. M., "Addressing the Competitiveness Effects of Taxing Carbon in China:Domestic Tax Cuts Versus Border Tax Adjustments",*Journal of Cleaner Production*,Vol.112,2016.

[95]Lin, B., Sun, C., "Evaluating Carbon Dioxide Emissions in International Trade of China",*Energy Policy*,Vol.38,No.1,2010.

[96]Liu, Y.,Jayanthakumaran,K.,Neri,F.,"Who is Responsible for the CO_2 Emissions that China Produces?",*Energy Policy*,Vol.62,2013.

[97]Liu,Z.,Mao, X., Tang, W., Hu, P., Song, P., "An Assessment of China-Japan-Korea Free Trade Agreement's Economic and Environmental Impacts on China",*Frontiers of Environmental Science & Engineering*,Vol.6,

No.6,2012.

[98]Lu,Y.,Stegman,A.,Cai,Y.,"Emissions Intensity Targeting:From China's 12th Five Year Plan to its Copenhagen Commitment",*Energy Policy*, Vol.61,2013.

[99]Mattoo,A.,Subramanian,A.,Mensbrugghe,D. V. D.,He,J. W., "Can Global De-Carbonization Inhibit Developing Country Industrialization?", *The World Bank Economic Review*,Vol.26,No.2,2012.

[100]McDougall, R., Golub, A., *GTAP-E: A Revised Energy-Environmental Version of the GTAP Model*,GTAP Research Memorandum 15, Center for Global Trade Analysis,Prudue University,West Lafayette,IN,2007.

[101]McKibbin,W.J.,Wilcoxen,P.J.,"A Global Approach to Energy and the Environment:The G-cubed Model",*Handbook of Computable General Equilibrium Modeling*,2013.

[102]Melitz,M.J.,"The Impact of Trade on Intra-Industry Reallocations and Aggregate Industry Productivity",*Econometrica*,Vol.71,No.6,2003.

[103]Mensbrugghe,V.D.,Roland-Holst,D.,Dessus,S.,Beghin,J.,"The Interface between Growth, Trade, Pollution and Natural Resource Use in Chile:Evidence from an Economywide Model",*Agricultural Economics*,Vol. 19,1998.

[104]Nestor,D.V.,Pasurka,C.A.,"Environment-Economic Accounting and Indicators of the Economic Importance of Environmental Protection Activities",*Review of Income and Wealth*,Vol.41,No.3,1995.

[105]Nugent,J.B.,Sarma,C.,"The Three E's—Efficiency,Equity,and Environmental Protection—in Search of "Win-Win-Win" Policies: A CGE Analysis of India",*Journal of Policy Modeling*,Vol.24,No.1,2002.

[106]O'Ryan,R.,Miller,S.,De Miguel,C.J.,"A CGE Framework to Evaluate Policy Options for Reducing Air Pollution Emissions in Chile", *Environment and Development Economics*,Vol.8,No.2,2003.

[107]O'Ryan, R., De Miguel, C. J., Miller, S., Munasinghe, M.,

"Computable General Equilibrium Model Analysis of Economywide Cross Effects of Social and Environmental Policies in Chile", *Ecological Economics*, Vol.54, No.4, 2005.

[108] O'Ryan, R., De Miguel, C. J., Miller, S., Pereira, M., "The Socioeconomic and Environmental Effects of Free Trade Agreements: A Dynamic CGE Analysis for Chile", *Environment and Development Economics*, Vol.16, No.3, 2011.

[109] Peters, G.P., Hertwich, E.G., "Structural Analysis of International Trade: Environmental Impacts of Norway", *Economic Systems Research*, Vol. 18, No.2, 2006.

[110] Peters, G. P., Hertwich, E. G., "CO_2 Embodied in International Trade with Implications for Global Climate Policy", *Environmental Science & Technology*, Vol.42, No.5, 2008.

[111] Peters, G. P., Andrew, R., Lennox, J., "Constructing an Environmentally-Extended Multi-Regional Input-Output Table Using the GTAP Database", *Economic Systems Research*, Vol.23, No.2, 2011.

[112] Peterson, E. B., Schleich, J., Duscha, V., "Environmental and Economic Effects of the Copehagen Pledges and More Ambitious Emission Reduction Targets", *Energy Policy*, Vol.39, No.6, 2011.

[113] Qi, T., Winchester, N., Karplus, V.J., Zhang, X., "Will Economic Restructing in China Reduce Trade-Embodied CO_2 Emissions", *Energy Economics*, Vol.42, 2014.

[114] Rasmussen, T. N., "Modeling the Economics of Greenhouse Gas Abatement: An Overlapping Generations Perspective", *Review of Economic Dynamics*, Vol.6, No.1, 2003.

[115] Rhee, H. C., Chung, H. S., "Change in CO_2 Emission and Its Transmissions between Korea and Japan Using International Input-Output Analysis", *Ecological Economics*, Vol.58, No.4, 2006.

[116] Rutherford, T.F., Montgomery, W.D., Bernstein, P.M., "CETM: A

Dynamic General Equbilibrium Model of Global Energy Markets, Carbon Dioxide Emissions and International Trade", University of Colorado, Boulder, *Working Paper*, No.3, 1997.

[117] Siriwardana, M., "Australia's New Free Trade Agreements with Japan and South Korea: Potential Economic and Environmental Impacts", *Journal of Economic Integration*, Vol.30, No.4, 2015.

[118] Song, P., Mao, X., Corsetti, G., "Adjusting Export Tax Rebates to Reduce the Environmental Impacts of Trade: Lessons from China", *Journal of Environmental Management*, Vol.161, 2015.

[119] Tamiotti, L., "Trade and Climate Change: A Report by the United Nations Environmental Programme and the World Trade Organization", *UNEP/Earthprint*, 2009.

[120] Truong, T. P., "Inter-Fuel and Inter-Factor Substitution in NSW Manufacturing Industry", *Economic Record*, Vol.61, No.3, 1985.

[121] Truong, T. P., "A Comparative Study of Selected Asian Countries on Carbon Emissions with Respect to Different Trade and Climate Changes Mitigation Policy Scenarios", *ARTNET Working Paper Series*, 2010.

[122] Vennemo, H., Aunan, K., He, J., et al., "Environmental Impacts of China's WTO-Accession", *Ecological Economics*, Vol.64, No.4, 2008.

[123] Vinals, J. M., "Energy-Capital Substitution, Wage Flexibility and Aggregate Output Supply", *European Economic Review*, Vol. 26, No.1-2, 1984.

[124] Walmsley, T., Ahmed, S., Parsons, C. A., *Global Bilateral Migration Data Base: Skilled Labor, Wages and Remittances*, Center for Global Trade Analysis, Department of Agricultural Economics, Purdue University, 2005.

[125] Walter, H., *Vegetation of the Earth in Relation to Climate and the Eco-physiological Conditions*, London: English Universities Press, 1973.

[126] Weber, C. L., Matthews, H. S., "Embodied Environmental Emissions in U.S. International Trade, 1997-2004", *Environmental Science & Technology*, Vol.41, No.14, 2007.

[127]Weber, C. L., Peters, G. P., Guan, D., Hubacek, K., "The Contribution of Chinese Exports to Climate Change", *Energy Policy*, Vol.36, No.9, 2008.

[128]Whalley, J., "What Role for Tade in a Post-2012 Global Climate Policy Regime", *World Economy*, Vol.34, No.11, 2011.

[129]Wiebe, K. S., Bruckner, M., Giljum, S., Lutz, C., "Calculating Energy-Related CO_2 Emissions in International Trade Using a Global Input-Output Model", *Economic Systems Research*, Vol.24, No.2, 2012.

[130]Wiedmann, T., Lenzen, M., Turner, K., Barrett, J., "Examining the Global Environmental Impact of Regional Consumption Activities—Part 2: Review of Input-Output Models for the Assessment of Environmental Impacts Embodied in Trade", *Ecological Economics*, Vol.61, No.1, 2007.

[131]Wyckoff, A. W., Roop, J. M., "The Embodiment of Carbon in Imports of Manufactured Products: Implications for International Agreements on Greenhouse Gas Emissions", *Energy Policy*, Vol.22, No.3, 1994.

[132]Xie, J., Saltzman, S., "Environmental Policy Analysis: An Environmental Computable General-Equilibrium Approach for Developing Countries", *Journal of Policy Modeling*, Vol.22, No.4, 2000.

[133]Xu, M., Li, R., Crittenden, J. C., Chen, Y., "CO_2 Emissions Embodied in China's Exports from 2002-2008: A Structural Decomposition Analysis", *Energy Policy*, Vol.39, No.11, 2011.

[134]Xu, Y., Dietzenbacher, E., "A Structural Decomposition Analysis of the Emissions Embodied in Trade", *Ecological Economics*, Vol. 101, 2014.

[135]Yan, Y. F., Yang, L. K., "China's Foreign Trade and Climate Change: A Case Study of CO_2 Emissions", *Energy Policy*, Vol.38, No.1, 2010.

[136]Yang, H. Y., "Carbon Emissions Control and Trade Liberalizaiton Coordinated Approaches to Taiwan's Trade and Tax Policy", *Energy Policy*, Vol.29, No.9, 2001.

[137]Yang, H. Y., "Trade Liberalization and Pollution: A General

Equilibrium Analysis of Carbon Dioxide Emissions in Taiwan ", *Economic Modelling* , Vol.18 , No.3 , 2001.

[138] Zhang , W.C. , Peng , S.J. , " Analysis on CO_2 Emissions Transferred from Developed Economies to China through Trade " , *China & World Economy* , Vol.24 , No.2 , 2016.

后　记

本书的成稿仅十几万字，但凝练了本人博士求学阶段的相关积累，也融入了工作三年来对研究领域的新的见解。在书稿编辑和修改过程中，难免会想起那些引领和陪伴我成长的师长、同学、同事和家人，也不禁反省自身的不足并期待更好的自己。

和大多数学者一样，我硕博阶段的导师——彭水军教授，也是我学术道路上的引领者和支持者，对此我每每想起都不胜感激。恩师给我留下最深的印象莫过于治学严谨和严于律己。在学术问题上，老师一方面积极探索，并用自己深厚而扎实的学术功底耐心指导我们；另一方面大到逻辑小到语法，都对我们提出了更高的要求。还记得毕业那年老师曾经说过，别怪他对我们严格，他对自己更是苛刻。毕业这三年来，论文或课题进展不顺的时候我总是会想起老师的这句话，反省下自己是不是不够努力。此外，恩师对待学生的关心、支持和帮助，也是我在科研道路上慢慢摸索的动力。在此，愿老师平安顺遂。

本书稿的顺利完成同样离不开曾经教授我基本经济学理论的厦大经院老师们，帮我解惑的肖皓老师，给我很多建设性意见的师兄弟姐妹们，陪伴我度过博士生涯的同学朋友们，以及始终坚定地支持我人生选择的家人们。

此外，感谢上海对外经贸大学国际经贸研究所所长、国际发展合作研究院院长黄梅波教授对本书的大力支持，感谢同事们对我的关爱和帮助，更感谢人民出版社及郑海燕编审的辛勤付出。

感谢本书的读者，希望能够对你们有所帮助。另外，不可避免地，本书也存在一定的不足，期待你们提出宝贵的意见和建议。